SHAKESPEARE
IN
GERMANY
1740–1815

SHAKESPEARE
IN GERMANY

1740–1815

by

R. PASCAL

Fellow of Pembroke College
Cambridge

CAMBRIDGE

AT THE UNIVERSITY PRESS

1937

CAMBRIDGE
UNIVERSITY PRESS

University Printing House, Cambridge CB2 8BS, United Kingdom

Cambridge University Press is part of the University of Cambridge.

It furthers the University's mission by disseminating knowledge in the pursuit of education, learning and research at the highest international levels of excellence.

www.cambridge.org
Information on this title: www.cambridge.org/9781107429031

© Cambridge University Press 1937

First published 1937
First paperback edition 2014

A catalogue record for this publication is available from the British Library

ISBN 978-1-107-42903-1 Paperback

CONTENTS

CONTENTS

CONTENTS

TRANSLATIONS

FOREWORD

This book arose out of certain practical needs of teaching. The subject of Shakespeare in Germany is one of a natural interest to English students. It is also of the greatest importance in the history of German culture, for which Shakespeare has meant so much, particularly in the period covered by this book, 1740–1815. In spite, however, of the number of historical accounts of the reception of Shakespeare in Germany, and the mass of valuable material stored in such periodicals as the *Shakespeare-Jahrbuch*, students are handicapped by the relative difficulty of access of the texts of Shakespeare translations and Shakespeare critics of the eighteenth century. It has been my aim to provide samples from these translations and selections from these critics, in order to facilitate a direct approach to this subject. I trust that the selections are large and characteristic enough to make a preliminary appreciation of German Shakespeare interpretation possible; and that the book will serve the same sort of purpose as Professor D. Nichol Smith's selections from *English Shakespeare Criticism*, published in the World's Classics. To Professor Nichol Smith's selection I owe largely the plan and method I have followed.

For two reasons I have allowed myself a fairly lengthy Introduction. On the one hand, I have wished to make the book useful to those whose knowledge of German is weak— for this reason I have translated most of the quotations used in the Introduction. On the other hand, I believe it necessary to point out that the attitude to Shakespeare in this period is not merely a matter of aesthetic appreciation, but is, even more, a part of a changing moral and social outlook. In my Introduction I have tried, therefore, to suggest the connections between the aesthetic, moral and social principles raised by the writings on Shakespeare.

The samples of Shakespeare translations are perhaps too short to be of great use, but are only meant to serve as a

FOREWORD

preliminary indication. I have chosen as far as possible parallel passages from the various translations, and such as will be easy to compare with the original. One warning must be given—many of the translators used faulty English editions, and hence there are great inaccuracies here and there which are not the fault of the Germans.

I wish finally to express my gratitude to Mr E. K. Bennett, of Caius College, Cambridge, and to Dr Richard Samuel, formerly of Berlin University, for valuable criticism and advice.

R. P.

April 1937

INTRODUCTION

CRITICS, READERS, AUDIENCE

The history of the German attitude to Shakespeare in the eighteenth century is not only the record of the critical appreciation of a great writer. It does not belong merely to the history of German literary taste. It is the epitome of the outlook of the successive leaders of German thought in that period, of those who most profoundly affected the forms of art and life in their own and following generations. As such, German criticism of Shakespeare in this period has received, most justifiably, the closest attention of later German critics. Gundolf's classic *Shakespeare und der deutsche Geist* sums up and systematises the relationship of modern German criticism to Shakespeare, treating Shakespeare as the touchstone of the deepest transformations in the moral and aesthetic criteria of the leading German writers.

But the very title of Gundolf's work illustrates a misconception common to almost all reviews of Shakespeare criticism in Germany. We do wrong in identifying the movements in Shakespeare appreciation with such an abstract, and such a general concept as the "German spirit". For, when we deal with the German critics of Shakespeare, we are confronted with only a small section of the German people. There is an abyss between the critics and those who saw Shakespeare. Chr. D. Grabbe is right when he says (*Ueber die Shakespearo-manie*, 1827) that the German theatre-going public appreciated the plays of Shakespeare as middle-class tragedies, i.e. as something non-Shakespearean. This gulf between critics and populace is recognised by writers and producers. Adaptations, bowdlerisations were produced for the public, while only the most advanced of the critics reserved for their privacy the English originals. Unfalsified productions, when attempted, were nearly always failures—Goethe's own evolution from approximately true productions to distorted adaptations is typical. Yet, in discussing the "German spirit", we cannot leave out of account this public, whose taste is usually treated merely as an uncharted desert over which passes the true march of aesthetic progress.

Further, even among the critics themselves, there is little agreement. There was, it is true, some measure of unanimity among small groups of contemporary critics—in the Lessing group in the 'sixties, in the *Sturm und Drang* circle about 1771, among the Romanticists in the late 'nineties. But these groups did not find a great following and cannot be looked on as true prophets. What is equally striking is that from the time (*ca.* 1815) when the critics no longer disputed over Shakespeare's greatness, when strife over him ceased, Shakespeare ceased to be a vital factor in German literary history.

What does the history of Shakespeare criticism give us then? It is the history of the views of a section of the German middle class—primarily of the professional section of the middle class, professors, teachers, tutors, clergymen, men who are constantly in touch with learned circles, who have passed through the universities. It is the record of a most significant aspect of their intellectual struggles, and is closely linked up with the practical situation of these professions in German society. In the eighteenth century this professional section is the moral leader of the middle class in Germany, consciously takes on the moral responsibility for and moral leadership of society. In the mirror of its criticism of Shakespeare we see successively the awakening of the middle class from dogma and intellectual control; its leap towards emancipation and self-assertion; its accommodation with its own social impotence; its self-denial in its resistance to the doctrines of the French Revolution, in its support of the Catholic Church and of Legitimism.

GOTTSCHED AND HIS SCHOOL

Gottsched is a pure example of the critic as educator, preoccupied above all else with the moral improvement of his contemporaries. Art is essentially, for him, a means to education, a concept we see in some form or other all through the eighteenth century, up to Schiller and Friedrich Schlegel. His criticism is not interpretative, of what poetry *is*, but educative, pointing to what poetry *should do*. His theory is ahead of contemporary practice: it seeks principles and models in foreign literatures, and attempts to transplant these into German soil. He approaches Shakespeare from this didactic point of view.

Gottsched was primarily the champion of the English and French cult of reason and virtue—as editor of moralising weeklies, translator of Bayle's *Dictionnaire*, patron of his wife's translation of the *Spectator* (1739–43) and the *Guardian* (from 1749). By exalting reason and virtue he raised the middle class, theoretically, above the rule of privilege and prejudice, giving it an innate measure whereby to judge all things. In tragedy, Gottsched adopted the rationalist theory of Boileau, of French classicism. But transported from the magnificent court of Louis XIV to the parochial circumstances of Leipzig, this theory underwent a transformation. Gottsched stresses the moral aim of tragedy. Tragedy should not present passion, but stoical endurance of misfortunes, moral abhorrence of passion. Rational control is, on the one side, self-assertion, but on the other self-restriction, renunciation—the social counterpart is found in such works as Schnabel's *Insel Felsenburg* or Gellert's *Fabeln*, where the self-righteousness of Virtue is paralleled by the abnegation of worldly ambitions and the cult of contentment. Confronted then with Von Borcke's translation of *Julius Caesar* (1741),[1] Gottsched was horrified at the play's lack of clarity, at the intermixture of edifying and farcical or vulgar scenes.[2] What role, he might have asked, could such a work play in confirming the self-consciousness of the German middle class?

But even in the Gottsched group, this rigorous subjection of the individual artist or critic to the moral needs of others could not remain pure. In his nearest environment, in his own periodical, probably at his very instigation, a voice was raised in defence of Shakespeare. J. E. Schlegel, when writing his own plays, had in mind the public's needs, and adopted the Gottschedian methods of dull, moralising neo-classicism. When

[1] See below, pp. 38 and 167.   [2] See below, p. 38.

asked to compare, however, Gryphius, a seventeenth-century neo-classical tragic author, with Shakespeare, he betrayed an admiration for the latter—diffidently, almost to his own surprise, one might say.[1] Gryphius, of the more irregular, extravagant and verbose Renaissance authors, gave him the opportunity to find advantages in Shakespeare. These advantages are character-drawing and the expression of emotion; the disadvantages are Shakespeare's "irregularity" of construction, the mixture of the sublime with the farcical and vulgar, and the tendency to bombast, which, however, he shares with Gryphius.

The conclusion Schlegel reaches is remarkable. There seem to be, he says, two types of tragedy—the Aristotelian, defined as the representation of an action; and the English, which is the representation of a number of characters. The former is built round a principle or aim, hence the construction is essential; the English type is aimless, ends fortuitously. From the one we can draw a lesson, in the other we get to know human nature.

Schlegel's essay is of considerable interest. In the first place it unconsciously shakes the foundations of the whole of the Gottschedian dogmatics, postulating the possibility of an alternative dramaturgy. Secondly, it tentatively suggests that the drama may be built on something else than public, moral needs, may have a private, subjective appeal. Not till Gerstenberg and Herder was this suggestion followed up.

Mention of Shakespeare is rare in the 'forties and early 'fifties—not till 1758 was another Shakespearean play translated. This was an anonymous translation into iambic pentameters of Garrick's adaptation of *Romeo and Juliet* (1748), with some corrections towards the original.[2] In Gottsched's periodical, *Neuer Büchersaal der schönen Wissenschaften und Künste* (1745–54), note is made of Pope's emendations of

[1] J. E. Schlegel, *Vergleichung Shakespears und Andreas Gryphs*, 1742; in Gottsched's periodical, *Beiträge zur critischen Historie...*, Stück 28. See below, pp. 39–47. The *Spectator* was the source of Schlegel's confidence in approving Shakespeare. His remarks are based on Von Borcke's translation of *Julius Caesar*, and on Gryphius's early play, *Leo Armenius*.

[2] See below, p. 168. The anonymous writer is now known to be Simon Grynaeus.

INTRODUCTION

Shakespeare; of Theobald's attack on Pope; of Mrs Lennox's criticism of Shakespeare. In the periodical *Neue Erweiterungen der Erkenntnis und des Vergnügens* of 1753 there is a longer account of Shakespeare's life and works than occurs in any of the earlier biographical dictionaries, together with an appreciation of Shakespeare based on Pope's Preface to his edition of 1725.[1] In the same periodical appeared in 1756 the translation of some scenes of *Richard III*. In the early periodicals of Lessing and Nicolai there appear occasional references to Shakespeare, which recognise that the English admiration of Shakespeare is not unjustifiable. None of these references raises, however, fundamental dramaturgic questions.

LESSING

For the historian, as for contemporaries, Lessing's 17th Litteraturbrief of 1759 comes as a bolt from the blue.[2] Nothing prepares one for this proclamation of the reversal of dramatic values—Shakespeare preferred to Corneille, the influence of the French classical drama condemned, Shakespeare held up as a model. But we can compare it to the famous Reversal of Alliances of 1756. Like Frederick the Great, Lessing did not change his nature, nor the nature of the Prussian state, by exchanging the French for the British alliance. Lessing was at this time working out his theory of drama. Tragic emotion was based, for him, on the identification of the spectator with the hero, on "Mitleiden".[3] From this he deduced a realistic theory which led to the tragedy of common life—at this very time he was translating Diderot's plays and the *Entretiens sur le Fils naturel*, in which this theory of middle-class tragedy, the "genre sérieux", is most consistently expounded. Shakespeare is in the 17th Litteraturbrief very largely only a means for destroying the cult of high tragedy—just as later references to

[1] See below, p. 47.
[2] See below, p. 50. In 1758 Lessing had translated Dryden's *Essay Of Dramatick Poesie* (1668) in his periodical *Theatralische Bibliothek*.
[3] See Walzel, "Der Kritiker Lessing und Shakespeare", *Shakespeare-Jahrbuch*, LXV. 1929.

5

Shakespeare in Lessing's writings serve the negative end of criticising other authors such as Voltaire or Weisse.

Lessing's attitude to Shakespeare is a perpetual mystery. He seems not to have known him well—in the *Hamburgische Dramaturgie* he only refers to *Hamlet, Richard III, Romeo and Juliet* and *Othello.*[1] But he refers to him always as a genius. And yet he never enters into a full discussion of Shakespeare, and in his own theory of drama ignores him almost completely. His appreciation of Shakespeare was never incorporated into his outlook, and remained in a separate compartment of his brain.

At the same time it would be false to look on the outburst in the 17th Litteraturbrief as a piece of wilful polemic. In opposing Shakespeare to the Gottsched school Lessing was illustrating a deep difference in outlook. Whereas Gottsched set out from a moral intention, Lessing made the first principle of tragedy the excitement of passion ("Erregung der Leidenschaft"). Tragedy must have, in his view, a subjective, emotive value. In this Lessing is asserting his emancipation from the anxious restrictions of the Gottsched morality; he believes in and trusts his audience, and gives them scope for feeling. Shakespeare is the extreme example of this new relationship between author and public. But Lessing and his generation are still concerned with educating the middle class, strengthening the sentimental ties between the members of the middle class. And, in the development of his theory, the essential "passion" comes to be sympathy, "Mitleiden"; tragedy serves that humanitarianism which was his philosophy, training men to love and suffer with others and to detest the oppressor. Tragedy is no longer built on a moral axiom, as with Gottsched; but it is still written for public needs, to cement, in particular, the ties of the middle-class family, as Lessing puts it, quoting Marmontel, in the 14th Stück of the *Hamburgische Dramaturgie.* Thus Lessing uses Shakespeare to loosen the old moral as well as aesthetic dogmatism, but cannot fit him into his own system. His friend Mendelssohn, a more speculative and subjective mind, goes further, and approaches a much less

[1] The chief later references to Shakespeare are to be found in the *Hamburgische Dramaturgie*, Stücke 11, 12, 15, 69 and 73; in *Laokoon,* XXIII.

dogmatic and rationalistic conception of theatrical illusion than does Lessing.[1]

WIELAND

With such views, it is not surprising that these critics did not popularise Shakespeare. At most they translated certain passages which appealed to them, in the style of Dr Dodd's *Beauties of Shakespeare*, so popular in the 'sixties.[2] It was left to a writer of different views and a different character to offer Shakespeare to the German public. Wieland's translation of twenty-two plays appeared from 1762 to 1766, and from this time Shakespeare became the affair of all educated Germans.

The translation was carried through in a spirit of admiration and disgust, amused interest and boredom—in the end an affair of Wieland's leisure hours ("ein guter Teil der Arbeit ist fast mechanisch"). The first play tackled, *A Midsummer Night's Dream*, was translated into verse (with the exception, of course, of Shakespeare's prose passages); afterwards Wieland lacked the patience and the reverence for this, and even short lyrics are sometimes given in prose.[3] The translations become more and more inaccurate and poor; Wieland shows himself, in the notes, more and more vexed with Shakespeare's coarseness, bad taste, etc.; he sees in Shakespeare's characters only eccentrics of a peculiarly British type—Hamlet is a "humorist" —Wieland is as condescending to the dramatist as was Voltaire in the *Lettres sur les Anglais* of 1734. For his critical notes Wieland used only Voltaire's criticism and the bad Pope-Warburton edition of 1747. As Preface Wieland translated Pope's Preface of 1725.

It seems at first sight curious that a man with so unstable and inadequate an appreciation of Shakespeare should have been the agent for the passionate Shakespeare cult of the following years. The reason lies very largely in the relation-

[1] See below, pp. 48–49.

[2] Mendelssohn composed two translations of "To be or not to be" into iambic pentameters, Lessing a translation into prose. See below, pp. 169 and 177. Goethe first met Shakespeare in the selection of Dr Dodd.

[3] See below, pp. 170–6.

7

ship between Wieland and the public. He was just emancipating himself from the intense and burdensome pietism in which his pious colleague Bodmer indulged. Shakespeare was a step on the way to the aristocratic, man-of-the-world manner of his later years. In strong contrast to the feeling of moral responsibility among the majority of his contemporaries, Wieland was attracted by the individualism of Shakespeare—and particularly by Shakespeare's fancifulness in such comedies as *A Midsummer Night's Dream*, *The Tempest*, etc. Wieland did not oppose the normal morality with the individualism of Shakespeare—this was reserved for the younger generation; he found in Shakespeare's fancy a preliminary stage of opposition, a flight into an unreal world. Thus Wieland's first Shakespearean production at Biberach, 1761, was a mixture of *The Tempest* and *A Midsummer Night's Dream*;[1] and where Shakespearean elements are traceable in Wieland's work, as in *Don Sylvio von Rosalva* and *Oberon*, they belong to this world of fancy. Thus it was that, in an age of moral earnestness, it was the hedonist who translated Shakespeare.

GERSTENBERG, HERDER, LENZ, GOETHE

Wieland gave a new generation easy access to Shakespeare. This younger generation was, however, of a different temper than the preceding. Of all critics Lessing was almost alone in welcoming the translation; most found it vexatious in its inaccuracy and prosaism. Gerstenberg asked, very appositely, what intention Wieland had in translating. A Shakespeare cult was dawning, an important part of the new outlook of the *Sturm und Drang* movement.

In Gerstenberg's *Merkwürdigkeiten* we have the first full-dress review of Shakespeare since J. E. Schlegel, and to a considerable degree Gerstenberg continues and gives point to Schlegel's argument concerning two types of tragedy.[2] Gerstenberg was able, however, to build on a great amount of

[1] Later, versions of *Macbeth, Hamlet, Romeo, Othello* and *Two Gentlemen of Verona* were produced at the artisans' theatre of Biberach.
[2] H. W. von Gerstenberg, *Briefe über Merkwürdigkeiten der Litteratur*, 1766–7, Briefe 14–18. See below, pp. 55–71.

critical work on this matter. In France and England a number of critics had attempted to justify their national dramatists and contemporary taste by defining the historical conditions of Greek tragedy, and concluding from this the impossibility and impropriety of following Aristotle's laws.[1] Gerstenberg begins his review therefore with ridicule of those who condemn Shakespeare because of his irregularity; what play of modern times, he asks, however "classical", whether French, Spanish or German, is near to the ancients? Shakespeare is thus fully justified in being different from the Greek drama. While the aim of the latter is the excitement of passion, the aim of Shakespeare is the representation of character.

Gerstenberg is uncertain in his definitions, for he does not mean that Shakespeare does not arouse passion. To explain his argument he undertakes a protracted comparison between Young's *The Revenge* and *Othello*, on which the former play is based.[2] Here we see what Gerstenberg is really driving at. *The Revenge* is a play in which the author is chiefly concerned to explain his characters to his audience, to move the audience, by means of rhetoric, to sympathy with the characters; in *Othello* on the other hand, says Gerstenberg, Shakespeare is only concerned to show how Othello himself is moved, to unfold his character and that of the other *dramatis personae*. The tragic author must, as Young himself has said in his *Conjectures*, not be a mere intermediary between an action and the audience, but must identify himself with his characters. Gerstenberg further defends Shakespeare as an artist. He shows how Shakespeare was well aware of the difference between art and nature, but that he preferred nature as she is

[1] See Gottfried Weber, *Herder und das Drama*, 1922. Brumoy (*Théâtre des Grecs*, 1730; second edition, 1747) and Jacquet (*Parallèle des tragiques grecs et français*, 1760) see the origin of Greek tragedy in the chorus sung to a God, and say that the nature of the drama changes with time, place and national character. Home (*Elements of Criticism*, 1762) and Hurd (*A Discourse concerning Poetical Imitation*, 1751) deduce the Aristotelian rules from the historical origins of Greek drama, and claim other rules for English drama. Many contemporary authors point out the transformation in the belief in God, the immorality or even ridiculousness (Home) of the Greek conception of fate.

[2] Gerstenberg found this comparison in Home's *Elements of Criticism*, a work he quotes several times in the essay.

9

to idealised nature. He defends Shakespeare's punning, and shows by examples how his so-called inapt diction was most artfully adapted to different ages and conditions. The remarks on Shakespeare's composition rather surprisingly close with a defence of the "unity" and "regularity" of Shakespeare illustrated by an analysis of the action of the *Merry Wives* and the *Comedy of Errors*. Only in the Histories does Gerstenberg note a "picturesque unity" of contrasting groups of characters.

The warm encomium of Shakespeare contained in this essay implies much more than an aesthetic change. Gerstenberg suggests a revision of the relationship between author, play and audience. Instead of what Home had called the "descriptive tragedy", where characters explain their sentiments in a direct appeal to the audience, Gerstenberg praises the Shakespearean character-drama, which does not speak direct to us, but is complete in itself. This drama moves us in so far as we are carried away by its illusion, and Gerstenberg had earlier given a definition of genius as the power of creating an illusion—"Betrug einer höhern Eingebung"; how far we submit to this illusion depends on our imagination. This theory is clearly much more individualistic than that governing the pseudo-classical didactic drama. It implies also much greater activity on the part of the audience. Instead of being the passive object of the writer's eloquence, the audience by this new theory is called on to take part, imaginatively, in the events shown in the play. This is a typical aspect of the *Sturm und Drang*, of the demand to take part, even if only in imagination, in some great activity.

In the critical work of Herder, Lenz and Goethe of the early 'seventies, this view dominates, and is paralleled by an unqualified worship of Shakespeare. The three essays are similar in style and content, though Herder's is more consistent than Lenz's, and more articulate than Goethe's.[1] Each of them disarms attack from the classical school by briefly indi-

---

[1] Herder, *Shakespear*, 1773; Lenz, *Anmerkungen übers Theater*, 1774; Goethe, *Zum Schäkespears Tag*, 1771. Both the Herder and the Lenz essays go back to 1771; see *Herders Sämmtliche Werke*, hrsg. Suphan, vol. v, and Theodor Friedrich, *Die Anmerkungen übers Theater von Lenz*, 1909. See below, pp. 75–101.

cating the historical origins of Greek tragedy, its religious nature, and the impossibility of reproducing such drama in modern times, in a different environment. Herder's essay in particular is a very remarkable example of the historical approach to criticism. But while establishing historical criteria for the drama, these critics do not fall into a mere relativism of judgment. Shakespeare is everything for them. Indeed, in spite of their remarks on the historical origins of the theatre, they put Shakespeare in an absolute contrast to all other drama: he is nature, history, the world; other drama is "theatre". In Shakespeare, says Herder, theatre, scenery disappear; we feel we are in face of real events; we are overpowered by "der Trug der Wahrheit" (cf. Home's "dream of reality"); we feel, this is not mere poetry, this is "history of the world". For Lenz, Shakespeare's theatre is identical with the world, and vastly different from the stage with its conventions and rules; his plays are histories, whose unity is that of the life of a great man. For Goethe Shakespeare is nature, in contrast to all other drama, which is artificial; a peep-show, in which we see the array of the world.

In the place of all the dramatic conventions of the pseudo-classical school, these critics propose simply illusion. Herder interprets Aristotle, even, as having defined the aim of tragedy as "a sort of illusion"; or, as Lenz says, the only unity really necessary is that of the author with the public. This illusion is the opposite of the "Täuschung" of Lessing. By the latter term Lessing means that a play is so near to actual life as to seem actually to be taking place in reality before us; if we refer it to our own normal experience we find it true. By illusion, Gerstenberg, Herder and Lenz mean, on the other hand, that we forget ourselves, our normal standards and environment, and are taken up completely in the world of the poet's imagination. It is in the interests of this illusion that Herder justifies absolutely Shakespeare's contravention of the unities of time and place, and points out how much the "local spirit" (environment) contributes to the impressiveness of the events in the plays.

The rather vague terms, illusion, imagination, inspiration,

etc., which this group of critics applied to Shakespeare's work, express their admiration for the poet without explaining it. The true explanation is to be found in their appreciation of the action in Shakespeare. Grabbe seems to have found the right words for this Shakespeare cult when he wrote: "much of what is ascribed in German art to the influence of Shakespeare can more correctly be explained as the effect of the revolutionary spirit of the times."[1] These authors rebelled against the bureaucracy and despotism of the German states, particularly Prussia; and against the passivity and optimistic contentment of the earlier generation. But, despairing of the contemporary middle class, in its backwardness and pettiness, these "intellectuals", members of the professional class, applied themselves to an intellectual revolution, a war of liberation of the senses, feeling, imagination. Shakespeare became their most challenging and inspiring slogan. For Herder, the centre of Shakespeare is the great event, "dramatic history", at which we are directly present. Lenz begins his essay with the statement that the essence of man is to act freely—or, as he says in his little treatise on Goethe's *Götz von Berlichingen*: "action is the soul of the world"; the effect of tragedy on us should be, that we exclaim of the hero: "das ist ein Kerl". Goethe puts it similarly; on reading Shakespeare he feels his "Existenz erweitert"; Shakespeare, he says, illustrates always the struggle between our presumed freedom of will and the necessary process of the world. For all these writers Shakespeare offered a world of vast activity and experience, in which they felt themselves transported beyond the barriers and restrictions of contemporary German life. It is for this reason that they do not apply to Shakespeare primarily aesthetic criteria, but treat him as "nature" or "history", the opposite of art.

In the actual dramatic production of this *Sturm und Drang* group there is, for the first time in German literature, extensive borrowing from Shakespeare. Most obvious is Shakespeare's influence on their language. Here they interpret the imaged speech of Shakespeare as a liberation from the flat rationalistic language of the preceding generations. They create, using

[1] Chr. D. Grabbe, *Ueber die Shakespearomanie*, 1827.

Shakespeare as a model, a highly subjective language of passion, in which the choice and connection of imagery is very personal, in which syntax is twisted to the demands of emotion. Precisely in what had been earlier condemned as Shakespeare's bombast they found the justification and model of a language of passion, which obeyed no criteria but the desire for self-assertion of the passionate poet.[1] In their borrowings we find on the whole little imitation of Shakespeare's plots, but innumerable borrowings of characters, especially a stock type of villain, a mixture of Richard III, Macbeth and Iago; also extremely frequent renderings of certain *motifs* of Shakespeare. Among these, the most frequent are the balcony scene of *Romeo and Juliet*, the graveyard scene from *Hamlet*, the madness of Ophelia.

These Shakespearean *motifs* and characters undergo a considerable transformation at the hands of these dramatists. The heroes of the early tragedies of Goethe, Lenz, Klinger, Leisewitz, are meant to be great men of action in the Shakespearean manner. But the struggle we see in these plays is nearly always that between the real and the ideal, between what is and what the hero would like the world to be. The *Sturm und Drang* hero is essentially a man of great emotions, or perhaps of great ideals, and has little other claim to greatness. When he struggles against the world, it is for the freedom of retiring from it. Franz,[2] Julius von Tarent,[3] Karl Moor and Ferdinand von Walter,[4] all would find a solution in idyllic retirement. Guelfo[5] is the hero of frustrated activity, Simsone Grisaldo[6] more a hero of love than battle, Götz[7] himself, the most materialistic and Shakespearean of them all, fights for "freedom".

One would hesitate to call these characters and plays Shakespearean. Yet the abundance of verbal references, of

[1] The *Sturm und Drang* transformation of the monologue is significant. The Shakespearean monologue becomes in their hands an almost lyrical expression of the character's emotions.

[2] Klinger, *Das leidende Weib*, 1775.   [3] Leisewitz, *Julius von Tarent*, 1776.
[4] Schiller, *Die Räuber*, 1781 and *Kabale und Liebe*, 1784.
[5] Klinger, *Die Zwillinge*, 1776.   [6] Klinger, *Simsone Grisaldo*, 1776.
[7] Goethe, *Götz von Berlichingen*, 1773.

borrowed *motifs* and situations, and the opinions of authors and critics, make it certain that the authors were attempting to reproduce something of Shakespeare's spirit. The transformation Shakespeare undergoes at their hands is as indicative of the spiritual and social constitution of the time as is their theoretical conception of Shakespeare. In their appreciation they admire Shakespeare's action, his great men, his world of movement; their own narrow circumstances, the oppression of their petty world, forced them to create in their own works only men with the desire to act, idealists and sentimentalists.

POPULARISATION

Such a storm on popular canons of taste could not remain without result, and in the 'seventies Shakespeare began to be produced all over Germany. At the end of the 'sixties Chr. F. Weisse's bold adaptations of *Romeo and Juliet* and *Richard III* had considerable success, though there is little of Shakespeare left in these plays.[1] Other plays were adapted or freely translated, till in 1775 Eschenburg, a schoolmaster, began his improved version of the Wieland translation. On the basis of this translation the great populariser of Shakespeare, the actor-producer F. L. Schröder, produced his stage versions of *Hamlet* and *Othello*, 1776, *The Merchant of Venice*, 1777, *King Lear* and *Richard II*, 1778, *Macbeth*, 1779, *Much Ado*, 1792. Schröder's troupe was at Hamburg in 1776, Berlin, 1777, Vienna from 1780. On most stages productions of Shakespearean plays were occasionally given, in some adaptation or other.

Practically all these translations are in prose—the Weisse version of *Richard III* is an exception, being in Alexandrines and almost the furthest from the original, being based only on Colley Cibber's stage adaptation. The great actors of this period, such as Schröder, Brockmann, Fleck, devoted themselves to the interpretation of the great Shakespearean characters to the detriment of the smaller characters and scenes; they developed a "characteristic" type of acting and produc-

[1] See below, p. 176. See also the Chronological Table.

tion, in strong contrast to the later Goethe productions at Weimar. Hence they were opposed to verse translations, preferring prose for their realistic interpretation of the characters; Schlegel's verse translations were to find many opponents. Shakespeare's poetical qualities were appreciated mainly in the frankly fantastic plays, such as *The Tempest*, and adaptors such as Tieck (*Der Sturm*, 1796) or Einsiedel and Gotter (*Die Geisterinsel*, 1797) made operettas out of the original. For the "straight" theatre, prose was universally used, with great stress laid on the many high points in the dramatic structure. The famous actor-managers Eckhof and Iffland were reluctant to produce Shakespeare because he spoiled the actors for slighter and more delicately toned plays, i.e. for the plays of middle-class life, such as Iffland himself wrote.[1]

The adaptations of the plays follow more or less the lines of Garrick's versions, i.e. they bring the plays closer to the middle-class tragedies of the time. In some cases happy endings were imposed—as in the usual version of *King Lear* or in Schröder's first version of *Hamlet*, where the Prince is left alive and well at the end; in some a theatrical situation was exploited, as in *Romeo and Juliet*, where Juliet is made to awake before the poisoned Romeo is dead. But usually the stage-versions aim at simplification and purification. Some characters are left out—"coarse" creatures like Mercutio and the Nurse, "superfluous" persons like Fortinbras and even Laertes. "Vulgar" scenes are eliminated, such as the Grave-Diggers' scene in *Hamlet*; noble lords are not allowed to come into contact with vulgar people or to show themselves in a vulgar light. The plays are purified of puns. The critics took an ambiguous attitude towards this bowdlerisation. Herder admitted sadly that the remoteness from Shakespeare's times made Garrick's adaptations necessary. Lenz's own translation of *Love's Labour's Lost* was very untrue to the original. The more closely the productions kept to the original the less successful they were. Goethe and Schiller accepted in the end

[1] See below, p. 127. A. W. Schlegel writes (to Goethe, 28 April 1801) that he has not seen Iffland in any verse-tragedy, except in the part of Polonius.

the principle that all plays, even their own, had to be adapted to the stage, to the demands of theatrical technique and, a deeper reason, to the cultural level of the audiences.

The productions reflect the attitude of the middle class to the views of their intellectual leaders. The audiences admitted Shakespeare's delineation of passion, the depth of his characters, his colour and movement, but they desired to modify, soften his world, to adapt it to their own ideals. Goethe confessed, in his *Zum Schäkespears Tag*, that often when reading Shakespeare he had thought he could have improved on the poet; but afterwards he saw that "he was a poor sinner, that Nature prophesies out of Shakespeare, and that his own characters were soap-bubbles thrown up by idle novels". But the German public of the end of the eighteenth century could not abandon its taste for "idle novels", could not stomach Nature. The Shakespeare enthusiasm of its intellectual leaders gave it the opportunity of a wider aesthetic experience. But instead of being made uneasy and restless by the plays, being tormented by a longing for action, as were the young Herder, Goethe and Lenz, the public had Shakespeare put to rights and adapted to their own views, and then enjoyed in him the reflection of their own values.

GOETHE AFTER 1775

From the time when Goethe went to Weimar (1775), there occurs a great change in his attitude to society and social conventions. For a time he maintained his old relations with the *Sturm und Drang* Bohemians, Klinger and Lenz, but friction arose. Goethe now positively abandoned idealistic dreaming and sought an adequate scope in the actual world—more exactly, in the court of Weimar. His "classicism" dates from this time, ten years before his Italian journey. In his attitude to Shakespeare we have a valuable commentary on this change.

The main documents on Shakespeare in this time are the passages in *Wilhelm Meisters Lehrjahre*, consisting mainly of his analysis of Hamlet.[1] Although the *Lehrjahre* appeared in

[1] See below, pp. 101–8.

1795–6, the bulk of the Shakespeare criticism was already in the *Theatralische Sendung*, the earlier version of the novel (which one must date before 1783), and was left largely unchanged—the only big addition being the account of the actual production of *Hamlet*. There is still a remnant of Goethe's early enthusiasm in Wilhelm Meister's confession that on reading Shakespeare for the first time he feels urged to take part actively in the world—"mich in die Flut der Schicksale zu mischen": Shakespeare reveals to him possibilities of action. But this remark seems only a vague memory of the effect Shakespeare had on Goethe in the early 'seventies. The effect on Wilhelm himself is quite different, and remains entirely within the sphere of art, culminating in the production of *Hamlet*.

In another sense, however, Goethe's analysis of *Hamlet* is a continuation of the *Sturm und Drang* attitude; he treats the Prince as if he were a real creature in a real world, not the imaginary hero of a drama.[1] In order to grasp the character of Hamlet, he reviews what we are told about his earlier life, the influences of the university, his expectation of sovereignty, his dismay at the death of his father and the succession of his uncle, which is turned to tragic confusion by the marriage of his mother. Hamlet is originally a balanced, amiable, philosophically-inclined character, formed in a happy environment, with the prospect of an undisturbed future. These events create problems for which this unheroic character is completely unprepared, with which he cannot cope. Goethe sums it up: "Shakespeare tried to describe a great deed laid on a soul not adequate to the task." The same method of analysis is applied to other aspects of the play, notably to Ophelia, in which Goethe gives a subtle explanation and defence of the "improprieties" attaching to Ophelia.

[1] The same tendency is observable in contemporary English criticism, particularly in Thomas Whately's *Remarks on some of the Characters of Shakespeare* (written before 1770), and Maurice Morgann's essay on the *Dramatic Character of Sir John Falstaff*, 1777. Both give extensive analyses of characters of Shakespeare, considering them, as Morgann said, "rather as historic than dramatic beings". (See D. Nichol Smith, *Shakespeare Criticism*.)

INTRODUCTION

Even in *Wilhelm Meisters Lehrjahre*, with this unquestioning acceptance of Shakespeare's world as an adequate mirror of the real world, Goethe cannot bring himself to produce *Hamlet* without adaptations. Reluctantly Wilhelm gives way to Serlo's technical amendments, and the play as produced differed considerably from the original (the translation was conceived to be in prose). In the later theory and practice of Goethe the author-producer of Weimar takes up an unambiguous attitude on this point. In the 'eighties adaptations of several plays of Shakespeare had been produced by visiting companies in Weimar.[1] From 1791 Goethe took charge of the reorganised Weimar theatre, and trained his own company to produce Shakespeare as he thought fit. Of the production of *King John* in 1791 we know little, except that, like the *Hamlet* of 1792 and the *Henry IV* (Parts I and II) of 1792 it was Goethe's own adaptation, based on Eschenburg's prose translation. From the *Hamlet* many minor characters were cut, including Fortinbras. The next production, that of *Hamlet*, in 1795, follows Schröder's second version, but Goethe restored Laertes and the Grave-Diggers' scene, and allowed Hamlet to die. This was the most popular of the Shakespearean productions of Weimar, and was repeated several times. In 1796 the production of Schröder's version of *King Lear* was a failure.

It was Schiller who stimulated fresh interest in Shakespeare at Weimar. His very free translation of *Macbeth* (1800) was produced with great success, and repeated in 1804, 1806, 1808 and 1810. It betrays, however, the growing classical tendencies of translator and producer. Schiller tries to link up the incantations of the witches with the chorus of the antique tragedy, and ennobles them considerably.[2] Goethe added to this by having the witches played by beautiful young maidens, and instructing them in a slow and impressive enunciation. In 1830 Goethe held by this still, ridiculing producers who represent

---

[1] See W. Deetjen, "Shakespeare-Aufführungen unter Goethes Leitung", 1932, *Shakespeare-Jahrbuch*, LXVIII.

[2] As early as 1796 Schiller passed the severest judgment on Bürger's *Macbeth*, particularly the translation of the witches' incantations. He considered Eschenburg's translation "traurig" and welcomed A. W. Schlegel's intention to translate Shakespeare into verse (letter to A. W. Schlegel, 11 March 1796).

the witches as disfavoured hags. This example of Goethe's methods as a producer is typical. The productions at Weimar were of a distinctive character. Goethe devoted great care to the co-operation of the various players, to their enunciation, to their interpretation of their lines, accentuation, etc. Whereas in most of the contemporary troupes the minor parts were neglected and shockingly played, in Weimar stress was laid on the harmony of the whole.[1] During the 'nineties this idea of harmony conquered every aspect of the production, and Goethe retreated more and more from realism. He introduced the stylised, formal acting defined in his *Regeln für Schauspieler* (1803), and a completely unrealistic style of declamation. It is in this form that Goethe's Shakespeare productions are to be imagined, with little realism and movement, the details represented "symbolically", as he writes, the whole action subordinated to the decorous, eloquent declamation of the lines, for which first Schiller's, then Schlegel's verse translation gave the opportunity. Material conditions contributed also to this style of production—the lack of funds, which made it impossible to keep great actor personalities in the troupe or to build up ambitious sets, and the smallness of the stage.

The *Macbeth* production was followed by *King Lear*, 1800, this a return to Schröder's version, though Goethe insists on a tragic ending. The *Julius Caesar* of 1803 is based, for the first time, on a translation of A. W. Schlegel's. Goethe's correspondence with the latter tells us a great deal about this production, one of the most impressive of the time.[2] He made several additions in the interest of clarity, not hesitating to add a few lines here and there, though adhering to the original much more closely than Iffland in the Berlin production of the same winter. But more interesting is Goethe's addition of Caesar's funeral procession, which he produced as a great tableau, with all the proper local colour, lictors, wailing women,

---

[1] Cf. A. W. Schlegel to Goethe, 15 October 1803: "Ihnen war es vorbehalten, auch den Shakespeare auf unserer Bühne neu zu beleben, oder ihn vielmehr zuerst recht zur Erscheinung zu bringen, denn bisher waren es doch im besten Falle nur einzelne Hauptrollen, die (durch Schröder oder Fleck) gross ausgefüllt wurden; das Ganze der verstümmelten Stücke kam nicht in Betracht."

[2] See below, pp. 108–10.

freedmen, banners, with the blaring of trumpets, etc. He explains to A. W. Schlegel his concern regarding the theatrical effect of the play, of Shakespeare in general; the "Gebildeten" do not need this display, but it is necessary for the "rohere Masse" to be helped in this way to a better understanding of the play. This passage is of great importance, as showing how for Goethe the question of theatrical technique is very largely a social question—a problem of communication between the cultured class, the writers, and the populace, the audience.

This production of *Julius Caesar*, despite its profound effect on the small cultural community of Weimar,[1] was repeated only once. The productions of the following years were all unsuccessful (*Othello*, 1805, based on the verse translation of the younger Voss; *King John*, 1806, and *Hamlet*, 1809, both based on Schlegel's translations), and Goethe was led to make ever more far-reaching changes in the plays. His production of *Romeo and Juliet* of 1811 was a mutilation of the original— he wrote to Friedrich Schlegel, 8 April 1812: "I have concentrated *Romeo and Juliet*, and removed everything that does not belong to the main action." Lyrics were added, characters such as Mercutio's changed beyond recognition, the rich variety of the play (Goethe called it, in a letter to Caroline v. Wolzogen, "disharmonious allotria") simplified in the interests of harmony. In the same year Goethe planned a production of *Hamlet* in which Claudius was to take the place of Polonius behind the arras and be killed by Hamlet, this to be the final scene of the tragedy!

In his essay *Shakespeare und kein Ende*, the first part of which was written in 1813, the second in 1826, Goethe sums up the experience of these productions of Shakespeare on the Weimar stage. In strong opposition now to the views of A. W. Schlegel, Goethe maintains that Shakespeare is above all a poet to be read, and as a writer for the stage has serious weaknesses.[2] For the reader, the frequent changes of scene

---

[1] See below, p. 124, for Schiller's impression of the performance.
[2] See below, pp. 110–20. In a letter to Cotta of 1812 Goethe writes very drastically of "die abgöttischen Uebersetzer und Conservatoren Shakespeares".

are no drawback, for the spectator they are confusing. Above all Shakespeare is lacking in "action evident to the senses" ("sinnliche Tat"); the events and scenes of the plays are better imagined than seen. Earlier, in a letter of 27 October 1803, to A. W. Schlegel, Goethe had suggested that Shakespeare was lacking in "outward, theatrical effectiveness" ("äussere theatralische Zweckmässigkeit"), for all the "infinitely delicate construction" of his plays. Now he proceeds to a generalisation: nothing is theatrical which is not symbolical—an action is theatrical only when it points to some more profound action, to a deeper meaning. Occasionally Shakespeare uses such properly theatrical means, as when Prince Hal tries on his father's crown; in general, however, such "symbolism" is lacking, and Shakespeare does not find for his profound thoughts an adequate image for the eye—he is lacking in theatricalness.[1] Goethe turns this into a compliment by saying that the stage is unworthy of Shakespeare, and that it was better to write for the inward rather than the outward eye; but this does not conceal his distaste for Shakespeare's form. Challenging such critics as the Schlegels, who had insisted on the artistry of form in Shakespeare, Goethe condemns the form of *Romeo and Juliet*, *King Lear* and *King John*, and suggests that the nature of the Shakespearean stage necessarily made them faulty. Schröder, he concludes, was absolutely right when he abbreviated and mutilated Shakespeare.

We find the same attitude in Goethe's remarks to Eckermann in the last years of his life. Here he expresses in moving words his veneration for Shakespeare. But again, while no praise is too high for Shakespeare the "psychologist", who has expressed "every motive in human life", who is "infinitely rich and great", yet with it all Shakespeare is "no theatre-poet". Shakespeare wrote out of his own nature, Goethe says; the contemporary theatre made no demands on him; he is a poet "in general", not a poet of the theatre.

---

[1] This statement recalls the similar remarks of Schelling and Fr. Schlegel, when criticising Shakespeare in favour of the symbolism of Calderon. See below, pp. 152 and 164–6.

INTRODUCTION

SCHILLER

Of all the great German playwrights, Schiller owes the heaviest debt to Shakespeare.[1] Goethe congratulated himself in his old age that in his *Götz* and *Egmont* he had grappled with and got rid of Shakespeare's influence. Schiller on the other hand learned and borrowed from Shakespeare from the beginning of his life to the end. In his medical dissertation on the interaction of mind and body, Schiller quotes the "lean and hungry" Cassius, the somnambulism of Lady Macbeth, etc. His earliest plays are full of Shakespearean phrases and Shakespearean characters. Obvious parallels are Franz Moor and Richard III; Der alte Moor and Gloster; Don Carlos and Hamlet; Fiesko and undigested elements of Caesar and Coriolanus. In the later plays similar parallels are to be observed, above all in *Wallenstein*: Gräfin Terzky and Lady Macbeth; Illo at the Banquet and Lepidus in *Antony and Cleopatra*; Macdonald and Deverous and the murderers in *Richard III*. Schiller himself acknowledges the debt of *Wilhelm Tell* to Shakespeare's *Julius Caesar*—"mein Schifflein wird auch dadurch gehoben".

Schiller's relation to Shakespeare is, however, not at all that of imitation; it is also very different from that of Goethe. In his earliest period Schiller was distressed by the lack in Shakespeare of that pathos which characterises his own plays; himself the most subjective and idealistic of writers, he resented Shakespeare's objectivity, his "coldness", especially where, through the interposition of comic scenes, Shakespeare interrupts sublime passages.[2] So the early Schiller admired only the high lights of Shakespeare, his "sublimities"; the themes and method of his own early plays are vastly different.

As Schiller became more conscious of his own idealism, of the "sentimental" nature of his works, he learnt to value in Shakespeare that aspect of the latter which was a corrective to his own tendencies. Reading *Julius Caesar* with A. W. Schlegel he appreciated above all the artistry of Shakespeare—

[1] See Julius Petersen, "Schiller und Shakespeare", *Euphorion*, XXXII. 1931.
[2] Schiller, *Ueber naive und sentimentalische Dichtung*. See below, p. 122.

the manner in which Shakespeare "abstracts" from reality, selects significant aspects of his matter and neglects "the mass and the mob with their insignificance". Writing about *Richard III* Schiller again comments on this ability of Shakespeare to eliminate unpoetical aspects of his matter, and "to use symbols, where nature cannot be represented". When reading the Histories Schiller is struck by the nearness of Shakespeare to the Greeks. Especially in *Richard III* he finds "eine hohe Nemesis"—here is nothing soft, sentimental, lachrymose. In this objectivity Schiller finds a "purely aesthetic" pleasure; it is the "pure form of tragic terror".[1]

From Shakespeare, then, not merely from the Greeks, Schiller took over the abstractness of theme, and un-realism of treatment, visible in his later plays. His translation of *Macbeth* of 1800, especially the transformation of the witches' incantations, is evidence of this conception of Shakespeare. His whole conception of "high tragedy" owes a great deal to Shakespeare —both directly and through Schlegel's translation. The grandiose eloquence of his characters derives largely from Shakespeare—not without justification A. W. Schlegel wrote (to Tieck, 3 September 1837): "My translation (of Shakespeare) has transformed the German theatre. Merely compare Schiller's iambics in *Wallenstein* with those in *Don Carlos*, and you will see how much he owes to me." The plays preceding *Wilhelm Tell* reflect this aspect of Shakespeare. Schiller's characters are great heroes making an eloquent reckoning with their fate; ultimately passive as are the heroes of the *Sturm und Drang*, they differ from the latter in that they make an ideal peace with their fate. We miss in them, and in the plays, the activity of Shakespeare's heroes, the vigour of his age. Only with the theme of the Swiss national rising does Schiller appreciate this aspect of Shakespeare.

In 1803 Goethe produced *Julius Caesar* in Schlegel's translation on the Weimar stage. Its effect was profound on Schiller. Writing on the day after the production, when its impression was still fresh in his mind, he stresses the variety and richness of the action, the violence of the passions, the sensuous liveli-

[1] See below, p. 124.

ness of its technique. These were the qualities which suited his own needs with his play—"the play is of inestimable value for my *Tell*"—and while the character of Schiller's last work has undeniable relationship with *Wallenstein*, *Maria Stuart*, and *Die Jungfrau von Orleans*, the whole play has a fresh exuberance and variety of action, breathes an air of activity, such as Schiller had lost since his earliest pieces. The spirit of the play—the enthusiasm for national emancipation—is essentially Schiller's; his representation of the conspiracy among high and low, the fire of his enthusiasm, have no adequate parallel in Shakespeare. But Shakespeare helped him in his method, helped him to overcome the rigidity of his preceding work, made it easier for him to represent lavishly and freely the complex movement of society in its significant moments.

THE ROMANTIC SCHOOL

1. LUDWIG TIECK, AUGUST WILHELM SCHLEGEL, AND ADAM MÜLLER

With the Romantic writers begins that "Shakespearomanie" which had devastating effect on the work of such writers as Immermann, and which found its happiest result in the Shakespeare scholarship of the nineteenth century. As the disputes over Shakespeare ceased in favour of a widespread adoration of him, so Shakespeare ceased to be a decisive factor in the formation of any particular poet; became in fact a burden too great to be borne. Shakespeare became a part of the normal education of all cultured Germans, part of the normal repertoire of most state and municipal theatres. Adaptation for the theatre became merely a technical question, not any longer a question of ethics or aesthetics. Like Homunculus on seeing Galatea, Shakespeare is raised to his highest place by the Romanticists to merge then into the general stream of culture, to lose very much of his individual significance.

Although various aspects are stressed differently by the Romantic critics, there is a common basis of agreement. They belong to the generation which does not question the value of

Shakespeare. He is indubitably the equal of the Greeks. Even more, they do not consider such questions as how far his method is justified, do not apply such criteria as "realism", "morality", etc. They take him as he is, the supreme artist, from whom we learn, not whom we teach. The critic's function has changed since Lessing's day, since the *Sturm und Drang*. No longer does the critic lecture the poet; now the critic merely interprets the poet. The imagination takes priority over the reason. It is the end of the great period of critics who were teachers, leaders of society; the beginning of the scholar critic, the aesthetic critic, the critic who submits to the poetical criteria that exist; the beginning too of the "Unterhaltungsblatt" critic. The Romanticists are the first to submerge the critic (i.e. the professional class) in this way; they rescue him by their idealistic philosophy, by creating a religion of aestheticism, of form; they merge the critic in the historian of literature. From the Romanticists, from the lectures on the history of literature of the Schlegels, Adam Müller, etc., grew up, dating roughly from the 'thirties, that infinite series of histories of literature which have been in Germany so prejudicial to the spirit of criticism.

This change in the relationship of critic to society is evident in that the Romanticists were content to be a small clique, writing half esoterically for a very small public. The *Athenäum*, their periodical, is the antithesis of the periodicals of Lessing's time—periodicals which adopted the letter form frequently, in order to make an easier appeal to the public. The *Athenäum* is on the contrary wilfully obscure—the aphoristic form so much used in it bears the stamp of intellectual snobbery. Their contemporaries never tired of charging the Romanticists with being a small clique.[1] In their attitude to the production of Shakespeare's plays they give evidence of the same tendency. A. W. Schlegel in particular fought a long battle in favour of producing Shakespeare in the original form—to the despair of producers, even of Goethe. Piety to the great poet outweighed

---

[1] This withdrawal from social responsibilities seems to have some connection with the French Revolution, and the shock this gave to the professional classes. In the political thought of the Romantic group this is most clearly evident.

consideration for the public—we have seen Goethe's view on this, in direct opposition to Schlegel's, and arising from the former's strong feeling of responsibility to the public.

The first truly Romantic note of Shakespeare criticism was struck by Tieck in his essay *Shakspeares Behandlung des Wunderbaren* of 1793.[1] Here Tieck praises Shakespeare's comedies for their complete and consistent unreality—their kinship to a state of dreaming. Shakespeare's characters and events have the same magic effect on us as those of a dream; they seem wonderful, and yet familiar. In these works we are removed from the world of reality, from all criteria, we abandon ourselves to the phantasy. It is not surprising that Tieck's adaptation of *The Tempest* made of it practically an operetta, through the insertion of fresh lyrics and a very arbitrary manipulation of the verse. Later Romantic comedies stress this unreality almost polemically—Tieck's own works such as *Der gestiefelte Kater, Zerbino*, and *Die verkehrte Welt*, which are witty satires of the realistic type of comedy; Bretano's *Ponce de Leon*, an imitation of *As You Like It*; Eichendorff's *Die Freier*, an imitation of *Twelfth Night*.

In 1796 begins the series of A. W. Schlegel's brilliant essays on Shakespeare, which were to show, not merely as Tieck had done, the consistency of Shakespeare's unreal world, but the formal consistency of his work, the significance of every detail in the plays. Schlegel does not probe into or debate the meaning of the plays; he accepts often the simplest definition of the aim of the play or of characters—Macbeth's witches are simply "tools of hell"; in *Romeo and Juliet* "the axis of the play is the enmity of the two families", etc. He defines Shakespeare's plays as "Gedankenschauspiele"; not plays in which a series of thoughts run parallel to the action, but the action of which presents us with problems which we are left to solve.[2] Schlegel's criticism does not in the main deal with these problems—in this differing strongly from earlier Shakespearean criticism, which had approached the plays from this angle. Schlegel describes, on the other hand,

[1] See below, p. 130. The essay was not published till 1796.
[2] See below, p. 136.

26

the means by which Shakespeare builds up his actions and characters—the interplay of scenes and characters, the significance of each incident in the whole.

Perhaps the most brilliant example of this is Schlegel's essay on *Romeo and Juliet,* published in Schiller's *Horen* 1797.[1] Schlegel sets out to prove the superb composition, the artistry of form in this, one of the plays which had been always most attacked because of its extravagance of form. He shows how the whole play is built up on the principle of balancing and contrasting groups. The opposition of the Capulets and Montagues is shown firstly in the normal form of the vulgar antagonism of the servants and minor characters; secondly in the relationship of Romeo and Juliet. The former are therefore essential, not mere arbitrary comic characters. Similarly with Mercutio and the Nurse, the two characters for whom earlier critics had found no excuse. Schlegel finely observes that though Mercutio has no practical role in the plot, yet we see in him a vivid reflection of Romeo's own character; in him are concentrated, as in Romeo, the exuberance and phantasy of the play—"the conflicting elements of life in their highest energy". "In both (Mercutio and Romeo) appears the evanescent fugitiveness of what is most precious, the transient nature of all blossoms, for which the play is so tender a lament." The Nurse also is not merely a brilliant character study, but in her vulgarity, inconsequence, and final unreliability throws Juliet's character and situation into extraordinary relief.

Clearly Schlegel is using here criteria of form which find no parallel in the German dramaturgy of the eighteenth century. Even his own friends, such as his future wife Caroline, could not quite accept his endorsement of Mercutio and the Nurse. Goethe remained obdurate, calling them "farcical intermezzists". The Schlegels, however, in the face of opposition took their thesis of Shakespeare's artistry even further: not merely were all parts of the plays subject to the

[1] See below, p. 136. The Romanticists belonged to the generation which was the first to be accustomed to see performances of Shakespeare, and this no doubt contributed largely to their appreciation of his artistry. Even Schiller, the youngest of their immediate predecessors, could in his youth only read Shakespeare, since the Dalberg Shakespeare adaptations at Mannheim began only in the middle of the 'eighties. See Chronological Table.

whole, but further, they say, this is a conscious artistic process in Shakespeare. Shakespeare becomes for them an example of technical excellence due to reflection over aesthetics. In an aphorism of the *Athenäum* of 1798 stands the challenging statement:[1] no writer is more correct than Shakespeare, if by correctness one means the conscious construction of all parts in the "spirit of the whole". He is more "systematic" than any other poet; his plays are extremely formal; and the author of the aphorism compares Shakespeare's technique to that of the musician, the formal artist *par excellence*. Shakespeare is for them in this period a supremely conscious artist; over and over again they refer to his "Absichtlichkeit" (deliberateness of construction). It is not surprising that Novalis, while agreeing with them as to the excellence of Shakespeare's construction, considered their attribution of deliberate, calculating intention to Shakespeare to be nonsense ("es dürfte nichts Sinnloseres gesagt werden").[2]

Several factors contributed towards this view of Shakespeare as a supremely conscious artist. On the one hand, there was a legitimate dissatisfaction with the earlier view of Shakespeare as "nature" (*Sturm und Drang*) and with the contemporary ruthless mutilation of the plays for production. On the other hand this view of Shakespeare linked up with general Romantic idealism, the withdrawal from any sort of realism, philosophical or aesthetic, and their postulate of the consciousness as the source of creation. Shakespeare is used as evidence of their own philosophy. In this stage of Romantic philosophy (*ca.* 1800) they cling to Shakespeare, seeing him from the point of view of their bold paradox; later, when their philosophy changed, particularly with its transformation into Catholicism and traditionalism, their interpretation of Shakespeare changed too.

Out of this appreciation of the formal qualities of Shakespeare came A. W. Schlegel's translation.[3] Though not the

---

[1] See below, p. 141. It is not known whether this aphorism belongs to Friedrich or A. W. Schlegel. It interprets their common view in 1798.

[2] See below, p. 151.

[3] Between 1797 and 1801 appeared sixteen plays, in 1810 one more. It has recently been shown that the final editing of the translations was left to Schlegel's wife Caroline, who very frequently changed words and phrases to the detriment of

first verse translation, it was the first which appreciated the aesthetic value of Shakespeare's verse and idiom, and which attempted to reproduce it. Coming at a time when prose versions had given the public a very different view of Shakespeare, the translation met with considerable opposition. The reviewer in the *Neue Allgemeine Deutsche Bibliothek* (vol. LV, 1800) expresses no opinion on prose or verse translations. But comparing Eschenburg's verse translation of *A Midsummer Night's Dream* with Schlegel's, the reviewer is of opinion that while Schlegel's version is more concise, Eschenburg's is less forced and more German. There seems to have been general agreement that Schlegel's language in the translation was a bold innovation; brilliantly near to the English, it is sometimes obscure. Even in 1848 Friedrich Hebbel writes of an adaptation of *Julius Caesar* for the Vienna Burgtheater: "Just now I have arranged Shakespeare's *Caesar* for the stage here.... By 'arranged' I mean nothing more than a mere re-writing of the Schlegel translation, which simply cannot be spoken." (To Bamberg, 22 August 1848.) This influx of Shakespearean metaphor and pregnancy was too sudden to be easily absorbed. On the other hand, the manipulation of blank verse was of enormous and immediate importance in the history of the German drama, and Schlegel is not overweening when he claims a direct influence on Schiller's versification (see above, p. 23).

The stress on the formal elements in Shakespeare led the Romantic authors to investigate the sources of the plays and the nature of the contemporary stage. In the essay on *Romeo and Juliet*, A. W. Schlegel examines the relationship between Shakespeare's play and the tale on which it was based. Tieck was the first in Germany to investigate the nature of the Shakespearean stage and to study the playwrights contemporary with Shakespeare.[1] These tendencies were completed in A. W.

the meaning. The translation was completed by Tieck's daughter Dorothea and by Graf Baudissin, 1825–33. Schlegel expressed himself very sarcastically on Tieck's notes to the translation (*Schreiben an Reimer*, 1838–9).

[1] *Briefe über Shakspeare*, 1800. See below, p. 133. Tieck continued his investigations in *Das Altenglische Theater*, 1811. Both Tieck and Schlegel disdain contemporary English criticism of Shakespeare.

INTRODUCTION

Schlegel's famous *Vorlesungen über dramatische Kunst und Litteratur* of 1809, lectures which were translated into many languages.[1] In the long section on Shakespeare (practically the whole of the third book) Schlegel begins as Tieck had done in his *Briefe über Shakespeare*, with an outline of the society and culture of Shakespeare's period. What Herder had once proposed is now realised. Schlegel and Tieck see the secret of Shakespeare's complexity and exuberance in the nature of the Elizabethan period—a time when the old nobility was not yet decayed, and men still had a delight in display; when England's victorious expansion brought men into contact with the most diverse cultures; when, as Tieck says, not moral timidity but heroism was considered to be virtuous. Instead of deprecating Shakespeare from the heights of modern society and modern morals, A. W. Schlegel and Tieck see Shakespeare's age as the heroic age of modern times, Shakespeare as the worthy reflection of his nation's great destinies.

In the lectures of 1809, then, Schlegel sets out to expound the wealth and variety of Shakespeare. He demonstrates his artistry, his intellectual superiority to the critics of less enlightened times; justifies the anachronisms as being consciously used by Shakespeare to achieve certain ends; shows how the interposition of comic scenes provides a profound satire on the poet's themes. As illustrations of these general points Schlegel gives detailed analyses of the plays, bringing out the subtleties of characterisation and composition. No criticism before Schlegel compares with this brilliant exposition, which laid the basis for both the poetical and the erudite exegesis of Shakespeare in the nineteenth century. Curiously enough, however, Schlegel's work on the Histories is immensely inferior to that on the Comedies and Tragedies. Suddenly the delight in the coloured pageantry leaves him, and he sees here, like any Aufklärer, a moralising writer: Shakespeare here offers us "examples of political development"; the Histories are a "handbook for young princes".

A more profound interpretation of the Histories is given

[1] See below, pp. 141–51.

30

by Adam Müller, who is less famous as a critic than as an
economist who strove to reconcile the old political and social
forms with the economy of capitalism. To Müller belongs the
honour of being the first in Germany to deliver a compre-
hensive series of lectures on Shakespeare, in 1806 in Dresden.
His work is rather unequal, more popular and conversational
than the Schlegels', and only on the Histories has he anything
of importance to say.[1]

Müller's praise of Shakespeare centres in his attack on the
popular, sentimental type of drama, in which the spectator and
writer identify themselves with a certain character and follow
the latter's fortunes, hoping his virtue will be rewarded, his
enemies punished, etc. This Müller calls a "monological"
type of drama, a "monological" interest; true drama, great
drama is on the other hand "dialogical", formed out of complex
relationships, where our sympathy is not merely for the personal
fortunes of the hero, but for the whole world in which he
lives. Müller finds it difficult to define the "dialogical" type,
though it is easy to see what he attacks in the "monological"—
not merely the sentimental drama such as Iffland's or Kotzebue's, but also a mode of interpretation of Goethe or Shakespeare, which equates them with Kotzebue, an audience
which sees in Egmont only the hero of the love affair with
Klärchen; in Hamlet only bewails the death of so promising
a young man.

In the Histories of Shakespeare Müller finds the "dialogical" principle in its clearest form. He is sarcastic about
those who read *Richard II* or *Richard III* in a vain attempt to
sympathise sentimentally with such dastardly heroes as these
two kings. We are not meant to sympathise with the persons
of these villainous kings, says Müller; in them we see "the
sacred idea of royal dignity", all the clearer since we cannot
admire them as virtuous men. The argument is a curious
counterpart to Lessing's, who, in the 14th Stück of the

---

[1] See below, p. 153. There is a useful essay on Adam Müller's aesthetic in
Oskar Walzel, *Romantisches*, Bonn, 1934. The lectures were partially published
in H. von Kleist's *Phöbus*, 1808, which was reprinted in 1924 by Meyer and
Jessen, München.

Hamburgische Dramaturgie, had said that if we sympathise with kings and princes, it is because they are ultimately men like ourselves. Müller, the man who produced a theory of political economy to defend legitimism against French radicalism, now reverses the argument, and states that the essential thing in "high tragedy" is that we revere kingliness in itself, irrespective of the moral character of the king himself.

All the Histories, which Müller sees as parts of one whole drama, circle round this theme—they represent the "decline of British feudalism". Müller quotes Friedrich Schlegel to the effect that the revolutions and changes in English society have been the precursors, the prototype of all social change of the Western countries; Shakespeare's Histories then present us with the essential structure of the evolution from feudalism to the modern state. Better than recognised historians Shakespeare shows us the struggle of the various forces, their alliances and fusions, and "engenders in us a really dramatic interest in the Whole, in the Idea". Kings should learn from him that through the unworthiness of kings the "sacred law of legitimacy" may be broken; peoples should learn the horrors which arise from the breaking of this law.

This view of the Histories brings Müller to a remarkable interpretation of the mixture of comic and tragic elements in Shakespeare, particularly in *Henry IV*. After the overthrow of Richard II, England has lost "the jewel of its knightly innocence". The throne is cut off from the people. Henry IV sits alone in his palace; his son, when he goes among the people, throws off his royal dignity. The latter too realises "with a delicate coquetry" that one day, when he becomes Henry V, he will throw off his common associates. "The world is really divided; repentance sits on the throne in *tragic* form. . .lack of money and lack of courage are established in The Boar's Head, in *comic* form." The comic scenes are not "comic relief", but heighten the tragedy, are an intimate part of the tragic collapse of English chivalry. When Müller returns to this question in discussing Lear, he states again that tragic and comic are not opposites. Tragedy, which is "life grown conscious of itself", is "dialogical", not idealistic or sentimental; no single feeling dominates it; it combines both the serious and comic sides of the soul.

2. Schelling and Friedrich Schlegel

August Wilhelm Schlegel and Tieck were of all the Romantic writers the least dogmatic, the most virtuose; their appreciation of Shakespeare existed side by side with many other literary enthusiasms. Schlegel in particular is the prototype of the modern critic-historian, who finds everywhere aesthetic enjoyment, and lays down no rules which would condemn any particular type of writing. The Romantic movement in general, however, is attached to a certain philosophy, to a particular outlook, and a particular literature or aspect of literature. This outlook underwent a slow change after 1800, visible in Adam Müller's search for a "higher meaning" in tragedy; and we find a new attitude to Shakespeare in the critical work of Schelling and the later Friedrich Schlegel.

This new attitude arises in close conjunction with a new enthusiasm for Calderon. A. W. Schlegel, through his translation of Calderon's *Devoción de la Cruz*, gave the first stimulus for this. But while he comfortably enjoyed Calderon side by side with Shakespeare, the others saw Calderon as a rival to the English dramatist. Schelling, in a letter of 21 October 1802 to A. W. Schlegel, prefers Calderon to Shakespeare.[1] In the former the *meaning*, the metaphysics of the play is clearer, while in Shakespeare one is baffled by the ultimate obscurity. Schelling admires the "reconciliation and harmony" of Calderon, which arise out of the religious theme. Religion is necessary for tragedy, he says, for it provides us with the key to earthly problems; it proves to us the predestined fatality of events, and reconciles us with this fate.

We find this same theme in the later Friedrich Schlegel. In the earlier period, before 1800, Friedrich Schlegel does not write anything of particular originality on Shakespeare, but seems to have followed his brother August Wilhelm's lead in stressing Shakespeare's artistry. An analysis of Hamlet, which

[1] See below, p. 152.

he gives in a letter to his brother in 1793, does not transcend the form of psychological investigation—it is interesting in its variation from Goethe's analysis, in that Schlegel finds Hamlet's failure due to his great intelligence: with Goethe Hamlet is morally weak, with Schlegel the play represents the tragedy of the over-intellectual sceptic, who questions the value of action in the material world.[1]

Schlegel's lectures of 1812 link on, in some sense, to this earliest pronouncement.[2] While still admiring Shakespeare's truth, the range of his characters, etc., Schlegel stresses more than any of his contemporaries the pessimism of Shakespeare. In Romeo the youthful passion is an "inspiration of death"; Hamlet is "an unsolved dissonance"; Lear is "pain and suffering intensified to madness". As an artist Shakespeare's technique is deliberate, even cold; subjective elements do not disturb his method; but his picture of the world is "painful and bitterly tragic".

But Schlegel's own philosophical change from Fichteanism to the Catholic Church makes itself felt in a variety of ways. While, in the first Romantic period, the Schlegels had stretched the concept of form to include Shakespeare among artists of the highest technique, in this later period Friedrich Schlegel falls back into a more vulgar conception of form, which was shared by most of the later Romantic writers. For Schlegel the highest form of poetry, poetry "in itself", comes to be lyric (or idyllic) poetry. This, he says, was Shakespeare's opinion. And Schlegel admires Shakespeare's lyrics to the detriment of his dramas. Dramatic art was considered by Shakespeare, he says, as "the rather prosaic art of faithful representation of life, or as a condescending application of the higher poetry for the benefit of the coarse masses". The modern German drama, says Schlegel, arises similarly out of an epic-historical soil, and strives to achieve its highest expression in lyrical beauty. But, though it can never ignore its debt to Shakespeare, it must turn away from the spirit of Shakespeare,

[1] See below, pp. 128–30.
[2] Fr. Schlegel, *Geschichte der alten und neuen Litteratur*, Vorlesungen gehalten zu Wien, 1812. See below, pp. 164–6.

from the representation of man in his "deepest depravity" ("tiefstem Verfall"), and will find a more kindred mind in Calderon—"the highest goal of romantic-lyrical beauty and of a fancy transfigured by Christianity".

Most of Schlegel's criticism of Shakespeare in the 1812 lectures derives from this antithesis. Shakespeare, he repeats, is not a Christian writer—he is, rather, an ancient Nordic. He is and must remain beloved of all Germanic nations, but is now remote. "Shakespeare has the fault of presenting to our eyes, like a sceptical poet, the riddle of existence as a riddle"— i.e. without proposing a solution. He sums up the difference with Calderon: Shakespeare touches the natural secrets of the soul; Calderon shows symbolically the position of the soul in the world.

This transformation in Romantic criticism of Shakespeare runs parallel with the transformation of the German drama. At the time when these lectures were being written, a type of drama was becoming popular which attempted to unite the theme of an obscure, relentless fatality with the idea of Christian reconciliation. Out of this outlook grew the drama of Grillparzer, with its fatalism and passivity. Friedrich Schlegel is the harbinger of Grillparzer, of the fear of the world and of action. Just as the writers of the *Sturm und Drang* had seen Shakespeare as a liberator, had welcomed his realism because of their own eager longing for practical activity, so Schlegel, in a time of distress, in the Germany which had repeatedly been humiliated by Napoleon, turned from this reality of Shakespeare and longed for a metaphysical, conciliatory drama. As a young man he had admired the French Revolution, Fichte the prophet of activity, Shakespeare the realist; under the stress of the tragic events which rent and weakened Germany, Schlegel became a devoted enemy of the Revolution and of revolutionary ideas; found a solace in the Catholic Church; and turned from realism to symbolism in his artistic taste. This is the epitome of the history of the German Romantic movement.

In spite of this self-denial of the later Romanticists, the earlier enthusiasm for Shakespeare had established him securely

as a great poet and dramatist. He was played more and more
frequently in approximately true form—much more frequently
than in England. But Shakespeare ceases from this time—from
1815 onwards—to be the slogan of a party, of an aesthetic. He
ceases to enthrall writers. A taste for Shakespeare existed side
by side with a quite different taste in contemporary literature.
He is studied for the depth of his knowledge of human nature,
for the artistry of his technique (Otto Ludwig). But while
many authors still show traces of his influence, in their best
work they emancipate themselves from him—of this Immermann is a good example. Above all, the growing popularity
of the problem play, of plays composed round the needs of each
generation, makes the practice of the nineteenth century more
and more remote from the method of Shakespeare.

CRITICISM

D. G. MORHOF, *Unterricht von der Teutschen Sprache*, Kiel, 1682

Der John Dryden hat gar wohl gelehrt von der Dramatica Poesie geschrieben. Die Engländer, die er hierin anführt, sind Shakespeare, Fletcher, Beaumont, von welchen ich nichts gesehen habe.

BARTHOLD FEIND, *Gedancken von der Opera*, 1708

M. le Chevalier Temple...erzählet, dass etliche, wenn sie des renommierten englischen Tragici Shakspeare Trauerspiele verlesen hören, oft lautes Halses an zu schreien gefangen, und häufige Tränen vergossen.[1]

J. J. BODMER, Vorrede to *Von dem Wunderbaren in der Poesie*, 1740

Sie (die Deutschen) sind noch in dem Zustand, in welchem die Engelländer viele Jahre gestanden, ehe ihnen geschickte Kunstrichter die Schönheiten in Miltons Gedichte nach und nach wahrzunehmen gegeben und sie damit bekannt gemacht hatten, ungeachtet diese Nation an ihrem *Saspar*[2] und andern den Geschmack zu diesem höhern und feinern Ergötzen zu schärfen eine Gelegenheit gehabt hatte, der unsere Nation beinahe beraubet ist.

[1] This refers to the Essay on Poetry by Sir William Temple, published in French in his *Œuvres mêlées*, Utrecht, 1693.

[2] This form of "Shakespeare" seems to be due to Bodmer's taking over the name from A. Conti, who used this form in a letter prefacing his *Il Cesare* of 1736. Bodmer's acquaintance with Shakespeare was at this time of the slightest. (See J. G. Robertson, "The Knowledge of Shakespeare on the continent at the beginning of the eighteenth century", *Modern Language Review*, July 1906.)

C. W. von Borcke, *Versuch einer gebundenen Uebersetzung des Trauerspiels von dem Tode des Julius Cäsar*, Berlin, 1741[1]

Vorrede

Hier tritt ein Werk an das Licht, welches weder Gunst begehret, noch Schutzes nötig hat. Es ist aus einer müssigen Feder geflossen. Der Verfasser hat es aus blossem Vorwitze unternommen, und aus Unbedachtsamkeit in den Druck gegeben. Er ist mit der Krankheit behaftet, welche heutiges Tages mehr als jemals eingerissen, dass Leute, welche kaum lesen und schreiben können, dennoch Bücher schmieren wollen. Weil er nun nicht selber etwas hervorzubringen wusste, so hat er sich mit einer Uebersetzung in der gelehrten Welt bekannt zu machen suchen müssen. Selbige erscheinet nun nackt und bloss, ohne Beschirmung und ohne Verteidigung. Ein jeder mag davon urteilen, was ihm beliebt; genug, dass der Verfasser seinen Zweck erhalten. Niemand aber wird ihm einen grössern Gefallen tun, als wer die gegenwärtige Arbeit vernünftig durchziehet, und die häufigen Fehler daraus entdecket. Dadurch wird der Verfasser recht aufgemuntert werden, in seinem Müssiggange noch mehr dergleichen verstohlne Schriften auszuhecken, und den Buchdruckern Arbeit zu verschaffen. Er verstehet nicht die Gesetze der Schaubühne, und will deshalb zur Entschuldigung dieses Trauerspieles bei keinem Menschen nur ein einziges gutes Wort verlieren. Er begehret weiter nichts als allgemeine Höflichkeit, die er jedermann wieder zu bezeigen für seine Schuldigkeit achtet.

Gottsched, *Beiträge zur critischen Historie der Deutschen Sprache*, Bd. VII, 516, 1741

(review of Von Borcke's translation of *Julius Caesar*)

Die Uebersetzungssucht ist so stark unter uns eingerissen, dass man Gutes und Böses in unsere Sprache bringt: gerade als

---

[1] Reprinted by Dr Max J. Wolff in *Weltgeist-Bücher*, Nos. 369–70, Berlin, 1930. The satirical and humorous tone of the Preface indicates von Borcke's appreciation of the enormity of his undertaking. For an example of the translation, see below, p. 167.

ob alles, was ausländisch ist, schön und vortrefflich wäre, und als ob wir nicht selbst schon bessere Sachen aus den eignen Köpfen unserer Landsleute aufzuweisen hätten. Die elendeste Haupt- und Staatsaktion unserer gemeinen Komödianten ist kaum so voll Schnitzer und Fehler wider die Regeln der Schaubühne und gesunden Vernunft, als dieses Stück Schakespears ist.

Beiträge, Bd. VIII

Diess klingt nun recht hoch, und wer von Schakespears Sachen nichts gelesen hat, der sollte fast denken: es müsste doch wohl recht was Schönes sein, welches den Abgang aller Regeln so leichtlich ersetzen kann. Allein man irret sich sehr. Die Unordnung und Unwahrscheinlichkeit, welche aus dieser Hintansetzung der Regeln entspringen, die sind auch bei dem Schakespear so handgreiflich und ekelhaft, dass wohl niemand, der nur je etwas Vernünftiges gelesen, daran ein Belieben tragen kann. Sein Julius Caesar, der noch dazu von den meisten für sein bestes Stück gehalten wird, hat so viel Niederträchtiges an sich, dass ihn kein Mensch ohne Ekel lesen kann. Er wirft darinnen alles untereinander. Bald kommen die läppischsten Auftritte von Handwerkern und Pöbel, die wohl gar mit Schurken und Schlingeln um sich schmeissen und tausend Possen machen; bald kommen wiederum die grössten römischen Helden, die von den wichtigsten Staatsgeschäften reden.

JOHANN ELIAS SCHLEGEL, *Vergleichung Shakespears und Andreas Gryphs,* 1742

in *Beiträge zur critischen Historie,* Stück 28

(review of Von Borcke's translation of *Julius Caesar*)

...Rauhe Verse, ein übel beobachteter Abschnitt, eine verworfene Ordnung der Wörter, können freilich schon viel tun, eine Uebersetzung bei vielen Ohren unangenehm zu machen. Aber wir werden diese Dinge übergehen....

Vor allen Dingen aber muss man sich über die grosse Anzahl

niedriger Wörter beschweren, welche der Uebersetzer den Grossen, die er abbilden soll, in den Mund leget....

Man muss dieses dem Verfasser zum Lobe nachsagen, dass man aus der Zusammenhaltung des Englischen und seiner Uebersetzung überzeugt worden, dass er des Englischen mächtig ist, und dass es zu wünschen wäre, dass er des Deutschen eben so mächtig sein möchte....

Verschiedenes hat der Uebersetzer schwülstig gemacht, welches bei dem Verfasser erträglich ist....

Das meiste aber machen darinnen Redensarten, die undeutsch sind, und in welchen man die Uebersetzung erst aus dem Originale erklären muss, ehe man wissen kann, was das Deutsche sagen will....

Nunmehr kommen wir auf eine Untersuchung, die unsere Poeten gegen fremde abmessen lehrt, und uns dadurch richtige Begriffe von einem Geiste machet, welcher bei uns nicht mit unrecht hochgeachtet wird. Die Engelländer haben schon durch viele Jahre den Shakespear für einen grossen Geist gehalten, und die scharfsichtigsten unter ihnen, worunter sich auch der Zuschauer[1] befindet, haben ihm diesen Ruhm zugestehen müssen. Die Deutschen haben ebenfalls Gryphen nicht geringe Hochachtung gegönnet.... Wir wollen also den Shakespear und den Gryph mit einander vergleichen, und so wohl das Gute, als die Fehler derselben gegen einander halten. Und dieses soll geschehen, indem wir den Cäsar des ersten und den Leo Armenius des andern untersuchen.

Das erste, das man bei einem Schauspiele zu beobachten hat, ist die Einrichtung desselben. Aber eben dieses pfleget bei den Engelländern insgemein das letzte zu sein. Wenn ich nach demjenigen urteilen soll, was ich in der Englischen Schaubühne gelesen habe: so sind ihre Schauspiele mehr Nachahmungen der Personen, als Nachahmungen einer gewissen Handlung. Man sucht eine Anzahl von Personen aus, die in ihrem Leben eine Verbindung mit einander gehabt haben: wenn man sie nun von ihren wichtigsten Begebenheiten so viel reden lassen, als genug ist, eine Anzahl Zuschauer einige Stunden lang zu unterhalten; und wenn man zu einem merkwürdigen Punkte,

[1] Frau Gottsched began the translation of the *Spectator* in 1739.

oder zu dem Ausgang ihres Lebens gekommen ist; so höret man auf. Hier denket man nicht so genau an eine Verwirrung, welche am Ende am grössten wird, und die Zuschauer alsdann in die höchsten Leidenschaften stürzt: sondern man sieht dieses mehr als eine Nebensache an, und bemühet sich nur Personen wohl vorzustellen; wiewohl die Einrichtung der Fabel deswegen eben nicht bei allen Trauerspielen hindenangesetzt ist. Wenn man dieses vorausgesetzet: so ist kein Wunder, warum die Engelländer ein Trauerspiel bewundern, dess Einrichtung nicht besser ist, als ungefähr unsre Banise,[1] wo Casca als ein andrer Scandor erscheinet; wo die Eröffnung mit einem Haufen Pöbel und mit einigen gemeinen und niedrigen Scherzreden geschieht, wo die Zeit der Handlung nicht nach Stunden, auch nicht nach Tagen, sondern nach Monaten und Jahren gemessen werden muss, und wo der Anfang zu Rom, und das Ende zu Philippis ist. Gryph hat, was die Einrichtung betrifft, zwar nicht allen Regeln genug getan: aber er hat doch mit allem dem weiter nichts getan, als dass er die Scene in der Stadt herumwandern lässt; dahingegen er allezeit bei seinem Zwecke bleibet, und nicht eine Scene einschaltet, die nicht denselben befördern sollte.

Shakespear lässt das Volk erst auf den Gassen an dem lupercalischen Feste voller Freude herum laufen. Die Tribunen zerstreuen es. Cäsar kommt mit grosser Pracht zu den Ritterspielen, und vergisst nicht zu erinnern, dass Anton Calpurnien, mitten im Wettlaufe, im Vorbeirennen, berühren solle, weil dieses fruchtbar mache. Unterdessen aber, dass Cäsar die Krone, die ihm aufgesetzet wird, mit grosser Freude des Volks wieder vom Kopfe nimmt, unterredet Cassius mit dem Brutus, und suchet in ihm die Funken zur Verräterei zu erwecken. Cäsar wird bei der Zurückkunft den Cassius inne, und redet von ihm als einem gefährlichen Menschen, ohne dass Cassius sich darum bekümmert. Casca erzählet die Aufführung Cäsars mit vielen Schwänken, und so geht man nicht etwa bis zum Tode Cäsars, denn dieser erfolgt im dritten Aufzuge, sondern bis zu dem Tode des Cassius, des

[1] The novel *Die Asiatische Banise* (1688) of Ziegler. Scandor is a minor character who brings light relief into the novel.

Brutus, und noch andrer. Jeglicher Auftritt ist ein besonderes Gespräch, wovon einige nicht viel Aufmerksamkeit, die meisten aber in der Tat einige Bewunderung verdienen.

Bei dem Gryph hingegen sind die Anschläge zur Verräterei der Anfang, und das Ende der Verräterei, das Ende des Stückes. Alle Auftritte desselben sind mit dem Michael, dem Haupte der Verräter, und mit dem Leo ihrem Schlachtopfer beschäftiget. Leo dichtet allezeit auf den Tod Michaels, und Michael auf den Tod des Leo, und hier hat nicht einmal eine französische Zwischenfabel, oder die Liebesgeschichte eines Frauenzimmers statt, welche etwa mit der Geschichte der Verräterei künstlich zusammengeflochten wäre.

Beide, sowohl Shakespear als Gryph haben in diesen Stücken bewiesen, dass man schöne Auftritte verfertigen könne, ohne von der Liebe zu reden. Und dass die unglücklichen Zufälle der Grossen, und die Staatslehren einnehmend genug sind, die Leidenschaften zu erregen.[1]

Da man also bei beiden die Regelmässigkeit nicht suchen darf, ob sie gleich bei dem Gryph in weit höherm Grade ist, als bei dem Shakespear: so will ich auf die Charaktere ihrer vornehmsten Personen gehen, worinnen die Stärke des Engelländers vor andern besteht.

Der ungenannte Vorredner des Julius Cäsar[2] sagt in einer sehr lebhaften Vergleichung des Jonsons und des Shakespears: der Himmel habe die Helden des Jonsons gemacht, Shakespear aber seine eignen gemacht. Dieses lässt sich in eben dem Masse sagen, wenn man den Gryph an die Stelle Jonsons setzet.

Wie sorgfältig Shakespear gewesen, seine Charaktere zu bilden, sieht man daraus, dass er meistens ihre ganzen Charaktere einem andern in den Mund gelegt, und ihn so beschreiben lassen, dass fast nichts hinzuzusetzen übrig bleibt. Den Charakter des Cassius macht Cäsar selbst.... Den Charakter

---

[1] A reference to Gottsched's formulation of the nature of tragedy, in his *Critische Dichtkunst*, 1730.

[2] Von Borcke is meant. The comparison between Ben Jonson and Shakespeare was a commonplace of English dramatic criticism, cf. Pope's Preface to his edition of Shakespeare, 1725.

des Brutus macht Anton am Ende des Stücks.... Was den Cäsar betrifft, so scheint es, als ob er sich nicht getrauet hätte, ihn auf ein einigmal zu schildern. Und als ob er darum sein Bild zerteilet hätte. Cäsar entdeckt sich eines teils selbst.... Dann macht ein andrer ein Stück seines Charakters.... Und hierzu muss man noch die Erzählung des Cassius nehmen.... Von dem einzigen Anton hat Shakespear keinen längern Charakter gemacht, als diesen

> Er liebet gar zu sehr Gesellschaft, Spiel und Wein.

Aber er hat ihn desto schöner in seinen Handlungen gezeiget, welche einen listigen Schmeichler, der dennoch voller Herrschsucht steckt, auf das deutlichste abbilden. Man sieht, dass diese Charaktere alle eine ziemlich grosse Aehnlichkeit mit den historischen Charaktern haben; ob gleich Shakespear, nach dem Urteile der Engelländer, seine Menschen selber gemacht hat.... Unser Gryph... ist der Wahrheit auf dem Fusse nachgefolgt. Ich muss es gestehen, ich finde nirgends, dass er seinen Helden so vollständige Bilder von einander in den Mund geleget. Aber ihre Gemütsbeschaffenheit entdecket sich in ihren Taten, und man siehet mit leichter Mühe, dass er die Charaktere, die er nicht vorgeschrieben, in den Gedanken behalten.

Den Kaiser Leo begleitet überall das furchtsam Wesen eines Tyrannen, welcher vor demjenigen zittert, der ihn auf den Thron gesetzet hat, und ihn wieder herunter werfen will. Alle seine Handlungen sind so weichlich und unentschlossen, als der Anfang seiner Regierung gewesen war, da er sich nicht hatte entschliessen können, Kaiser zu werden: bis ihm dieser Michael, der ihn jetzt vom Throne stossen will, den Degen auf die Brust gesetzet, und ihn dazu gezwungen.... Die Wollust macht ihn furchtsam, die Furcht macht, dass er den Tod seiner Feinde wünscht, und verhindert ihn doch, seinem Wunsche eine Gnüge zu tun.... Seine Gemahlin bittet den Tod Michaels aufzuschieben, und er hat bei aller seiner Angst nicht die Beständigkeit, es ihr zu versagen.... Er verschiebt also den Tod seines Feindes, und verlängert seine Qual. Da er einschläft, sieht er einen Geist, und da er wieder erwacht, läuft er nach dem Gefängnis. Hier macht ihm der unruhige Schlaf des Michaels, und seine Pracht, neue Unruhe, kurz, das Leben und die Gemütsart eines wollüstigen Tyrannen ist in allem sehr genau geschildert....

Michael, der Verräter des Kaisers ist durchgehends als ein Mann gebildet, welcher fühlet, dass man ihn fürchtet, welcher ein blindes Vertrauen auf seine Verdienste hat, und welcher glaubt, dass es ihm gar nicht fehlschlagen dürfte. Es dünkt ihm, als wenn man nicht genug aus ihm machte. Und dieses ist schon genug, ihm das Schwert in die Hände zu geben.... Und fast eben, wie er gegen seine Mitverschwornen redet, redet er auch mit dem Vertrauten des Kaisers, welcher sich etwas missvergnügt stellet. Vor dem Gerichte redet er von seinen grossen Taten, und leugnet sein Vorhaben so kühn, als er es vorher kühn zu erkennen gegeben. Er lästert bis auf den Höchsten....

Theodosia hat die gewöhnliche Barmherzigkeit und Andacht ihres Geschlechts, welche sich ein Gewissen macht, einem Verurteilten am Weihnachtsabende sein Recht tun zu lassen; welche durch ihre grausame Barmherzigkeit sich selbst und ihrem Gemahl ohne ihren Willen schaden tut; und welche sich durch die Priester regieren lässt, als ob alles, was auch in weltlichen Dingen aus ihrem Munde geht, heilige Wahrheiten wären....

Dieses kann ich unterdessen nicht leugnen, der Engelländer hat einen grossen Vorzug in den verwegnen Zügen, dadurch er seine Charaktere andeutet, welcher Vorzug eine Folge der Kühnheit ist, dass er sich unterstanden, seine Menschen selbst zu bilden, und welchen wenigstens ein andrer so leicht nicht erlangen wird. Denn wir sehen eines teils einen Charakter den wir selbst machen, allezeit vollkommner ein, als einen solchen, den wir aus der Geschichte nehmen. Andern teils aber ist derjenige, welcher so bedachtsam ist, und auf der eingeschränkten Bahn gehet, die ihm von den Geschichten gelassen worden, selten kühn genug, etwas dergleichen zu wagen....

Wir sollten nunmehr die Gemütsbewegungen, die beide ausgedrücket haben, gegen einander halten, und wir würden hier die schönste Gelegenheit haben, zu zeigen, dass in der Sprache der Leidenschaften ihre grösste Aehnlichkeit bestünde. . . .

Beide, so wohl Shakespear als Gryph sind in ihren Gemütsbewegungen edel, verwegen, und noch etwas über das gewöhnliche Mass der Höhe erhaben. Beide sind auch zuweilen schwülstig und verfallen auf weit ausgeführte und weithergeholte Gleichnisse. Der Unterschied zwischen beiden ist in ihren Gemütsbewegungen bloss dieser, dass Shakespear zwischen jeglicher Gemütsbewegung einigen Raum lässt; Gryph aber alles zu Gemütsbewegungen machen will, und dadurch, wenn die Materie dazu zu schwach ist, in etwas übersteigendes und lächerliches fällt. Zum Exempel können vor andern die beiden gezwungene Verse dienen, wo Leo, und Theodosia zärtliche Namen mit einander wechseln. Welche Tändeleien, die auf einem Schauplatze, ohne lächerlich zu werden, nicht ausgesprochen werden können, weit unter der schönen Zärtlichkeit der Portia und des Brutus im Shakespear sind.

Wir könnten ebenfalls eine nicht unangenehme Vergleichung zwischen den Sittensprüchen dieser beiden Dichter machen, welche bei beiden pathetisch sind. Bei dem Shakespear aber scheinet überall eine noch tiefere Kenntnis der Menschen hervorzuleuchten, als bei dem Gryph. . . .

Dennoch müssen wir auch noch was von den Fehlern dieser beiden Leute erwähnen, damit wir nicht Dinge über die massen zu loben scheinen, welche doch aus vielen Gründen getadelt zu werden verdienen.

Einen Fehler hat Shakespear vor Gryphen, ausser denjenigen, die die Einrichtung und die drei Einheiten eines Trauerspiels betreffen, zum voraus; dass er nämlich die edlen Regungen, die er erwecket, durch niedrigere Bilder immer wieder einreisset, und dass er einem nicht zulässt, ihn lange ungestört zu bewundern. Der erste Auftritt ist gleich ein Zeuge davon, und der wo Casca erzählet, was dem Cäsar bei den Lupercalien begegnet, ist nicht besser. Es kann sein, dass verschiedenes darinnen ganz natürlich ist, aber ein Poet, der Trauerspiele schreibt, tut es, um in seinen Zuschauern edle Regungen und Leidenschaften, vermittelst der Nachahmung zu erwecken: und alles, was dieses hindert, ist ein Fehler, es mag so gut nachgeahmet sein, als es will. Eben deswegen verbannet man daraus alle gemeine Reden grosser Herren, auch sogar alle *bons mots* grosser Herren, die etwas an sich haben, das zum Lachen beweget, damit dieser Endzweck erhalten werde. Die Natur dient also nicht zur Entschuldigung, wenn man grossen Herren schlechte Redensarten und Schimpfwörter in den Mund leget. Zu diesem Fehler kommen auch viele kalte Scenen bei Shakespear. Hieher gehöret, wenn Brutus dem Lucinus eine Lampe in seine Studierstube setzen, und hernach ihn in den Calender sehen heisst, wenn er seinen Schlafpelz fordert, wenn Cinna, der Poet, unter den Pöbel fällt, wenn ein Poet zu den uneinigen Feldherren ins Zelt dringet; wenn man auf dem Schauplatze eins auf gute Freundschaft trinkt, und was dergleichen mehr ist: Sonderlich aber, wenn man einander vielfältig fragt; was die Glocke geschlagen? gerade, als ob es in Rom Schlaguhren gegeben hätte.

Ein Fehler, den beide mit einander gemein haben, ist das Schwülstige, das sie zuweilen haben, welches insonderheit in hochgetriebenen Gleichnissen besteht. . . . Gryph ist etwas öfter schwülstig als Shakespear, und Shakespear ist es in höherm Grade, wenn man nur dasjenige, was undeutsch in dem Gryph ist, abtut, und die Gedanken sodann in ihrem Lichte betrachtet. Denn es geschieht sehr oft, dass man Gedanken, wo einem viel Bilder vorkommen, und wo einem die Verbindung derselben unter einer dunkeln Wortfügung verstecket wird, für schwülstig hält, welche sogleich ihre Schwulst verlieren, so bald sie nur in eine deutliche Periode gesetzet werden; weil man dasjenige schwülstig nennet, wo hohe Bilder ohne gnügsame Verbindung zusammen gebracht werden, und es eben so leicht geschehen kann, dass man die Verbindung nicht sieht, als dass keine da ist.

Endlich sind auch beide in Affekten bisweilen zu gekünstelt: sie bringen Gleichnisse an, wo niemand leicht mit Gleichnissen reden wird; und wenn sie sie auch am rechten Orte anbrächten, so bringen sie sie öfters und weitläuftiger an, als die Natur zulässt. Insonderheit ist Gryph in diesen Fehler noch öfter als Shakespear gefallen. . . .

ANONYMOUS

Ich glaube nunmehr, dass ich dem Shakespear sein völliges Recht habe widerfahren lassen, und dass diejenigen, die alte Poeten lieben, wo mehr ein selbstwachsender Geist als Regeln herrschen, und die sich nicht abschrecken lassen, etwas rauhes zu lesen, und die Tugenden eines Poeten zu bewundern wissen, ohne seine Fehler hochzuachten; eine genauere Vergleichung dieser beiden Leute mit vielem Vergnügen machen werden. Ich habe weder Platz noch Lust gehabt, ihnen alle Schönheiten dieser grossen Leute zu zeigen: und noch weniger haben wir diesen Platz anfüllen wollen, mehr Fehler von ihnen anzuführen, woran mehr ihre Zeiten als sie selber Schuld haben.

ANON., *Neue Erweiterungen der Erkenntnis und des Vergnügens*, Frankfurt und Leipzig, 1753

Vielleicht, wenn Shakespeare den Alten zu regelmässig hätte folgen wollen, so hätte eine ängstliche Vorsicht seinem Feuer, seinem liebenswürdigen Ungestüm und der Schönheit seiner Ausschweifung Schranken gesetzt, welche Vorzüge wir doch alle an ihm bewundern.... Shakespeare, entfernt von erlernter Kunst, folgte der Natur; denn diese sprach mehr durch ihn, als er nach ihr.... Wenn wir ihn auch noch so sehr verachten, so kann man ihn doch als eine reiche Zeugung der Natur ansehen, und als eine majestätisch-göttliche Baukunst bewundern.[1] Es würde töricht sein, ihn von allen Fehlern frei zu sprechen; aber es würde eben so ungereimt sein, wenn man bei seinen Vortrefflichkeiten gleichgültig sein wollte.... Der Charakter des Falstaffs ist ein vollkommenes Meisterstück.... Shakespeares Bilder waren alle abgepasset, und seine Ausdrückungen rein und nett. Die Schreibart ist in seinen Lustspielen natürlich und den Bildern gemäss.... Seine öfteren Wortspiele waren Mängel, allein ein Fehler seines Jahralters. Man kann aber seine Gemütsgaben nicht besser bewundern, als wenn er seinem Witze den Zügel lässt, und sich über die menschlichen Begriffe der sichtbaren Welt schwinget. So tat er es in dem *Ungewitter*, dem *Nächtlichen*

---

[1] Is this a mistranslation of Pope's: "an ancient majestick piece of *Gothick* architecture"?

47

F. NICOLAI AND M. MENDELSSOHN

Traum im Sommer, in *Macbeth*, und *Hamlet*. . . . Es würde hart sein, ihn nach den Gesetzen (von Aristoteles) zu beurteilen, die ihm unbekannt waren.

FRIEDRICH NICOLAI, *Briefe über den itzigen Zustand der schönen Wissenschaften in Deutschland*, 1755

IIter Brief

Shakespear, ein Mann ohne Kenntnis der Regeln, ohne Gelehrsamkeit, ohne Ordnung, hat der Mannigfaltigkeit und der Stärke seiner Charaktere, den grössten Teil des Ruhmes zu danken, den ihm seine und alle andere Nationen noch bis in diese Stunde geben.

MOSES MENDELSSOHN, *Ueber das Erhabene und Naive in den schönen Wissenschaften*

(in *Bibliothek der schönen Wissenschaften*, 1758)

Niemand weiss glücklicher von den gemeinsten Umständen Vorteil zu ziehen, und sie durch eine glückliche Wendung erhaben zu machen, als Shakespeare. Die Wirkung dieses Erhabenen muss desto stärker sein, je unvermuteter es überrascht, und je weniger man sich zu der Geringfügigkeit der Ursache solcher wichtigen und tragischen Folgen versehen hatte. Ich will einige Beispiele hiervon aus dem Hamlet anführen. Der König lässt Lustbarkeiten anstellen, um die Melancholie des Prinzen zu zerstreuen. Man führt Schauspiele auf. Hamlet hat das Trauerspiel "Hekuba" aufführen sehen. Er scheint bei guter Laune zu sein. Die Gesellschaft verlässt ihn, und—nun erstaune man über die tragischen Folgen, die Shakespeare aus diesen gemeinen zu ziehen weiss. Der Prinz spricht mit sich selber:

> O welch ein kriechender, elender Sklave
> Muss Hamlet sein! etc.

Welch ein Meisterzug!. . . Shakespeares Hamlet und sein Lear

48

sind voll von dergleichen unerwarteten Uebergängen, darüber der Zuschauer sich entsetzen muss.[1]

Moses Mendelssohn, *Briefe die neueste Litteratur betreffend*, No. 84, 1760

Je grösser die Gewalt ist, mit welcher der Dichter durch die Poesie in unsere Einbildungskraft wirkt, desto mehr äusserliche Action kann er sich erlauben, ohne der Poesie Abbruch zu tun, desto mehr muss er anwenden, wenn er die Täuschungen seiner Poesie mächtig genug unterstützen will. Sie kennen den Shakespeare. Sie wissen wie eigenmächtig er die Phantasie der Zuschauer gleichsam tyrannisirt, und wie leicht er sie fast spielend aus einer Leidenschaft, aus einer Illusion in die andere wirft. Aber wie viel Ungereimtheiten, wie viel mit den Regeln Streitendes übersiehet man ihm auch in der äusserlichen Action, und wie wenig merkt's der Zuschauer, dess ganze Aufmerksamkeit auf eine andere Seite beschäftiget ist!—Wen hat es noch je beleidiget, dass die ersten Auftritte im Tempest auf der vollen See in einem Schiffe vorgehen? Wer ist in England noch der *incredulus* gewesen, der an der Erscheinung des Geistes im Hamlet gezweifelt hätte? Wem ist noch anstössig gewesen, dass die Hauptperson in *Othello* ein Moor ist, und dass in demselben Stücke, ein Schnupftuch zu den schrecklichsten Mishelligkeiten Gelegenheit gegeben? Die entsetzlichen Vorstellungen sind unzählig, die in seinen äusserlichen Handlungen vorkommen, und es ist fast keine einzige Regel des Anstandes in Horazens Dichtkunst, die er nicht in jedem Stücke übertritt. Ein nüchterner Kunstrichter, der diese Uebertretungssünden mit kaltem Blute aufsucht, kann vom Shakespeare die lächerlichste Abbildung machen. Allein man ist betrogen, wenn man ihm glaubt. Wer das Gemüt so zu erhitzen, und in einen solchen Taumel von Leidenschaften zu stürzen weiss, als Shakespeare, der hat die Achtsamkeit seines Zuschauers gleichsam gefesselt, und kann es wagen, vor dessen geblendeten Augen die abenteuerlichsten

---

[1] Mendelssohn gives the further example of Hamlet's conversation with Rosencrantz and Guildenstern, Act ii, Sc. 2.

Handlungen vorgehen zu lassen, ohne zu befahren, dass solches den Betrug stören werde. Ein nicht so grosser Geist aber, der uns auf der Bühne noch Sinne und Bewusstsein lässt, ist alle Augenblick in Gefahr, Ungläubige anzutreffen....

LESSING, *Briefe die neueste Litteratur betreffend*, No. 17, 1759

Gottsched wollte nicht sowohl unser altes Theater verbessern, als der Schöpfer eines ganz neuen sein. Und was für eines neuen? Eines französirenden; ohne zu untersuchen, ob dieses französirende Theater der deutschen Denkungsart angemessen sei, oder nicht.

Er hätte aus unsern alten dramatischen Stücken, welche er vertrieb, hinlänglich abmerken können, dass wir mehr in den Geschmack der Engländer, als der Franzosen einschlagen; dass wir in unsern Trauerspielen mehr sehen und denken wollen, als uns das furchtsame französische Trauerspiel zu sehen und denken giebt; dass das Grosse, das Schreckliche, das Melancholische, besser auf uns wirkt als das Artige, das Zärtliche, das Verliebte; dass uns die zu grosse Einfalt mehr ermüde, als die zu grosse Verwicklung, etc. Er hätte also auf dieser Spur bleiben sollen, und würde ihn geraden Weges auf das Englische Theater geführet haben....

Wenn man die Meisterstücke des Shakespeare, mit einigen bescheidenen Veränderungen, unsern Deutschen übersetzt hätte, ich weiss gewiss, es würde von bessern Folgen gewesen sein, als dass man sie mit dem Corneille und Racine so bekannt gemacht hat. Erstlich würde das Volk an jenem weit mehr Geschmack gefunden haben, als es an diesem nicht finden kann; und zweitens würde jener ganz andere Köpfe unter uns erweckt haben, als man von diesen zu rühmen weiss. Denn ein Genie kann nur von einem Genie entzündet werden; und am leichtesten von so einem, dass alles bloss der Natur zu danken zu haben scheinet, und durch die mühsamen Vollkommenheiten der Kunst nicht abschrecket.

Auch nach den Mustern der Alten die Sachen zu entscheiden, ist Shakespeare ein weit grösserer tragischer Dichter als Corneille; obgleich dieser die Alten sehr wohl, und jener fast gar nicht gekannt hat. Corneille kommt ihnen in der mechanischen Einrichtung, und Shakespeare in dem Wesentlichen näher. Der Engländer erreicht den Zweck der Tragödie fast immer, so sonderbare und ihm eigene Wege er auch wählet; und der Franzose erreicht ihn fast niemals, ob er gleich die gebahnten Wege der Alten betritt. Nach dem Oedipus des Sophokles muss in der Welt kein Stück mehr Gewalt über unsere Leidenschaften haben, als Othello, als König Lear, als Hamlet, etc.

L E S S I N G, *Hamburgische Dramaturgie*, Teil ii, Stück 63, 12 Januar 1768

Schon Shakespear hatte das Leben und den Tod des dritten Richard auf die Bühne gebracht; aber Herr Weisse[1] erinnerte sich dessen nicht eher, als bis sein Werk bereits fertig war. "Sollte ich also, sagt er, bei der Vergleichung schon viel verlieren: so wird man doch wenigstens finden, dass ich kein Plagium begangen habe; aber vielleicht wäre es ein Verdienst gewesen, an Shakespear'n ein Plagium zu begehen."

Vorausgesetzt, dass man eins an ihm begehen kann. Aber was man von Homer gesagt hat: es lasse sich dem Herkules eher seine Keule, als ihm ein Vers abringen, das lässt sich vollkommen auch von Shakespear sagen. Auf die geringste von seinen Schönheiten ist ein Stempel gedrückt, welcher gleich der ganzen Welt zuruft: ich bin Shakespears! Und wehe der fremden Schönheit, die das Herz hat, sich neben ihr zu stellen!

Shakespear will studiert, nicht geplündert sein. Haben wir Genie, so muss uns Shakespear das sein, was dem Landschaftsmaler die *Camera obscura* ist: er sehe fleissig hinein, um zu lernen, wie sich die Natur in allen Fällen auf Eine Fläche projektiert; aber er borge nichts daraus.

Ich wüsste auch wirklich in dem ganzen Stücke Shakespears keine einzige Szene, sogar keine einzige Tirade, die Herr Weisse so hätte brauchen können, wie sie dort ist. Alle, auch die kleinsten Teile bei Shakespear, sind nach den grossen

[1] The reference is to Chr. F. Weisse's *Richard der Dritte*.

Massen des historischen Schauspiels zugeschnitten, und dieses verhält sich zu der Tragödie französischen Geschmacks, wie ein weitläuftiges Freskogemälde gegen ein Miniaturbildchen für einen Ring. Was kann man zu diesem aus jenem nehmen, als etwa ein Gesicht, eine einzelne Figur, höchstens eine kleine Gruppe, die man sodann als ein eigenes Ganze ausführen muss? Eben so würden aus einzelnen Gedanken bei Shakespear ganze Szenen, und aus einzelnen Szenen ganze Aufzüge werden müssen. Denn wenn man den Aermel aus dem Kleide eines Riesen für einen Zwerg recht nutzen will, so muss man ihm nicht wieder einen Aermel, sondern einen ganzen Rock daraus machen.

Ich für mein Teil bedaure es also wirklich, dass unserm Dichter Shakespears Richard so spät beigefallen. . . . Wäre mir indess eben das begegnet, so würde ich Shakespears Werke wenigstens nachher als einen Spiegel genutzt haben, um meinem Werke alle die Flecken abzuwischen, die mein Auge unmittelbar darin zu erkennen, nicht vermögend gewesen wäre.

C. M. WIELAND, Letter to Zimmermann, 1758

Sie kennen ohne Zweifel diesen ausserordentlichen Menschen (Shakespeare) durch seine Schriften. Ich liebe ihn mit allen seinen Fehlern. Er ist fast einzig darin, die Menschen, die Sitten, die Leidenschaften nach der Natur zu malen; er hat das köstliche Talent, die Natur zu verschönern, ohne dass sie ihre Verhältnisse verlöre. Seine Fruchtbarkeit ist unerschöpflich. Er scheint nie etwas anders studiert zu haben, als die Natur; ist bald der Michel Angelo, bald der Corregio der Dichter. Wo fände man mehr kühne und doch richtige Entwürfe (*conceptions*), mehr neue, schöne, erhabene, treffende Gedanken, mehr lebendige, glückliche, beseelte Ausdrücke als bei diesem unvergleichlichen Genie? Zum Geier mit dem, der einem Genie von solchem Range Regelmässigkeit wünscht, und der vor seinen Schönheiten die Augen zuschliesst oder keine Augen dafür hat, bloss weil es nicht die sind, welche das kläglichste Stück von Pradon in weit höherem Grade besitzt als der Cid.

C. M. WIELAND

WIELAND, *Agathon*, 1766-7

Man tadelt an Shakespeare,—demjenigen unter allen Dichtern seit Homer, der die Menschen, vom Könige bis zum Bettler, und von Julius Caesar bis zu Jac Fallstaff, am besten gekannt, und mit einer Art von unbegreiflicher Intuition durch und durch gesehen hat,—dass seine Stücke keinen, oder doch nur einen sehr fehlerhaften unregelmässigen und schlecht ausgesonnenen Plan haben; dass Komisches und Tragisches darin auf die seltsamste Art durch einander geworfen sind, und oft eben dieselbe Person, die uns durch die rührende Sprache der Natur Tränen in die Augen gelockt hat, in wenigen Augenblicken darauf uns durch irgend einen seltsamen Einfall oder barocken Ausdruck ihrer Empfindungen, wo nicht zu lachen macht, doch dergestalt abkühlt, dass es ihm hernach sehr schwer wird, uns wieder in die Fassung zu setzen, worin er uns haben möchte.—Man tadelt das, und denkt nicht daran, dass seine Stücke eben darin natürliche Abbildungen des menschlichen Lebens sind.

Das Leben der meisten Menschen, und (wenn wir es sagen dürfen) der Lebenslauf der grossen Staatskörper selbst, in so fern wir sie als eben so viele moralische Wesen betrachten, gleicht den Haupt- und Staatsaktionen, im alten gothischen Geschmacke, in so vielen Punkten, dass man beinahe auf die Gedanken kommen möchte, die Erfinder dieser letztern wären klüger gewesen, als man gemeiniglich denkt, und hätten, wofern sie nicht gar die heimliche Absicht gehabt, das menschliche Leben lächerlich zu machen, wenigstens die Natur eben so getreu nachahmen wollen, als die Griechen sich angelegen sein liessen, sie zu verschönern.

WIELAND, *Teutscher Merkur*, 1784, 1, 234

Shakespeare ist der erste dramatische Dichter aller Zeiten und Völker...weil ihn in allem, was das Wesentlichste eines grossen Dichters überhaupt und eines dramatischen insonderheit ausmacht, an Stärke aller Seelenkräfte, an innigem Gefühl der Natur, an Feuer der Einbildungskraft und der Gabe, sich in jeden Charakter zu verwandeln, sich in jede Situation und

Leidenschaft zu setzen, weder Corneille noch Racine, weder Crébillon noch Voltaire...bei weitem erreicht haben. Wer von Spuren eines grossen Genies spricht, die man oft in seinen Werken finde, erweckt den Verdacht, sie nie gelesen zu haben. Nicht Spuren sondern immerwährende Ausstrahlungen und volle Ergiessungen des mächtigsten, reichsten, erhabensten Genies, das jemals einen Dichter begeistert hat, sind es, die mich bei Lesung seiner Werke überwältigen, mich für seine Fehler und Unregelmässigkeiten unempfindlich machen.

ANON., *Bibliothek der schönen Wissenschaften*, Bd. ix, 2tes Stück, 1763

(on Wieland's Translation of Shakespeare)

Shakespeare, dieser Genius des englischen Theaters, ist unstreitig eines der grössten Genies gewesen, die jemals geboren worden, und man darf es nicht bloss für einen britischen Nationalstolz halten, wenn ihn seine Landsleute allen fremden und einheimischen Witzlingen vorziehen. Die Natur selbst scheint ihn zu ihrem Vertrauten gemacht, und ihn durch alle ihre innersten Winkel und Tiefen geführet zu haben. Er mag grosse, erhabne, gewaltige Leidenschaften schildern, oder sich bis zu dem niedrigsten Pöbel herablassen, so bleibt er allezeit Shakespeare, das ist, vortrefflich; seine Sprache ist überall die Sprache der Natur, und er scheint selbst in die Geheimnisse der Geister eingedrungen zu sein, und seinen Hexen bei mitternächtlichem Mondenschein ihre Sprache abgelernt zu haben. Die seichten und elenden Kunstrichter, die bloss ein Gedicht mit dem Maasstab und der Elle abmessen, werden freilich die Gesichter gewaltig verziehen, wenn sie die drei Einheiten vermissen, und wir sehen schon manchen im Geiste, der sich in seinen schalen Blättern über des König Lears Narren von Herzen lustig machen wird; aber die Kunstrichter dieses Gelichters werden vergessen sein, wenn Shakespeare immer noch die Bewunderung und Ehrfurcht der Nachwelt sein wird. Addison war wohl einer der besten Kunstrichter seines Volks, und der züchtigste und regelmässigste Schriftsteller unter seinen

Landsleuten, und was sagt er von den Criticastern seiner Zeit? "Die wenigsten scheinen zu fühlen, dass mehr Schönheit in den Werken eines grossen Genies, der die Regeln der Kunst nicht verstehe, liegt, als in denjenigen von einem kleinen Kopf, der sie kennt und beobachtet...."[1]

HEINRICH WILHELM VON GERSTENBERG, *Briefe über Merkwürdigkeiten der Litteratur*, 1766
Vierzehnter Brief

Unter den vielen Fragen, die jeder Leser sich bei der Durchblätterung der Wielandischen Uebersetzung des Schakespear macht—alle Augenblicke zu machen genötigt ist—scheint mir diese am schwersten zu beantworten, wie gerade derjenige der schon so lange sollte gemerkt haben, dass es ihm an dramatischem Genie schlechterdings mangle, (denn dass ihm die Talente zum Uebersetzen mangeln, hat er uns schon bei Gelegenheit seiner *moralischen Briefe* glaubwürdig angezeigt) sich entschliessen konnte, einen dramatischen Dichter zu übersetzen, bei dem man notwendig sein Augenmerk unverrückt aufs Theater, aufs *britische* Theater, auf theatralische Aktion und Stellung, auf *comicam* und *tragicam vim,* und auf hundert andere Gegenstände richten muss, die Herrn Wieland just so angemessen sind, als einer seiner Welten der Sinn des Geruchs. Weiss er denn nicht, dass ein Schriftsteller—Uebersetzer, Nachahmer, Original—eine gewisse bestimmte Absicht haben sollte, von der er weder zur Rechten, noch zur Linken ausweichen darf? Zu welchem Ende hat er translatirt?...

Er hätte erst prüfen müssen, ob die Frage sei, den Deutschen ein lesbares Buch in die Hände zu geben—die Neugierigen mit einem Engländer—oder die Forscher des menschlichen Geistes mit einem der originalsten Köpfe in der Welt bekannt zu machen. Im ersten Fall ist jede Uebersetzung noch immer zu wörtlich; im zweiten hätte er ihm seinen Charakter lassen, weniger an ihm stückeln, und nicht z. E. bloss deswegen ganze

[1] Addison in the *Spectator*, 1714. The author adds a detailed criticism of Wieland's translation, see below, pp. 173–5.

Episoden auswerfen sollen, weil die Griechen nur von Einer
Haupthandlung wissen; im dritten war jede Wendung, jede
Stellung, jede sonderbare und von dem gebahnten Wege
abweichende Form des Ausdrucks, so spitzfindig, geziert, oder
gespielt er immer sein mochte, von grosser Erheblichkeit.

Ich gerate, da ich diese Saite berühre, in Versuchung, etwas
umständlicher mit Ihnen von meiner Bekanntschaft mit
Schakespearn zu schwatzen.

"Es wird uns aber von Wielanden verschlagen."

Was ists mehr? Wir werden ihn auf einem Nebenwege schon
wieder treffen. Eine der vornehmsten Ursachen, warum Schakespear selten, vielleicht niemals, aus dem rechten Gesichtspunkte
beurteilt worden, ist ohne Zweifel der übel angewandte
Begriff, den wir vom Drama der Griechen haben. Die
wesentlichste Hauptabsicht einer griechischen Tragödie war,
wie Sie wissen, Leidenschaften zu erregen, einer griechischen
Komödie, menschliche Handlungen von einer Seite zu
zeigen, von der sie zum Lachen reizten. Dazu kam bei jener
die unzertrennliche Idee der Religion, die das, was bei uns
bloss amüsirt, zur gottesdienstlichen Handlung machte, woran
der Zuschauer gerade so viel Anteil nahm, als der Akteur: eine
kurze Anmerkung, die uns beiläufig die Unschicklichkeit der
neuern Chöre erklären könnte.

Ist dies wahr—ist die Erregung der Leidenschaften oder
des Lachens die eigentliche Natur des griechischen Drama:
gut! so werden Sie mir bald einräumen müssen, dass Schakespears Tragödien keine Tragödien, seine Komödien keine
Komödien sind, noch sein können.—Ich verlange nichts mehr.

"Wie nun, Schakespearn die Erregung der Leidenschaften,
die erste und wichtigste Eigenschaft eines Theaterscribenten,
streitig zu machen? Was bleibt ihm übrig?"

Der Mensch! Die Welt! Alles!—Aber merken Sie sich,
dass ich ihm die Erregung der Leidenschaften nicht streitig
mache, sondern sie nur einer höhern Absicht unterordne,
welche ich durch die Zeichnung der Sitten, durch die
sorgfältige und treue Nachahmung wahrer und erdichteter
Charaktere, durch das kühne und leicht entworfne Bild des
idealischen und animalischen Lebens andeute. Weg mit der

H. W. VON GERSTENBERG

Classifikation des Drama! Nennen Sie diese *Plays* mit Wielanden, oder mit der Gottschedischen Schule Haupt- und Staatsaktionen, mit den britischen Kunstrichtern history, tragedy, tragicomedy, comedy, wie Sie wollen: ich nenne sie lebendige Bilder der sittlichen Natur.

"Und diese lebendigen Bilder der sittlichen Natur machen kein Ganzes aus, das auf den Hauptzweck des griechischen Drama abzielt?"

Nein.

"Desto schlimmer für Schakespearn! Ich stehe Ihnen dafür, dass er bei uns sein Glück nicht machen werde, wenn er so weit von unsern Begriffen der alten Muster entfernt ist."

Welcher neuere Theaterscribent ist es nicht?... Sie sehen wohl, dass ich hier nicht von Bewunderungen vorgeblicher Kenner, noch von Grundsätzen wirklicher Kunstrichter, sondern bloss von dem Einflusse rede, den diese Bewunderungen auf den ausübenden Teil gehabt haben. Und da wir Einmal unleugbar den griechischen Virtuosen weder unter den Franzosen, noch unter den Spaniern, weder unter den Italienern, noch unter den Deutschen wieder erkennen; warum wollen Sie ihn gerade unter den Engländern suchen? Wenn irgend eine Nation nach ihrer eignen Art zu denken handelt, so ist es diese. Selbst Benjamin Jonson, der mit seinen Beobachtungen der Alten so sehr über Schakespear siegzuprangen glaubte, folgte seinem persönlichen Ideal, da er zur Ausführung schritt.

"Sie leugneten vorher, dass Schakespear seine sittlichen Gemälde dem Zweck eines Ganzen, das auf die Erregung der Leidenschaften abzielt, untergeordnet habe. Beweisen Sie mir das."

Augenblicklich.

Zuvor aber verlange ich, dass wir uns über zwei Hauptdinge einig werden: erstlich, dass eine traurige Handlung an sich noch keine Tragödie mache, zweitens, dass das Tragische im Detail, durch das Resultat verschlungen, ein entgegengesetztes Ganze hervorbringen könne. Für jenes sind mir eine Menge grosser und erschütternder Situationen in den *histories* unsers Dichters, die kein Engländer Tragikomödien, geschweige

H. W. VON GERSTENBERG

Tragödien nennen wird, für dieses unzählige Tiraden in den sogenannten Komödien Bürge. Diese Unterscheidung könnte zweifelhaft scheinen, wenn sie nicht durch die übrigen Schauspiele, die sich der Tragödie mehr nähern, ausser Streit gesetzt würde; und unter diesen sind Lear, Macbeth, Hamlet, Richard III, Romeo und Othello die entscheidendsten, deren Anlage offenbar der Natur des Charakterstücks weit näher, als der tragischen Fabel kömmt. Im Lear haben wir den schwachen Kopf, den die Regierungsfehler seines Alters wahnwitzig machen; im Macbeth den Anfang, den Fortgang und das Ende des Königsmörders; im Richard den grausamen Usurpateur; im Romeo die raschen Aufwallungen der jugendlichen Liebe. Die Anlage des Hamlet mögen Sie mit der in der griechischen Elektra zusammenhalten. Ich begnüge mich, um mir den Vorwurf einer durchgängig für unschicklich erkannten Paralele, nämlich der Vergleichung Schakespears und Sophokles nicht zuzuziehen, einen Engländer mit dem andern zu messen—Schakespearn im Othello mit Young in der Rache.[1]

Fünfzehnter Brief (Fortsetzung)

Sie wissen doch, dass The Revenge eine Copie von dem venetianischen Mohren, oder vielmehr die Verwandlung eines unregelmässigen Drama in ein Trauerspiel sein soll?. . .

Young betrachtete die Natur des Eifersüchtigen von einer Seite, von der sie dem Herzen Schauder, Entsetzen und Mitleiden abdringen sollte.—Schakespear bemühte sich, ihre feinsten Nuancen zu entwickeln, und ihre verborgenste Mechanik aufzudecken.—Young concentrirte die aus seiner Materie hervorspringenden Situationen zu der abgezielten Wirkung auf das Gemüt des *Zuschauers*.—Schakespear zeichnete seinen Plan nach dem Effekte, den er auf das Gemüt des *Othello* machen sollte.—Mit zwei Worten: Young

---

[1] Young's *Revenge*. The distinction drawn by Gerstenberg between Shakespeare and Young is in the main that already made by Home in *Elements of Criticism*, 1762. The principle that the dramatic author must identify himself with his characters had been established by Young in the *Conjectures on Original Composition* of 1759.

schilderte Leidenschaften; Schakespear das mit Leidenschaften
verbundne Sentiment.....

Der Schakespearsche Iago ist ein Lotterbube, der auf
Grösse des Geistes keinen Anspruch macht; ein liederlicher
Offizier, der wohl eingesehen hat, dass man im Kriege oft
eben so sehr durch Ränke, als durch Taten, steigt; ein Mensch,
der, vielleicht nicht ohne Grund, glaubt, dass sein General
gewisse Gunstbezeigungen seiner Frau mit ihm geteilt hat;
und ihm dafür beiläufig (denn nicht die Rache am Othello,
sondern ein kitzelnder Hang nach Cassios Posten ist sein
erster Hauptbewegungsgrund) einen Soldatenstreich spielen
will. Seine Glaubensartikel sind, alle Welt für Narren zu
halten, und das Hauptgebot seiner menschenfreundlichen
Gesinnung ist, zum Behuf seines Beutels und seines Ehrgeizes
den Narren mit ihr zu machen. Diese Grundsätze erklärt er
uns so klar und bündig, dass es unmöglich ist, sich in seiner
teuren Person zu irren.

In dieser würdigen Situation erscheint er uns gleich bei dem
ersten Auftritte, da er den guten Rodrigo um seine Börse
schnellt, ihm den Kopf mit lächerlichen Versprechungen
anfüllt, und so den armen Pflastertreter immer weiter zum
Verderben hinter sich herzieht, wie der Fuchs den Ziegenbock
zum Schöpfbrunnen. Dieser Charakter ist unnachahmlich
bis ans Ende fortgeführt, und es geht kein Wort aus seinem
Munde, das ihn nicht nach allen Schatten seiner Bübereien
auszeichnete, und dem Zuschauer ein so fruchtbares Feld von
Beobachtungen darböte, als ob er die mannigfaltige Natur
selbst vor Augen hätte.

Um endlich auf den Punkt der Eifersucht zu kommen.....
Mir ist kein Schriftsteller bekannt, der diese Leidenschaft
tiefer überdacht, und frappanter gemalt hätte, als Schakespear.
Wenn ich hierbei die Weisheit erwäge, mit der er nach dem
Charakter des Othello, eines sehr festen und gehärteten
Geistes, kleine Ausnahmen von der vorgelegten Regel macht,
die er dem ungeachtet wie mit einem zarten Fingerdrucke
andeutet: ein Talent, das ihn beständig von allen übrigen
Dichtern unterscheidet, und welches gerade das nämliche
Talent ist, was Lord Kames die Geschicklichkeit nennt,

"jede Leidenschaft nach dem Eigentümlichen des Charakters zu bilden, die Sentiments zu treffen, die aus den verschiednen Tönen der Leidenschaften entspringen, und jedes Sentiment in den ihm eignen Ausdruck zu kleiden"—wenn ich dies und noch so vieles unter Einen Sehepunkt bringe; so kann ich Ihnen schwerlich ganz beschreiben, wie sehr ich dieses Lieblings-Genie der mütterlichen Natur bewundere, liebe, mit Entzücken liebe.

Allein es zeigt sich noch immer eine merkliche Verschiedenheit unter den beiden Dichtern in der Anlage der Wirkungen.

Beim Young ist es nicht Leonora, sondern Zanga, die der Flamme einen Schwung gibt[1]—beim Schakespear ist es Desdemona, die in eine angemessene Lage gestellte unschuldige Desdemona.—Was tut doch Leonora, möchte ich fragen, das den Schritt des raschen Alonzo im geringsten rechtfertigen könnte?—Beim Schakespear hingegen durfte der schleichende Iago den Funken nur in das Gemüt des Othello wie von ungefähr ganz nachlässig hinwerfen; Desdemona selbst tut das übrige; sie facht ihn durch ihre Fürbitten für den bereits verdächtigen Cassio, durch die nachher vom Widerstande erhöhte Lebhaftigkeit ihrer Vermittelung, die ein Beweis ihres guten Herzens hätte sein sollen, immer stärker an; sie treibt ihn endlich durch ihre ungezwungne Freudensbezeugungen über das Glück dieses Mannes bis zur Verheerung empor: und diese allmähliche Gradation des Affekts, die eben so sehr vom Anschein der Kunst entfernt ist, als die Fallstricke des Zanga es nicht sind, ist das Meisterstück, der Triumph der Kunst. Sie finden beim Young keine einzige solche Scene, wie die, wo Othello in der Heftigkeit seines kochenden Herzens den Brief des Gesandten, der für ihn so wichtig war, nicht liest, sondern zu lesen *scheint*,—und unterdessen auf die Reden der Desdemona hinhorcht, die ihm wie verzehrendes Feuer durch Mark und Bein dringen, dass die lang verhaltne Flamme auf Einmal ausbricht, dass er sie—Desdemonen—vor allen Umstehenden —vor dem Angesicht der venetianischen Abgeordneten—

[1] In *The Revenge*, Leonora is the counterpart of Shakespeare's Desdemona, Zanga of Iago, Alonzo of Othello.

schlägt—eine so unwillkürliche und charakteristische Bewegung, die ich durch die delicateste Wendung eines neuern Artisten nicht ersetzen wissen möchte.

Dagegen hat Young von einer andern Seite über das Gemälde seines Vorgängers zu rencheriren gesucht.... Der Streit der Liebe und der Wut ist hier mit so lebhaften Farben geschildert, dass Leser und Zuschauer in Ströme von Tränen ausbrechen müssen. Was kann gefühlvoller, was kann stärker sein, als seine Tiraden?... Und doch sind dies nur einzelne Tiraden, aus ihrer Verbindung herausgerissene Tiraden, entblösst von der Situation der Handlung, entblösst von Allem. —So würde jeder andre Mensch gedacht, so sich ausgedrückt, so gehandelt haben: aber eben darum, weil diese Sentiments für Schakespearn zu allgemein waren, eben darum, weil sie der Festigkeit, der gesetzten Stärke des Mohren von Venedig widersprochen hätten, konnte Othello in keinem so rührenden Lichte gezeigt werden. Der Dichter hatte ausserdem das Gemälde vollendet;—und Sie werden mir schon in der Beobachtung zuvorgekommen sein, dass der Zweck des Poeten nicht sowohl die Erregung des Schreckens und Mitleidens in dem Herzen der Zuschauer, als vielmehr die Natur der Eifersucht selbst sei. So sind auch die auf die Erstickung der Desdemona folgenden Scenen offenbar viel schwächer, als das vorhergehende, und tragen so wenig zu dem Hauptzwecke der *Tragödie* bei, dass sie die ersten Eindrücke nur lindern, anstatt sie zu verstärken.

Ich glaube also nicht zu irren, wenn ich meinen obigen Grundsatz wiederhole, dass die Schakespearschen Werke nicht aus dem Gesichtspunkt der Tragödie, sondern als Abbildungen der sittlichen Natur zu beurteilen sind.

Zu diesen gehören nun freilich auch die Leidenschaften; und ich bin, wenn Sie wollen, der erste zu behaupten, dass Niemand in den Leidenschaften grössere Talente haben könne, als Schakespear. Ich glaube aber zugleich, dass dieses Talent nicht sein grösstes noch vorragendes sei.

Und eben dies ist es, was ich, wenn ich einen Commentar über Schakespears Geist schreiben sollte, am meisten bewundern würde, dass nämlich jede einzelne Fähigkeit des mensch-

lichen Geistes, die schon insbesondre Genie des Dichters
heissen kann, bei ihm mit allen übrigen in gleichem Grade
vermischt, und in Ein grosses Ganze zusammengewachsen sei.
Er hat Alles—den bilderreichen Geist der Natur in Ruhe und
der Natur in Bewegung, den lyrischen Geist der Oper, den
Geist der komischen Situation, sogar den Geist der Groteske—
und das Sonderbarste ist, dass Niemand sagen kann, diesen hat
er mehr, und jenen hat er weniger.

Sechszehnter Brief (Fortsetzung)

Schade, werden Sie am Schlusse meines letzten Briefes
gedacht haben, dass ein so vollkommenes Genie einen
so fehlerhaften Geschmack haben musste! Und dreimal
Schade, setze ich hinzu, dass es nicht anders sein konnte,
wenn wir ihn beständig nur auf uns, und auf unser Jahrhundert
beziehen.—Diese Chorde ist schon oft berührt. Da ich mir
jedoch einbilde, dass nicht ein Jeder Schakespearn so liest—
noch vielleicht ein Jeder ihn so lesen könne, als Ihr Freund L.;
so lassen Sie uns doch versuchen, ob sich über diese Materie
nicht etwas sagen lasse, was just ein Jeder *nicht* sagt.

Die Geschmacksfehler, die Schakespearn bei feinen und
unparteiischen Lesern vornehmlich zur Last fallen, sind,
nächst der Vernachlässigung des Costüms, das Gezierte,
Spitzfindige, Zweideutige und Uebertriebne, das so oft die
nativam simplicitatem seines gewöhnlichen Ausdrucks zu
überschwemmen scheint. Ueber den ersten Punkt bin ich mit
diesen Lesern gleich einig; er ist keiner Rechtfertigung fähig.
In Ansehung des zweiten weiss Pope keine bessere Entschuldigung zu finden, als dass er "genötigt war, dem
schlechtesten Teile des Volkes gefällig zu sein, und in der
schlimmsten Gesellschaft zu leben".—Der scharfsinnige
Lord, den ich schon zweimal angeführt habe,[1] ist der
Meinung, "er habe weder in seiner eignen, noch in irgend
einer lebenden Sprache ein Muster von Gesprächen vor sich
gehabt, die sich fürs Theater geschickt hätten; wenn er
irgend wo unter sich selbst falle, so sei es in Scenen ohne

---

[1] Home, Lord Kames.

Leidenschaft; indem er da strebt, sein Gespräch über den Ton des gemeinen Umgangs zu erheben, verfalle er in verwickelte Gedanken, und in einen dunkeln Ausdrück".

So viel ich von der Sache begreife, bedarf es keiner dieser Ausflüchte, sobald man sich in das Genie des Dichters setzt, das kein höheres Lob kannte, als die Natur eines jeden Gegenstandes nach den kleinsten Unterscheidungszeichen zu treffen. Seine Wortspiele legt er fast beständig nur dem schlechtesten oder lustigsten Teile seiner Theaterpersonen in den Mund, weil es dieser Classe von Menschen, in allen Zeitaltern, vom Aristophanes und Plautus an, zur Natur geworden ist, sich diese Art des Witzes vorzüglich zuzueignen.

Dass dies wirklich Schakespears Meinung war, erfahren wir gelegentlich von Lorenzo im Merchant of Venice....

Hier hätte ich die vortrefflichste Gelegenheit, dem Eiferer Schakespear einen glanzvollen Standort anzuweisen, ihn für einen grossen Beförderer des guten Geschmacks, für einen Reformator des falschen Witzes auszugeben, und ihn bald mit Longin, bald gar mit—Gottscheden zu vergleichen. Aber ich bin saumselig genug, diese herrliche Veranlassung nicht zu nutzen, und ganz kaltsinnig anzumerken, dass es hier eben so sehr in Lorenzos Charakter war, über Wortspiele zu spotten, als in Launcelots, Wortspiele zu machen. Wie würden wir es sonst erklären, dass der Dichter an andern Stellen, wo er der Mühe, Wortspiele zu erfinden, gar hätte überhoben sein können, so freigebig damit ist? Ich denke, es ging ihm ziemlich, wie dem muntern Consul, dem Verfasser des Brutus, oder wie Swiften, der in einer eignen Art *punning* den Unwitz der Wortspiele auseinander setzte, und doch selbst vielleicht der grösste *punster* in England war....

Solchergestalt hätte ich also Gründe beigebracht, Sie über diesen wichtigen Punkt zu befriedigen; hoffentlich auch den seligen Schlegel, wenn er noch lebte, der über das Wortspiel des M. Antonius sehr ungehalten war, weil er dem luxuriösen Witze dieses dafür bekannten Römers nichts nachsehen wollte. Wie aber, wenn ich Ihnen einen klaren Beweis beibringe, dass Schakespears Lebensjahre gerade das goldene Alter der Wortspiele waren, und dass König Jakob, der affektierteste Sprecher von der Welt, nicht nur seinem Hofe, sondern sogar der Kanzel den Ton gab? Werden Sie Popen oder Wielanden noch immer glauben, dass Stellen dieser Art nur für den untersten Pöbel da stehen? Mein Gewährsmann ist der Doctor Zachary Grey, der uns aus den Predigten des Bischofs Andrews, des gelehrtesten Prälaten zu Schakespears Zeit, folgende Anthologie aufgehoben hat. Merken Sie sich zugleich, dass diese Predigten vor dem Könige gehalten worden....[1]

Der wichtigste Einwurf ist mir noch übrig—das Gezierte, Spitzfindige, und Uebertriebne der *diction*, welches der englische Kunstrichter dem Mangel eines Musters für den theatralischen Dialog beimass....

Es ist eine alte Anmerkung, dass jede Nation gewisse eigne Wendungen und Schattierungen in ihrer Sprache habe, die einer andern Nation fremd, zuweilen gar seltsam und affektiert vorkommen....Eine eben so alte, aber nur selten gemachte Anmerkung ist diese—nicht, wie Sie vielleicht vermuten, dass jede Classe in einer Staatsverfassung (auch das ist wahr, und wird mir zu statten kommen), sondern—dass jedes Stufenalter des menschlichen Lebens etwas besonders in der Art sich auszudrücken habe, das sich zum Teil auf die Folge-Herrschaft der Seelenkräfte gründet.

Doch wohl hoffentlich eine wichtige Anmerkung?—noch wichtiger, wenn Sie sich erinnern, wie selten diejenige Reihe von Schriftstellern, deren Hauptobjekt die Natur ist, sie bei ihren Ausarbeitungen zu Rate gezogen haben? Schakespear kannte sie und nutzte sie. Wenn Sie daran zweifeln, so vergleichen Sie bei ihm den Ausdruck des knäblichen, des jugendlichen, des männlichen und des hohen Alters....

Eben den Unterschied, den ich Ihnen in der Diction der Stufenalter gezeigt habe, finden Sie auch in der Sprache der verschiedenen Stände so fein geschattet, dass Sie augenblicklich das Ideal eines Landmanns von dem Ideal eines Bauernknechts, dieses von Kuhhirten, den Kuhhirten vom Schäfer, alle vier

---

[1] There follow some examples of punning from the sermons of Bishop Andrewes, taken from Zachary Grey, *Critical, historical, and explanatory notes on Shakespeare*, 1754.

vom Handwerksmann oder Bürger, den Bürger vom Edelmann, den Edelmann vom Hofmann, den Hofmann vom Prälaten, den Prälaten von andern Geistlichen, den Gelehrten vom Ungelehrten, aller unzähligen mehr ausgemalten Charaktere jetzt nicht zu gedenken, augenblicklich in den kleinsten Zügen ihrer Art sich auszudrücken, erkennen können. Bei einer so sorgfältigen Beobachtung der Natur, bei einer so seltnen Richtigkeit in der *peinture des détails*, war es freilich notwendig, die Fehler und Auswüchse mit der Correction des Ausdrucks in gleichem Paare gehen zu lassen; und wer, ohne Rücksicht auf diese Bedingung, Schakespearn den Vorwurf einer übeln Wahl macht, zeigt ausdrücklich, dass er selbst nicht aufgeklärt genug sei, die verschiednen Gattungen der Nachahmung richtig auseinander zu setzen.

"Gattungen der Nachahmung!—Wahl des Ausdrucks! höre ich Sie mir zurufen. Habe ich Sie endlich ertappt? Allerdings vermisst man die Wahl des Ausdrucks: denn was in einem solchen Grade die Natur selbst ist, wie kann das *schöne Natur* sein?"

Sie sehen wenigstens, dass ich gerecht bin, und keinen Zweifel vorbeilasse, der mit einigem Anscheine gemacht werden kann. Dass Schakespear Begriffe von der schönen Kunst gehabt habe, ist unstreitig. Er selbst sagt von der Kunst:

> She tutors nature; artificial strife
> Lives in those touches, livelier than life;

und wieder anderswo:

> I have heard say,
> There is an art which in their piedness shares
> With great creating nature:

aber eben so unstreitig ist es, dass er in seinen Begriffen einer Nachahmung der schönen Natur—ich will nicht sagen, von dem Geschmack der alten Griechen und einiger Römer (denn diese haben hierin fast einerlei Grundsätze mit ihm gehabt) —von unserm heutigen französierten Geschmacke unendlich abweicht. Machen Sie, wenns Ihnen beliebt, ihm daraus ein

Verbrechen; und verstatten Sie mir dagegen, weit mehr Vergnügen an jener zwangfreien Natur zu finden als an einer *sogenannten* schönen Natur, die aus Furcht, ausschweifend oder arm zu scheinen, in goldenen Fesseln daherschreitet. *Say there be*, antwortete Polixenes,

> Yet nature is made better by no man,
> . . . Over that art
> Which, you say, adds to nature, is an art
> That nature makes—

und dies ihr grosses Kunststück ist das Werk des Genies, das mich immer interessieren wird.

Siebzehnter Brief (Fortsetzung)

. . . Folgen Sie mir jetzt in die höhern Gegenden der Composition, deren Fruchtbarkeit oder Unfruchtbarkeit unsere Meinung von seinem Geschmacke zu seinem Vorteile oder Nachteile entscheiden muss.

Sie erinnern sich, dass ich Ihnen bereits zugegeben habe, Schakespears Drama sei nicht das Drama der Alten, und könne folglich keine Vergleichung dieser Art dulden. Dies hindert aber nicht, dass dieses Schakespearsche Drama gewisse Grundsätze mit dem Griechischen gemein haben könne, die aus der Natur eines Ganzen herzuleiten sind.

Die Gattungen der dramatischen Composition, deren Polonius im Hamlet erwähnt, waren *tragedy, comedy, history, pastoral, pastoral-comical, historical-pastoral, scene undividable,* und *poem unlimited.*—Diese Einteilung ist kritisch; und wir können nach ihr die Stücke unsers Dichters in diese Classen abteilen. . . . Den Sturm und St. Johanns-Nachts-Traum werfe ich in die Classe der Pastoral, weil ich nicht weiss, wo ich sie eigentlich hinbringen soll, da sie sich fast ganz der Natur der Oper nähern. *Poem unlimited* ist das Geschlecht, wozu sie ziemlich alle gehören; allein was meint Schakespear mit dem, was er *scene undividable* nennt? Ich müsste mich sehr irren, wenn wir hier nicht das Drama der Alten wiederfänden, das sich auf die Einheit des Orts gründet, das folglich zu Schakespears Zeiten nicht unbekannt war, sondern nur von einer andern Seite betrachtet wurde, als von der wir es betrachten, wenn wir es für die Regel des Sophokles, für die höchste Art der Composition, für das, was Laocoon in der Bildhauerei ist, halten, und demselben den obersten Standort anweisen, dem alle andere untergeordnet sein müssen.... [1]

Die lustigen Weiber zu Windsor

Der Ort der Haupthandlung ist die vier ersten Akte hindurch beständig ein einziger, und kann bei einer mässigen Geschicklichkeit des Theatermeisters durchaus im ganzen Stück unverändert bleiben; sobald der Wald im Hintergrunde der Bühne am Ende einer Gasse liegt....

Von der Einheit der Zeit brauche ich nicht viel Worte zu machen. Jedermann sieht, dass sie in weniger als 24 Stunden vor sich gehen kann, und folglich innerhalb der Grenzen bleibt, welche die Kritici der Dauer einer theatralischen Handlung setzen.

Der Handlung habe ich schon erwähnt. Es ist nur Eine Haupthandlung da, mit der die Episode nach den regelmässigsten Mustern verflochten ist, und am Ende so sehr zusammenwächst, dass die Auflösung der einen zugleich die Auflösung der andern wird.

In diese grosse und mannigfaltige Einheit, mit der sich vielleicht jeder andere correkte Dichter begnügt hätte, hat Schakespear noch so viel andere Züge von Sitten, Humor, und Charakter, seiner unterscheidenden Sphäre, hineingelegt, dass ich mich nicht enthalten kann, diesem Lustspiele unter allen bloss komischen Theaterstücken eine der vornehmsten Stellen einzuräumen.

Die Irrungen...[2]

"Sehet da! würde ich ausrufen, wenn ich Batteux,[3] und

---

[1] Gerstenberg here quotes with approval Hamlet's instructions to the Players and goes on to give an analysis of *The Merry Wives of Windsor*, in order to prove how nearly the construction of this play approximates to the standards of the Ancients.

[2] Gerstenberg here gives an analysis of the *Comedy of Errors*, to show its skilful composition.

[3] J. B. Batteux, a French critic of the eighteenth century who maintained classical standards.

Schakespear Corneille wäre, sehet da Charaktere und Situationen, die sich drehen und winden, sich vermischen, sich
durchkreuzen, um ein einziges Gewebe zu machen. Aber
dieses Gewebe ist so gedrungen, so mannigfaltig, so kühn, so
natürlich, dass vielleicht nichts zu finden ist, was dem
menschlichen Verstande mehr Ehre macht. Man musste die
Stücke zurichten, sie zusammenpassen, sie mit einander
verbinden, sie von einander abstechen lassen. Und was am
meisten zu bewundern ist, alles ist voll, alles reich, ohne
Künstelei und Affektation. Der Geist darf nicht arbeiten, um
dem Gange Triebfedern nachzuspüren. Die Aufmerksamkeit, die er anwendet, zerstreuet ihn nicht. Schakespear hat
Genie, alles ist bei ihm im Ueberfluss; man wird von
Zwischenfällen überschwemmt; es kommen so viel Dinge
zusammen, dass man fürchtet, es sei unmöglich, sie alle zu
gebrauchen. Ein anderer hätte sieben oder acht Lustspiele aus
diesem einzigen gemacht.''

Ich Armer aber, dem die Natur diese Gabe der Declamation stiefmütterlich versagt hat, merke schlechthin an, dass
kein mir bekanntes Drama eine so verwickelte und zugleich
so leicht zu übersehende Handlung habe, als dies. Mir ist
genug, den Ungrund des allgemeinen Vorurteils aufgedeckt
zu haben, dass es Schakespearn an Kunst fehle.

Zwar machen Schönheiten dieser Art noch immer keinen
klassischen Dichter. Wenn Schakespear sich irgendwo dem
Drama der Alten nähert, so ist es in den angeführten beiden
Lustspielen: allein er nähert sich auch nur; sein Haupt-
charakter scheint beständig durch, und seine Beobachtung der
Sitten ragen in einem weit höhern Grade hervor, als in welchem
die lächerliche Seite der Unförmlichkeit Lachen erregt. Nicht
als ob ich Schakespearn sehr glücklich preisen wollte, wenn er
ein Aristophanes wäre—ich rede hier vom Drama überhaupt,
und von Begriffen der Kunstrichter....

Achtzehnter Brief (Beschluss)

Ich habe meinen Endzweck erreicht. Ich habe gezeigt, dass
es Schakespearn nicht an dramatischer Kunst fehlt, wo Kunst
erfordert wird; und wer sie da sucht, wo sie ohne Nachteil des

Interesses fehlt, z. E. in den historischen Schauspielen, streitet nicht mit mir.

Von diesen historischen Schauspielen sollte ich noch etwas beibringen.—Sie sind die roheste Gattung der dramatischen Kunst; aber sie haben von einer andern Seite grosse und unleugbare Vorteile für das dramatische Genie. Ich möchte sie der Nachahmung nicht anpreisen; ich will nur das Gute von ihnen sagen, was sich ohne Parteilichkeit nicht verschweigen lässt....

Der Dichter der *Historie* muss seine Geschichte nehmen wie sie ist; wenn er seine Charaktere nicht gut anzuordnen, ihnen nicht durch die Abstechung eine pittoreske Wirkung zu geben weiss, wenn er nicht einen Schatz von neuen, richtigen, anziehenden Beobachtungen des menschlichen Lebens in sich hat, wenn er die Geschichte nicht mit den stärksten Fresco-Zügen zu treffen weiss, wenn die Zeichnung der Umrisse nicht das Leben selbst atmet: wie will er uns verargen, wenn wir gähnen? Dies ist Kunst von einer andern Art, und durch diese Kunst unterscheidet sich das Schakespearsche historische Drama von jenen Haupt- und Staatsaktionen, die unsre Grossväter den ältesten Britten abgeborgt haben.

"Körper, sagt ein witziger Engländer, scheinen uns desto gigantischer, je regelloser sie gebauet sind"—und argwohnt, dass wir die Grösse des Schakespearschen Genies nach einem zu grossen Masse ausmessen. Ich will jetzt den wunderbaren Einfall, die Grösse eines Genies nach dem Umfange der Zeiten, Oerter und Handlungen zu schätzen, nicht rügen: lassen Sie uns aber dieses Gigantische, diese Regellosigkeit, diese bis zum Ekel verschrieene Wildheit ein wenig näher betrachten.

Das Aergste, was man von dem Dichter sagen kann, ist, dass er mit dem Epitomator einer Geschichte einerlei Grundsätze habe, dass seine Vorstellungen, mit Hamlet zu reden, *the abstract and brief chronicles of the time* sind.

Allein ist das Alles? Hat Schakespear wirklich keinen weitern Endzweck, als bloss ein grosses Stück nach dem andern aus der Geschichte herauszuheben, und den Klumpen, so wie er da ist, den Zuschauern vorzuwerfen?—Ich muss mich plump ausdrücken, wenn ich mich in die Ideen dieser Kunstrichter versetzen soll.—Ist das im Ernste Alles?

Ich finde es nicht. Ich sehe durchaus ein gewisses Ganze, das Anfang, Mittel und Ende, Verhältnis, Absichten, contrastirte Charaktere und contrastirte Gruppen hat.

Im Richard II sehe ich den Streit der schwachen königlichen Würde mit der Stärke und List der Conspiration. Bolingbroke auf der einen, Richard auf der andern Seite: welch ein Contrast! In der Abstufung der ihnen untergeordneten Charaktere, welch eine Mannigfaltigkeit! Wie arbeitet alles zu Einem Hauptzwecke, dem Verderben des Königs, das doch so bald auf das Haupt der Verräter selbst zurückfällt! hier ist der Spiegel des menschlichen Herzens. Die Lektion würde für den Untertan nicht so gross sein, wenn der Dichter bei der Einheit einer Haupt-Handlung stehen geblieben wäre, ohne die unausbleiblichen Folgen auf alle teilnehmende Personen mitzunehmen. . . .

Julius Cäsar ist ein Drama von eben der Gattung. Käme es hier bloss auf den Tod des Usurpateurs an, so würde er der hervorragende Charakter des Stücks sein; Schakespear aber brauchte ihn nur zur Basis, um die Schicksale seiner Mörder auf seinen Fall zu gründen; und nichts kann treffender sein, nichts zu lehrreichern Beobachtungen veranlassen, als das Unglück, das die Verschwornen wie auf der Ferse zu verfolgen scheint, in diesem und dem damit verbundnen Drama Antonius und Cleopatra, nach der Anführung des Dichters zu übersehen. Was ist hier gigantisch? was wild? was unförmlich? Ich sehe hin und her, und erblicke nichts als—die Kleinfügigkeit seiner Kunstrichter.

Dehnen Sie diese Anmerkung, wenn es Ihnen gefällt, auch auf die übrigen historischen Stücke unsers Dichters aus. Sie werden beständig eine malerische Einheit der Absicht und Composition beobachten, zu der alle Teile ein richtiges Verhältnis haben, und die eine Anordnung zu erkennen geben, welche, von dieser Seite betrachtet, dem Künstler eben so viel Ehre machen, als die vortreffliche Zeichnung der Natur dem Genie.

Man muss Schakespearn folgen können, um ihn zu beurteilen.—Wer im König Lear nichts sieht, als den Narren, dem sei es erlaubt, mit einem *sneer* abzufertigen, was ihm drollig scheint. Ich für meine Person bewundere den Dichter, der uns den schwachen Verstand dieses Königs durch den Umgang mit einem der elendsten Menschen so meisterhaft abzubilden weiss, und es befremdet mich nicht mehr, dass die Engländer diese Scenen, anstatt eines dummen Gelächters, mit mitleidigem Schauer über den Verfall und die Zerstörung des menschlichen Geistes betrachten. Voltaire mag immerhin über das Komische spotten, das er in den Liedern der Toten-gräber beim Hamlet wahrnimmt. Ich finde hier nichts Komisches. Der Umstand, dass diese Leute unter lauter Totenköpfen und Schädeln singen können, erhöht in mir das Tragische des Anblicks. Die Hexen im Macbeth scheinen Wielanden etwas Abgeschmacktes; mir scheinen sie ein glückliches Ideal zu sein, das mit dem grauenvollen Begriffe des Königsmörders und der rauhen Scene dieser Begebenheit in naher Verwandtschaft steht. Als Schakespear die Idee eines solchen Mörders in seinem Genie hin- und herwandte, mussten notwendige fürchterliche Bilder daraus hervor-springen die er, wie wir wissen, mit grossem Beifall seiner Landsleute einzuflechten gewusst.

Schon wieder Herr Wieland? Kann ich mich seiner nicht mehr erwehren?[1]

Chr. F. Weisse, *Romeo und Julia*, 1768

Vorrede

Dieses Stück war niemals Shakespears Triumph. . . . Viele der schönsten Situationen sind daselbst ausgelassen,[2] andere sehr unschicklich hinzugedichtet, und die Hauptcatastrophe von Juliens Erwachung, da Romeo noch lebt, findet sich daselbst eben so wenig: Shakespear hat sie also nicht benützt. Im Gegenteil hat er sein Stück mit trivialen, überflüssigen und zur Handlung unnötigen Dingen überladen: der Witz fliesst

[1] Gerstenberg closes with a criticism of Wieland's translation. See below, p. 175.
[2] Weisse refers to the situations in the original Italian tale on this theme.

in manchen Stellen so über, dass er ins Kindische verfällt.
Die häufigen Reime, die er dazwischen mengt, schwächen
die Wahrscheinlichkeit der natürlichen Ueberredung...
endlich ist es, wie Garrick sagt, so voll *Jingle* und *Quibble*
gepfropft, dass man in neuern Zeiten es selbst nicht auf dem
englischen Theater ohne grosse und wichtige Veränderungen
vorzustellen gewagt hat....Der deutsche Verfasser hat also
ein ganz neues Stück daraus zu machen versucht.[1]

J. G. H E R D E R, *Allgemeine Deutsche Bibliothek*, Bd. VII,
2tes Stück, 1768

(review of J. J. Dusch, *Briefe zur Bildung des Geschmacks*, 1765)

Noch weniger weiss ich, wo der Verfasser mit folgenden
Worten hinaus will: "Die Erfindung einer Fabel ist, meines
Erachtens, kein grösseres Werk der Einbildungskraft und des
Genies, als die Erfindung so mannigfaltiger, und geschickter
Verzierungen, welche einem an sich trockenen Stoff die
grösste Anmut geben. Wenn es bloss auf jene ankäme, so
würde der grosse Shakespeare gewiss eine armselige Figur
machen. Es möchte sich denn leicht der Verfasser einer
Felsenburg,[2] oder einer *Banise*,[3] ohne Prahlerei, mit demselben
in einen Wettstreit um den Lorbeer einlassen können. Aber
von den gemeinsten Vorfällen des Lebens, von ganz geringfügigen Anlässen, welche tausend andere Köpfe übersehen
hätten; oder von den magersten und trockensten Wahrheiten
Gelegenheiten zu nehmen, um das *os magna sonaturum* hören
zu lassen, und zu zeigen, dass uns das *Ingenium,* und die *mens
divinior* beiwohne, dazu wird mehr erfordert: und dieses ist
das Talent, welches den Shakespeare, und jeden andern
Dichter gross macht...ich weiss gewiss, dass die Ausar-
beitung eines Planes einem jedem Werk seine Lebenssäfte,
seinen Körper, seine Gestalt und Vollkommenheit giebt; dass
ein vortrefflicher Plan in einer magern, oder mittelmässigen
Ausführung kein Werk erhalten, oder unsterblich machen

---

[1] For Weisse's translation, see below, p. 176.
[2] The novel *Die Insel Felsenburg*, by J. G. Schnabel, 1731.
[3] The novel *Die Asiatische Banise*, by H. A. von Ziegler, 1688.

wird; und dass hingegen der schlechteste Entwurf durch das
Colorit, was ihm die Hand eines Shakespeares, oder Dantes
zu geben weiss, allen Kritikern Trotz bietet, und sich
gleichsam mit Gewalt in den Tempel des Geschmacks
eindringt...."

Wie muss Herr Dusch den Shakespeare kennen? Als einen,
über dessen Erfindungsgeist, Einbildungskraft, Genie noch
müsste gestritten werden? Als einen, der keine Fabel, sondern
nur Verzierungen erfinden konnte? Als einen, der nicht durch
den Geist der Erdichtung, sondern durch die Gabe gross
ward, von den *geringfügigen* Anlässen, von den magersten und
trockensten Wahrheiten Gelegenheit zu nehmen, um das *os
magna sonaturum* hören zu lassen? Als einen, der vorzüglich
durch das Colorit, das er seinem Plane gab, Poet ist?—So mag
ihn Herr Dusch kennen: so kenne ich ihn nicht. Bei mir ist
er von alle diesem fast das Gegenteil: ein Genie, voll Einbildungskraft, die immer ins Grosse geht, die einen Plan
ersinnen kann über dem uns beim blossen Ansehen schwindelt:
ein Genie, das in den einzelnen Verzierungen nichts, im
grossen, wilden Bau der Fabel alles ist: ein Genie, vor
dem, wenn es den Begriff des Poeten bestimmen soll, alle
Lehrdichter, alle witzige Köpfe zittern müssen: ein poetisches Genie, wie ich nur einen Homer, und einen Ossian
kenne.

Mannigfaltige und geschickte Verzierungen erfinden, bloss
durch das Colorit gross zu sein: diesen Vorzug überlässt er den
Künstlern, die nicht zu bauen, sondern nur bei einem
fremden Gebäude Farben und Schnörkel anzubringen wissen.
Die Gabe, von den gemeinsten Vorfällen des Lebens und
geringfügigen Anlässen Gelegenheit zu nehmen, um das *os
magna sonaturum* hören zu lassen, überlässt er den witzigen
Köpfen; sie ist nicht sein Hauptvorzug, und wo er sie hat,
habe er sie nicht. Nirgends ist, wie bekannt, Shakespeare mehr
unter sich selbst, als wenn er bei den gemeinsten Vorfällen
des Lebens, bei geringfügigen Anlässen sein *os magna sonaturum*
hören lässt: und lässt ers sogar bei magern und trockenen
Wahrheiten hören, will er Lehrdichter sein; so halten wir uns
vor Bombast die Ohren zu.

J. G. HERDER

J. G. HERDER, Letters to Caroline Flachsland

17 October 1770

Weissens Romeo und Juliette haben Sie ohne Zweifel gelesen: wie? wenn Sie einmal Mut hätten, sich an das Shakespearsche Stück dieses Namens zu machen? Allen Pöbelwitz der Zwischenscenen, und alle das Verworrene, was diesem Dichter eigen ist, müssen Sie ihm schon verzeihen, zumal alle dergleichen in der Uebersetzung schielet. Aber die Stellen, wo wahrer Charakter und wahre Leidenschaft spricht, sind ihm Einzig. Nie ist ein Stück der Liebe gemacht worden, wie dieses: und die wenigen Scenen, die von dieser Materie voll sind, verdienen es tausendfach, alle Zwischenscenen voll Schlägereien mitzulesen.

28 October 1770

So hat Ihnen Romeo und Julie so gut gefallen? und doch haben Sie dies vortreffliche Himmlische Stück, das Einzige Trauerspiel in der Welt, was über die Liebe existirt,[1] nur in der schlechten Uebersetzung gelesen: denn das muss ich sagen, dass unter allen Shakespearschen Stücken Wielanden keins so verunglückt ist, als dieses. Der Grund ist vielleicht der, dass Wieland nie selbst eine Romeo-Liebe gefühlt hat: sondern sich nur immer mit seinen Sympathien und Pantheen, und Seraphins den Kopf so voll *geweht*, statt das Herz je menschlich *erwärmt* hat: und so sind ihm die schönsten Augenwinke, in denen die Liebe mehr als durch Worte redt, eine ganz unbekannte Sprache gewesen. Dazu hat Shakespear in diesem Stück viel Reime, auf die Wieland in den Noten, wie ein Esel, schimpft; die freilich einem Uebersetzer auch den Kopf und die Feder toll machen können; die aber im Original so sehr zur wahren Romanzensprache der Liebe gehören, als sie dem Fühllosen freilich Närrisch vorkommen können: eine Probe sei z. E. das Gespräch zwischen Romeo und Julie auf dem Ball, wo immer die Allegorie von andächtigen Pilgrimmen in Frag und Antwort, bei Händedrücken und Kuss fortläuft,

[1] Herder is perhaps quoting the famous statement of Lessing's on *Romeo and Juliet* (*Hamburgische Dramaturgie*, 15).

dass es so süss, so himmlisch wird, als es freilich romantisch und wenn Sie wollen, abenteuerlich im Deutschen herauskommt! Um so mehr freuet es mich, dass durch alle dies Missraten der Geist Shakespears Sie hat erwärmen können: was zeigt das für eine feine, holde Seele an! Wie sehr Shakespear mein Steckenpferd ist, wird Ihnen vielleicht Merck gesagt haben! Ich habe ihn nicht gelesen, sondern *studirt*, wie ich das Wort recht unterstreiche; jedes seiner Stücke ist eine ganze Philosophie über die Leidenschaft, von der es handelt....

J. G. HERDER, *Shakespear*

(in *Von deutscher Art und Kunst*, 1773)

Wenn bei einem Manne mir jenes ungeheuere Bild einfällt; "hoch auf einem Felsengipfel sitzend! zu seinen Füssen Sturm, Ungewitter, und Brausen des Meers; aber sein Haupt in den Strahlen des Himmels!" so ists bei Shakespear.—Nur freilich auch mit dem Zusatz, wie unten am tiefsten Fusse seines Felsenthrones Haufen murmeln, die ihn—erklären, verdammen, entschuldigen, anbeten, verleumden, übersetzen und lästern!—und die Er alle nicht höret!

Welche Bibliothek ist schon über, für und wider ihn geschrieben!—die ich nun auf keine Weise zu vermehren Lust habe. Ich möchte es vielmehr gern, dass in dem kleinen Kreise, wo dies gelesen wird, es niemand mehr in den Sinn komme, über, für und wider ihn zu schreiben: ihn weder zu entschuldigen, noch zu verleumden; aber zu erklären, zu fühlen wie er ist, zu nützen, und—wo möglich—uns Deutschen herzustellen. Trüge dies Blatt dazu etwas bei!

Die kühnsten Feinde Shakespears haben ihn—unter wie vielfachen Gestalten!—beschuldigt und verspottet, dass er, wenn auch ein grosser Dichter, doch kein guter Schauspieldichter, und wenn auch dies, doch wahrlich kein so klassischer Trauerspieler sei, als Sophokles, Euripides, Corneille und Voltaire, die alles Höchste und Ganze dieser Kunst erschöpft. —Und die kühnsten Freunde Shakespears haben sich meistens nur begnüget, ihn hierüber zu *entschuldigen*, zu *retten*: seine Schönheiten nur immer mit Anstoss gegen die Regeln zu wägen, zu kompensieren; ihm als Angeklagten das *absolvo* zu erreden, und denn sein Grosses desto mehr zu vergöttern, je mehr sie über Fehler die Achsel ziehen mussten. So stehet die Sache noch bei den neuesten Herausgebern und Kommentatoren über ihn—ich hoffe, diese Blätter sollen den Gesichtspunkt verändern, dass sein Bild in ein volleres Licht kommt.... Es ist von Griechenland aus, dass man die Wörter Drama, Tragödie, Komödie geerbet; und so wie die Letternkultur des Menschlichen Geschlechts auf einem schmalen Strich des Erdbodens den Weg nur durch die Tradition genommen, so ist in dem Schosse und mit der Sprache dieser, natürlich auch ein gewisser Regelvorrat überall mitgekommen, der von der Lehre unzertrennlich schien. Da die Bildung eines Kindes doch unmöglich durch Vernunft geschehen kann und geschieht; sondern durch Ansehen, Eindruck, Göttlichkeit des Beispiels und der Gewohnheit: so sind ganze Nationen in Allem, was sie lernen, noch weit mehr Kinder. Der Kern würde ohne Schlaube nicht wachsen, und sie werden auch nie den Kern ohne Schlaube bekommen, selbst wenn sie von dieser ganz keinen Gebrauch machen könnten. Es ist der Fall mit dem Griechischen und Nordischen Drama.

In Griechenland entstand das Drama, wie es in Norden nicht entstehen konnte. In Griechenland wars, was es in Norden nicht sein kann. In Norden ists also nicht und darf nicht sein, was es in Griechenland gewesen. Also Sophokles Drama und Shakespears Drama sind zwei Dinge, die in gewissem Betracht kaum den Namen gemein haben. Ich glaube diese Sätze aus Griechenland selbst beweisen zu können, und eben dadurch die Natur des Nordischen Drama, und des grössten Dramatisten in Norden, Shakespears, sehr zu entziffern. Man wird Genese Einer Sache durch die Andre, aber zugleich Verwandlung sehen, dass sie gar nicht mehr Dieselbe bleibt.

Die Griechische Tragödie entstand gleichsam aus Einem Auftritt, aus dem Impromptu des Dithyramben, des mimischen Tanzes, des *Chors.* Dieser bekam Zuwachs, Umschmelzung: Aeschylus brachte statt Einer handelnden Person zwei auf die

Bühne, erfand den Begriff der Hauptperson, und verminderte das Chormässige. Sophokles fügte die dritte Person hinzu, erfand Bühne—aus solchem Ursprunge, aber spät, hob sich das griechische Trauerspiel zu seiner Grösse empor, ward Meisterstück des menschlichen Geistes, Gipfel der Dichtkunst, den Aristoteles so hoch ehret, und wir freilich nicht tief genug in Sophokles und Euripides bewundern können.

Man siehet aber zugleich, dass aus diesem Ursprunge gewisse Dinge erklärlich werden, die man sonst, als tote Regeln angestaunet, erschrecklich verkennen müssen. Jene Simplicität der Griechischen Fabel, jene Nüchternheit Griechischer Sitten, jenes fortausgehaltene Kothurnmässige des Ausdrucks, Musik, Bühne, Einheit des Orts und der Zeit —das Alles lag ohne Kunst und Zauberei so natürlich und wesentlich im Ursprunge Griechischer Tragödie, dass diese ohne Veredlung zu alle Jenem nicht möglich war. Alles das war Schlaube, in der die Frucht wuchs....

Nun sehe man, wie viel aus der simpeln Bemerkung folge. Nichts minder als: "das Künstliche ihrer Regeln war—keine Kunst! war Natur!"—Einheit der Fabel—war Einheit der Handlung, die vor ihnen lag; die nach ihren Zeit- Vaterlands- Religions- Sittenumständen, nicht anders als solch ein Eins sein konnte. Einheit des Orts—war Einheit des Orts; denn die Eine, kurze feierliche Handlung ging nur an Einem Ort, im Tempel, Pallast, gleichsam auf einem Markt des Vaterlandes vor: so wurde sie im Anfange, nur mimisch und erzählend nachgemacht und zwischengeschoben; so kamen endlich die Auftritte, die Scenen hinzu—aber alles natürlich noch Eine Scene, wo der Chor Alles band, wo der Natur der Sache wegen Bühne nie leer bleiben konnte u. s. w. Und dass Einheit der Zeit nun hieraus folgte und natürlich mitging— welchem Kinde brauchte das bewiesen zu werden? Alle diese Dinge lagen damals in der *Natur*, dass der Dichter mit alle seiner Kunst ohne sie nichts konnte!...

Wie sich Alles in der Welt ändert; so musste sich auch die Natur ändern, die eigentlich das Griechische Drama schuf. Weltverfassung, Sitten, Stand der Republiken, Tradition der

Heldenzeit, Glaube, selbst Musik, Ausdruck, Maas der Illusion wandelte: und natürlich schwand auch Stoff zu Fabeln, Gelegenheit zu der Bearbeitung, Anlass zu dem Zwecke. Man konnte zwar das Uralte, oder gar von andern Nationen ein Fremdes herbeiholen, und nach der gegebnen Manier bekleiden: das tat Alles aber nicht die Wirkung: folglich war in Allem auch nicht die Seele: folglich wars auch nicht (was sollen wir mit Worten spielen?) das Ding mehr. Puppe, Nachbild, Affe, Statüe, in der nur noch der andächtigste Kopf den Dämon finden konnte, der die Statüe belebte. . . .

Lasset uns also ein Volk setzen, das aus Umständen, die wir nicht untersuchen mögen, Lust hätte, sich statt nach-zuäffen und mit der Wallnussschale davon zu laufen, selbst lieber *sein Drama zu erfinden*: so ists, dünkt mich, wieder erste Frage: *wenn? wo? unter welchen Umständen? woraus solls das tun?* und es braucht keines Beweises, dass die Erfindung nichts als Resultat dieser Fragen sein wird und sein kann. Holt es sein Drama nicht aus Chor, aus Dithyramb her: so kanns auch nichts Chormässiges, Dithyrambisches haben. Läge ihm keine solche Simplicität von Faktis der Geschichte, Tradition, Häuslichen, und Staats- und Religionsbeziehungen vor—natürlich kanns nichts von Alle dem haben.—Es wird sich, wo möglich, sein Drama nach seiner Geschichte, nach Zeitgeist, Sitten, Meinungen, Sprache, Nationalvorurteilen, Traditionen, und Liebhabereien, wenn auch aus Fastnachts- und Marionettenspiel (eben wie die edlen Griechen aus dem Chor) *erfinden*—und das Erfundene wird Drama sein, wenn es bei diesem Volk Dramatischen Zweck erreicht. Man sieht, wir sind bei den *toto divisis ab orbe Britannis* und ihrem grossen Shakespear. . . .

Shakespear fand vor und um sich nichts weniger als Simplicität von Vaterlandssitten, Taten, Neigungen und Geschichtstraditionen, die das Griechische Drama bildete, und da also nach dem Ersten metaphysischen Weisheitssatz aus Nichts Nichts wird, so wäre, Philosophen überlassen, nicht bloss kein Griechisches, sondern wenns ausserdem Nichts giebt, auch gar kein Drama in der Welt mehr geworden, und hätte werden können. Da aber Genie bekanntermassen mehr ist, als Philosophie, und Schöpfer ein ander Ding, als Zergliederer: so wars ein Sterblicher mit Götterkraft begabt, eben aus dem entgegen gesetztesten Stoff, und in der verschiedensten Bearbeitung dieselbe Wirkung hervor zu rufen, *Furcht* und *Mitleid!* und beide in einem Grade, wie jener Erste Stoff und Bearbeitung es kaum vormals hervorzubringen vermocht!— Glücklicher Göttersohn über sein Unternehmen! Eben das Neue, Erste, ganz Verschiedne zeigt die Urkraft seines Berufs.

Shakespear fand keinen Chor vor sich; aber wohl Staats- und Marionettenspiele—wohl! er bildete also aus diesen Staats- und Marionettenspielen, dem so schlechten Leim! das herrliche Geschöpf, das da vor uns steht und lebt! Er fand keinen so einfachen Volks- und Vaterlandscharakter, sondern ein Vielfaches von Ständen, Lebensarten, Gesinnungen, Völkern und Spracharten—der Gram um das Vorige wäre vergebens gewesen; er dichtete also Stände und Menschen, Völker und Spracharten, König und Narren, Narren und König zu dem herrlichen Ganzen! Er fand keinen so einfachen Geist der Geschichte, der Fabel, der Handlung: er nahm Geschichte, wie er sie fand, und setzte mit Schöpfergeist das verschiedenartigste Zeug zu einem Wunderganzen zusammen, was wir, wenn nicht *Handlung* im Griechischen Verstande, so *Aktion* im Sinne der mittlern, oder in der Sprache der neuern Zeiten *Begebenheit* (évènement), grosses Ereignis nennen wollen— o Aristoteles, wenn du erschienest, wie würdest du den neuen Sophokles homerisiren! würdest so eine eigne Theorie über ihn dichten, die jetzt seine Landsleute, Home und Hurd, Pope und Johnson noch nicht gedichtet haben!...

Man lasse mich als Ausleger und Rhapsodisten fortfahren: denn ich bin Shakespear näher als dem Griechen (Sophokles). Wenn bei diesem das Eine einer *Handlung* herrscht: so arbeitet jener auf das Ganze eines *Ereignisses*, einer *Begebenheit*. Wenn bei Jenem *Ein Ton* der Charaktere herrschet, so bei diesem alle Charaktere, Stände und Lebensarten, so viel nur fähig und nötig sind, den Hauptklang seines Concerts zu bilden. Wenn in Jenem *Eine* singende feine Sprache, wie in einem höhern Aether tönet, so spricht dieser die Sprache aller Alter, Menschen und Menschenarten, ist Dollmetscher der Natur in all' ihren Zungen—und auf so verschiedenen Wegen beide Vertraute *Einer Gottheit*!—Und wenn Jener Griechen vorstellt und lehrt und rührt und bildet, so lehrt, rührt und bildet Shakespear Nordische Menschen! Mir ist, wenn ich ihn lese, Theater, Akteur, Koulisse verschwunden! Lauter einzelne im Sturm der Zeiten wehende Blätter aus dem Buch der Begebenheiten, der Vorsehung, der Welt!—einzelne Gepräge der Völker, Stände, Seelen! die alle die verschiedenartigsten und abgetrenntest handelnden Maschinen, alle— was wir in der Hand des Weltschöpfers sind—unwissende, blinde Werkzeuge zum Ganzen Eines theatralischen Bildes, Einer Grösse habenden Begebenheit, die nur der Dichter überschauet. Wer kann sich einen grössern Dichter der Nordischen Menschheit und in dem Zeitalter! denken!

Wie vor einem Meere von Begebenheit, wo Wogen in Wogen rauschen, so tritt vor seine Bühne. Die Auftritte der Natur rücken vor und ab; wirken in einander, so disparat sie scheinen; bringen sich hervor, und zerstören sich, damit die Absicht des Schöpfers, der alle im Plane der Trunkenheit und Unordnung gesellet zu haben schien, erfüllt werde—dunkle kleine Symbole zum Sonnenbild einer Theodicee Gottes. Lear, der rasche, warme, edelschwache Greis, wie er da vor seiner Landkarte steht, und Kronen wegschenkt und Länder zerreisst—in der Ersten Scene der Erscheinung trägt schon allen Samen seiner Schicksale zur Ernte der dunkelsten Zukunft in sich. Siehe! der gutherzige Verschwender, der rasche Unbarmherzige, der kindische Vater wird es bald sein auch in den Vorhöfen seiner Töchter—bittend, betend, bettelnd, fluchend, schwärmend, segnend,—ach, Gott! und Wahnsinn ahnend. Wirds sein bald mit blossem Scheitel unter Donner und Blitz, zur untersten Klasse von Menschen herabgestürzt, mit einem Narren und in der Höhle eines tollen Bettlers Wahnsinn gleichsam pochend vom Himmel herab.—Und nun ist wie ers ist, in der ganzen leichten Majestät seines Elends und Verlassens; und nun zu sich kommend, angeglänzt vom letzten Strahle der Hoffnung, damit diese auf ewig, ewig erlösche! Gefangen, die tote Wohltäterin, Verzeiherin, Kind, Tochter auf seinen Armen! auf ihrem Leichnam sterbend, der alte Knecht dem alten Könige nachsterbend—Gott! welch ein Wechsel von Zeiten, Umständen, Stürmen, Wetter, Zeitläuften! und alle nicht bloss Eine Geschichte—Helden und Staatsaktion, wenn du willt! von Einem Anfange zu Einem Ende, nach der strengsten Regel deines Aristoteles; sondern tritt näher, und fühle den Menschengeist, der auch jede Person und Alter und Charakter und Nebending in das Gemälde ordnete. Zwei alte Väter und alle ihre so verschiedne Kinder! Des Einen Sohn gegen einen betrognen Vater unglücklich dankbar, der andre gegen den gutherzigen Vater scheusslich undankbar und abscheulich glücklich. Der gegen seine Töchter! diese gegen ihn! ihre Gemahl, Freier und alle Helfershelfer im Glück und Unglück. Der blinde Gloster am Arm seines unerkannten Sohnes, und der tolle Lear zu den Füssen seiner vertriebnen Tochter! und nun der Augenblick der Wegscheide des Glücks, da Gloster unter seinem Baume stirbt, und die Trompete rufet, alle Nebenumstände, Triebfedern, Charaktere und Situationen hinein gedichtet— Alles im Spiel! zu Einem Ganzen sich fortwickelnd—zu einem Vater- und Kinder-, Königs- und Narren- und Bettler- und Elend-Ganzen zusammen geordnet, wo doch überall bei den Disparatsten Scenen Seele der Begebenheit atmet, wo Oerter, Zeiten, Umstände, selbst, möchte ich sagen, die heidnische Schicksals- und Sternenphilosophie, die durchweg herrschet, so zu diesem Ganzen gehören, dass ich Nichts verändern, versetzen, aus andern Stücken hieher oder hieraus in andre Stücke bringen könnte. Und das wäre kein Drama? Shakespear kein dramatischer Dichter? Der hundert Auftritte einer Weltbegebenheit mit dem Arm umfasst, mit dem Blick ordnet, mit der Einen durchhauchenden, Alles belebenden Seele erfüllet, und nicht Aufmerksamkeit, Herz, alle Leidenschaften, die ganze Seele von Anfang bis zu Ende fortreisst—wenn nicht mehr, so soll Vater Aristoteles zeugen, "die Grösse des lebendigen Geschöpfs darf nur mit einem Blick übersehen werden können" und hier—Himmel! wie wird das Ganze der Begebenheit mit tiefster Seele fortgefühlt und geendet! Eine Welt dramatischer Geschichte, so gross und tief wie die Natur; aber der Schöpfer gibt uns Auge und Gesichtspunkt, so gross und tief zu sehen!

In Othello, dem Mohren, welche Welt! welch ein Ganzes! lebendige Geschichte der Entstehung, Fortgangs, Ausbruchs, traurigen Endes der Leidenschaft dieses Edlen Unglückseligen! und in welcher Fülle, und Zusammenlauf der Räder zu Einem Werke! Wie dieser Iago, der Teufel in Menschengestalt, die Welt ansehn, und mit allen, die um ihn sind, spielen! und wie nun *die* Gruppe, ein Cassio und Rodrich, Othello und Desdemone in *den* Charakteren, mit dem Zunder von Empfänglichkeit seiner Höllenflamme, um ihn stehen muss, und jedes ihm in den Wurf kommt, und er Alles braucht und Alles zum traurigen Ende eilet.—Wenn ein Engel der Vorsehung menschliche Leidenschaften gegen einander abwog, und Seelen und Charaktere gruppirte, und ihnen Anlässe, wo Jedes im Wahn des Freien handelt, zuführt, und er sie alle mit diesem Wahne, als mit der Kette des Schicksals zu seiner Idee leitet—so war der menschliche Geist, der hier entwarf, sann, zeichnete, lenkte.

Dass Zeit und Ort, wie Hülsen um den Kern immer mit gehen, sollte nicht einmal erinnert werden dürfen, und doch ist hierüber eben das helleste Geschrei. Fand Shakespeare den Göttergriff eine ganze Welt der Disparatesten Auftritte zu Einer Begebenheit zu erfassen; natürlich gehörte es eben zur Wahrheit seiner Begebenheiten, auch Ort und Zeit jedesmal zu idealisiren, dass sie mit zur Täuschung beitrügen. Ist wohl jemand zu einer Kleinigkeit seines Lebens Ort und Zeit gleichgültig? und sind sies insonderheit in den Dingen, wo die ganze Seele geregt, gebildet, umgebildet wird? in der Jugend, in Scenen der Leidenschaft, in allen Handlungen aufs Leben! Ists da nicht eben Ort und Zeit und Fülle der äussern Umstände, die der ganzen Geschichte Haltung, Dauer, Existenz geben muss, und wird ein Kind, ein Jüngling, ein Verliebter, ein Mann im Felde der Taten sich wohl einen Umstand des Lokals, des Wie? und Wo? und Wann? wegschneiden lassen, ohne dass die ganze Vorstellung seiner Seele litte? Da ist nun Shakespear der grosse Meister, eben weil er nur und immer Diener der Natur ist. Wenn er die Begebenheiten seines Drama dachte, im Kopfe wälzte, wie wälzen sich jedesmal Oerter und Zeiten so mit umher! Aus Scenen und Zeitläuften aller Welt findet sich, wie durch ein Gesetz der Fatalität, eben die hieher, die dem Gefühl der Handlung die kräftigste, die idealste ist; wo die sonderbarsten, kühnsten Umstände am meisten den Trug der Wahrheit unterstützen, wo Zeit- und Ortwechsel, über die der Dichter schaltet, am lautesten rufen: "Hier ist kein Dichter! ist Schöpfer! ist Geschichte der Welt!"

Als z. E. der Dichter den schrecklichen Königsmord, Trauerspiel Macbeth genannt, als Faktum der Schöpfung in seiner Seele wälzte—bist du, mein lieber Leser, so blöde gewesen, nun in keiner Scene, Scene und Ort mit zu fühlen— wehe Shakespear, dem verwelkten Blatte in deiner Hand....

Dies Individuelle jedes Stücks, jedes einzelnen Weltalls, geht mit Ort und Zeit und Schöpfung durch alle Stücke. Lessing hat einige Umstände Hamlets in Vergleichung der Theaterkönigin Semiramis entwickelt[1]—wie voll ist das ganze Drama dieses Lokalgeistes von Anfang zu Ende. Schlossplatz und bittere Kälte, Ablösung der Wache und Nachterzählungen, Unglaube und Glaube—der Stern—und nun erscheints!— Kann Jemand sein, der nicht in jedem Wort und Umstande Bereitung und Natur ahnde! So weiter. Alles Kostüme der Geister erschöpft! der Menschen zur Erscheinung erschöpft! Hahnkräh und Paukenschall, stummer Wink und der nahe Hügel, Wort und Unwort—welches Lokal! welches tiefe Eingraben der Wahrheit! Und wie der erschreckte König kniet, und Hamlet vorbei irrt in seiner Mutter Kammer vor dem Bilde seines Vaters! und nun die andre Erscheinung! Er am Grabe seiner Ophelia! der rührende *Good Fellow* in allen den Verbindungen mit Horaz, Ophelia, Laertes, Fortinbras! das Jugendspiel der Handlung, was durchs Stück fortläuft, und fast bis zu Ende keine Handlung wird—wer da Einen Augenblick Bretterngerüste fühlt und sucht, und Eine Reihe gebundner artiger Gespräche auf ihm sucht, für den hat Shakespear und Sophokles, kein wahrer Dichter der Welt gedichtet.

---

[1] Lessing, *Hamb. Dramaturgie*, 11tes Stück, 1767.

J. G. HERDER

Hätte ich doch Worte dazu, um die einzelne Hauptempfindung, die also jedes Stück beherrscht, und wie eine Weltseele durchströmt, zu bemerken. Wie es doch in Othello wirklich mit zu dem Stücke gehört, so selbst das Nachtsuchen wie die fabelhafte Wunderliebe, die Seefahrt, der Seesturm, wie die brausende Leidenschaft Othellos, die so sehr verspottete Todesart, das Entkleiden unter dem Sterbeliedchen und dem Windessausen, wie die Art der Sünde und Leidenschaft selbst—sein Eintritt, Rede ans Nachtlicht u. s. w. wäre es möglich, doch das in Worte zu fassen, wie das Alles zu Einer Welt der Trauerbegebenheit lebendig und innig gehöre—aber es ist nicht möglich. Kein elendes Farbengemälde lässt sich durch Worte beschreiben oder herstellen, und wie die Empfindung Einer lebendigen Welt in allen Scenen, Umständen und Zaubereien der Natur? Geh, mein Leser, was du willst, Lear und die Richards, Cäsar und die Heinrichs, selbst Zauberstücke und Divertissements, in Sonderheit, Romeo, das süsse Stück der Liebe, auch Roman in jedem Zeitumstande, und Ort und Traum und Dichtung, geh es durch, versuche Etwas der Art wegzunehmen, zu tauschen, es gar auf ein Französisches Bretterngerüste zu simplifiziren—eine lebendige Welt mit allem Urkundlichen ihrer Wahrheit in dies Gerüste verwandelt—schöner Tausch! schöne Wandlung! Nimm dieser Pflanze ihren Boden, Saft und Kraft, und pflanze sie in die Luft: nimm diesem Menschen Ort, Zeit, individuelle Bestandheit—du hast ihm Atem und Seele genommen, und ist ein Bild vom Geschöpf.

Eben da ist also Shakespear Sophokles Bruder, wo er ihm dem Anschein nach so unähnlich ist, um im Innern ganz wie Er zu sein. Da alle Täuschung durch dies Urkundliche, Wahre, Schöpferische der Geschichte erreicht wird, und ohne sie nicht bloss nicht erreicht würde, sondern kein Element mehr (oder ich hätte umsonst geschrieben) von Shakespears Drama und dramatischem Geist bliebe: so sieht man, die ganze Welt ist zu diesem grossen Geiste allein Körper: alle Auftritte der Natur an diesem Körper Glieder, wie alle Charaktere und Weltarten zu diesem Geiste Züge—und das Ganze mag jener Riesengott des Spinoza "Pan! Universum!"

heissen. Sophokles blieb der Natur treu, da er Eine Handlung Eines Orts und Einer Zeit bearbeitete: Shakespear konnt ihr allein treu bleiben, wenn er seine Weltbegebenheit und Menschenschicksal durch alle die Oerter und Zeiten wälzte, wo sie—nun, wo sie geschehen: und Gnade dem kurzweiligen Franzosen, der in Shakespears fünften Aufzug käme, um da die Rührung in der Quintessenz herunter zu schlucken. Bei manchen Französischen Stücken mag dies wohl angehen, weil da Alles nur fürs Theater versifizirt und in Scenen Schaugetragen wird; aber hier geht er eben ganz leer aus. Da ist Weltbegebenheit schon vorbei: er sieht nur die letzte, schlechteste Folge, Menschen, wie Fliegen fallen, er geht hin und höhnt: Shakespear ist ihm Aergernis und sein Drama die dummeste Torheit.

Ueberhaupt wäre der ganze Knäuel von Ort- und Zeitquästionen längst aus seinem Gewirr gekommen, wenn ein philosophischer Kopf über das Drama sich die Mühe hätte nehmen wollen, auch hier zu fragen: "was denn Ort und Zeit sei?" Solls das Bretterngerüste, und der Zeitraum eines Divertissements *au théâtre* sei, so hat niemand in der Welt Einheit des Orts, Mass der Zeit und der Scenen, als—die Franzosen. Die Griechen—bei ihrer hohen Täuschung, von der wir fast keinen Begriff haben—bei ihren Anstalten für das Oeffentliche der Bühne, bei ihrer rechten Tempelandacht vor derselben, haben an nichts weniger als das je gedacht. Wie muss die Täuschung eines Menschen sein, der hinter jedem Auftritt nach seiner Uhr sehen will, ob auch So Was in So viel Zeit habe geschehen können? und dem es sodann Hauptelement der Herzensfreude würde, dass der Dichter ihn doch ja um keinen Augenblick betrogen, sondern auf dem Gerüste nur eben so viel gezeigt hat, als er in der Zeit im Schneckengange seines Lebens sehen würde—welch ein Geschöpf dem das Hauptfreude wäre! und welch ein Dichter, der darauf als Hauptzweck arbeitete, und sich denn mit dem Regelnkram brüstete: "wie artig habe ich nicht so viel und so viel schöne Spielwerke auf den engen gegebenen Raum dieser Brettergrube, *théâtre François* genannt, und in den gegebenen

Zeitraum der Visite dahin eingeklemmt und eingepasst! die Scenen filirt und enfilirt! alles genau geflickt und geheftet"— elender Ceremonienmeister! Savoyard des Theaters, nicht Schöpfer! Dichter! Dramatischer Gott! Als solchem schlägt dir keine Uhr auf Turm und Tempel, sondern du hast Raum und Zeitmasse zu schaffen, und wenn du eine Welt hervorbringen kannst, und die nicht anders, als in Raum und Zeit existiret, siehe, so ist da im Innern dein Mass von Frist und Raum; dahin du alle Zuschauer zaubern, dass du Allen aufdringen musst, oder du bist—was ich gesagt habe, nur nichts weniger, als dramatischer Dichter.

Sollte es denn jemand brauchen demonstrirt zu werden, dass Raum und Zeit eigentlich an sich nichts, dass sie die relativeste Sache auf Dasein, Handlung, Leidenschaft, Gedankenfolge und Mass der Aufmerksamkeit in oder ausserhalb der Seele sind? Hast du denn, gutherziger Uhrsteller des Drama, nie Zeiten in deinem Leben gehabt, wo dir Stunden zu Augenblicken und Tage zu Stunden; Gegenteils aber auch Stunden zu Tagen, und Nachtwachen zu Jahren geworden sind? Hast du keine Situationen in deinem Leben gehabt, wo deine Seele Einmal ganz ausser dir wohnte, hier in diesem Romantischen Zimmer deiner Geliebten, dort auf jener starren Leiche, hier in diesem Drückenden äusserer, beschämender Not—jetzt wieder über Welt und Zeit hinausflog, Räume und Weltgegenden überspringet, alles um sich vergass, und im Himmel, in der Seele, im Herzen dessen bist, dessen Existenz du nun empfindest? Und wenn das in deinem trägen, schläfrigen Wurm- und Baumleben möglich ist, wo dich ja Wurzeln genug am toten Boden deiner Stelle festhalten, und jeder Kreis, den du schleppest, dir langsames Moment genug ist, deinen Wurmgang auszumessen—nun denke dich Einen Augenblick in eine andere, eine Dichterwelt, nur in einen Traum? Hast du nie gefühlt wie im Traum dir Ort und Zeit schwinden? was das also für unwesentliche Dinge, für Schatten gegen das, was *Handlung*, Wirkung der Seele ist, sein müssen? wie es bloss an dieser Seele liege, sich Raum, Welt, und Zeitmass zu schaffen, wie und wo sie will? Und hättest du das nur Einmal in deinem Leben gefühlt, wärest nach Einer Viertelstunde erwacht, und der dunkle Rest deiner Traumhandlungen hätte dich schwören gemacht, du habest hinweg geschlafen, geträumt und gehandelt!—dürfte dir Mahomets Traum, als Traum, noch Einen Augenblick ungereimt sein! und wäre es nicht eben jedes Genies, jedes Dichters, und des Dramatischen Dichters insonderheit Erste und Einzige Pflicht, dich in einen solchen Traum zu setzen? Und nun denke, welche Welten du verwirrest, wenn du dem Dichter deine Taschenuhr, oder dein Visitenzimmer vorzeigest, dass er dahin und darnach dich träumen lehre?

Im Gange seiner Begebenheit, im *ordine successivorum* und *simultaneorum* seiner Welt, da liegt sein Raum und Zeit. Wie, und wo er dich hinreisse? wenn er dich nur dahin reisst, da ist seine Welt. Wie schnell und langsam er die Zeiten folgen lasse; er lässt sie folgen; er drückt dir diese Folge ein: das ist sein Zeitmass—und wie ist hier wieder Shakespear Meister! Langsam und schwerfällig fangen seine Begebenheiten an, in seiner Natur wie in der Natur: denn er gibt diese nur im verjüngten Masse. Wie mühevoll, ehe die Triebfedern in Gang kommen! je mehr aber, wie laufen die Scenen! wie kürzer die Reden und geflügelter die Scenen, die Leidenschaft, die Handlung! und wie mächtig, sodann dieses Laufen, das Hinstreuen gewisser Worte da niemand mehr Zeit hat. Endlich zuletzt, wenn er den Leser ganz getäuscht und im Abgrunde seiner Welt und Leidenschaft verloren sieht, wie wird er kühn, was lässt er auf einander folgen! Lear stirbt nach Cordelia, und Kent nach Lear! es ist gleichsam Ende seiner Welt, jüngster Tag da, da Alles auf einander rollet und hinstürzt, der Himmel einwickelt und die Berge kahl; das Mass der Zeit ist hinweg.—Freilich wieder nicht für den lustigen, muntren Kaklogallinier,[1] der mit heiler frischer Haut in den fünften Akt käme, um an der Uhr zu messen, wie viel da in welcher Zeit sterben? Aber Gott, wenn das Kritik, Theater, Illusion sein soll—was wäre denn Kritik? Illusion? Theater? was bedeuteten alle die leeren Wörter.

[1] The term comes from *A Voyage to Cacklogallina*, by Samuel Brunt, London, 1727.

J. G. HERDER

Nun finge eben das Herz meiner Untersuchung an, "wie? auf welche Kunst und Schöpferweise Shakespear eine elende Romanze, Novelle, und Fabelhistorie zu solch einem lebendigen Ganzen habe dichten können? Was für Gesetze unserer Historischen, Philosophischen, Dramatischen Kunst in Jedem seiner Schritte und Kunstgriffe liege?" Welche Untersuchung! wie viel für unsern Geschichtbau, Philosophie der Menschenseelen und Drama.—Aber ich bin kein Mitglied aller unsrer Historischen, Philosophischen und schönkünstlichen Akademien, in denen man freilich an jedes Andre eher, als an so etwas denkt! Selbst Shakespears Landsleute denken nicht daran. Was haben ihn oft seine Kommentatoren für Historische Fehler gezeihet! der fette Warburton z. E. welche Historische Schönheiten Schuld gegeben! und noch der letzte Verfasser des Versuchs über ihn hatte wohl die Lieblingsidee, die ich bei ihm suchte: "wie hat Shakespeare aus Romanzen und Novellen Drama gedichtet?" erreicht? Sie ist ihm wie dem Aristoteles dieses Britischen Sophokles, dem Lord Home, kaum eingefallen.

Also nur Einen Wink in die gewöhnlichen Classificationen in seinen Stücken. Noch neuerlich hat ein Schriftsteller, der gewiss seinen Shakespear ganz gefühlt hat, den Einfall gehabt, jenen ehrlichen *Fishmonger* von Hofmann, mit grauem Bart und Runzelgesicht, triefenden Augen und seinem *plentiful lack of wit together with weak Hams,* das Kind Polonius zum Aristoteles des Dichters zu machen, und die Reihe von *als* und *cals*, die er in seinem Geschwätz wegsprudelt, zur ernsten Classification aller Stücke vorzuschlagen. Ich zweifle, Shakespear hat freilich die Tücke, leere *locos comunes*, Moralen und Classificationen, die auf hundert Fälle angewandt, auf alle und keinen recht passen, am liebsten Kindern und Narren in den Mund zu legen; und eines neuen *Stobaei* und *Florilegii*, oder *Cornu copiae* von Shakespears Weisheit, wie die Engländer teils schon haben und wir Deutsche Gottlob! neulich auch hätten haben sollen—deren würde sich solch ein Polonius und Launcelot, Arlequin und Narr, blöder Richard, oder aufgeblasner Ritterkönig am meisten zu erfreuen haben, weil jeder ganze, gesunde Mensch bei ihm nie mehr zu sprechen

hat, als er aus Hand in Mund braucht, aber doch zweifle ich
hier noch. Polonius soll hier wahrscheinlich nur das alte Kind
sein, das Wolken für Kamele und Kamele für Bassgeigen
ansieht, in seiner Jugend auch einmal den Julius Cäsar
gespielt hat und war ein guter Akteur, und ward von Brutus
umgebracht, und wohl weiss

> Why day is day, night night and time is time

also auch hier einen Kreisel theatralischer Worte dreht—
wer wollte aber darauf bauen? oder was hätte man nun mit
der Einteilung? *tragedy, comedy, history, pastoral, tragical-
historical,* und *historical-pastoral,* und *pastoral-comical* und
comical-historical-pastoral, und wenn wir die *cals* noch hun-
dertmal mischen, was hätten wir endlich? Kein Stück wäre
doch Griechische *tragedy, comedy, pastoral,* und sollte es nicht
sein. Jedes Stück ist Historie im weitsten Verstande, die sich
nun freilich bald in *tragedy, comedy,* u. s. w. mehr oder weniger
nüancirt—die Farben aber schweben da so ins Unendliche
hin, und am Ende bleibt doch jedes Stück und muss bleiben—
was es ist: *Historie! Helden- und Staatsaktion zur Illusion
mittlerer Zeiten!* Oder (wenige eigentliche *plays* und *Divertissements* ausgenommen) ein völliges *Grösse habende Ereignis
einer Weltbegebenheit, eines Menschlichen Schicksals.*

Trauriger und wichtiger wird der Gedanke, dass auch dieser
grosse Schöpfer von Geschichte und Weltseele immer mehr
veralte! dass da Worte und Sitten und Gattungen der Zeitalter
wie ein Herbst von Blättern welken und absinken, wir schon jetzt
aus diesen grossen Trümmern der Ritternatur so weit heraus
sind, dass selbst Garrick, der Wiedererwecker und Schutzengel
auf seinem Grabe, so viel ändern, auslassen, verstümmeln
muss, und bald vielleicht, da sich alles so sehr verwischt und
anders wohin neigt, auch sein Drama der lebendigen
Vorstellung ganz unfähig werden, und eine Trümmer von
Kolossus, von Pyramide sein wird, die Jeder anstaunet und
keiner begreift. Glücklich, dass ich noch im Ablaufe der Zeit
lebte, wo ich ihn begreifen konnte, und wo du, mein Freund,
der du dich bei diesem Lesen erkennest und fühlst, und den
ich vor seinem heiligen Bilde mehr als Einmal umarmet,

wo du noch den süssen und deiner würdigen Traum haben
kannst, sein Denkmal aus unsern Ritterzeiten in unsrer
Sprache, unserm so weit abgearteten Vaterlande herzustellen.
Ich beneide dir den Traum, und dein edles Deutsches Wirken
lass nicht nach, bis der Kranz dort oben hange. Und solltest
du alsdenn auch später sehen, wie unter deinem Gebäude der
Boden wankt, und der Pöbel umher still steht und gafft, oder
höhnt, und die daurende Pyramide nicht alten Aegyptischen
Geist wieder aufzuwecken vermag—dein Werk wird bleiben
und ein treuer Nachkomme dein Grab suchen, und mit
andächtiger Hand dir schreiben, was das Leben fast aller
Würdigen der Welt gewesen:

Voluit! quiescit![1]

J. G. HERDER, *Erkennen und Empfinden*, 1778

Ein Charakter, von Shakespear geschaffen, geführt, gehalten,
ist oft ein ganzes Menschenleben in seinen verborgnen
Quellen: ohne dass ers weiss, malt er die Leidenschaft bis auf
die tiefsten Abgründe und Fasern, aus denen sie sprosste. Wenn
neulich jemand behauptet hat, . . . dass er kein *Physiolog* sei,
mit Allem, wie sich Physiologie auch von aussen zeiget, das
müsste niemand sagen, der Hamlet und Lear, Ophelia oder
Othello nur im Traume gesehen hätte: unvermerkt malt er
Hamlet bis auf seine Haare. Da alles Aeussere nur Abglanz
der inneren Seele ist: wie tief ist nicht der barbarische und
gothische Shakespeare durch Erdlagen und Erdschichten
überall zu den Grundzügen gekommen, aus denen ein
Mensch wächst. . . !

J. G. HERDER, *Adrastea*, 1801

Notwendig gehört eine Zeit der *Blüte* dazu, dass solche
Fabrikate (wie Shakespear Milton und Newton) in der
Britischen Nation aufkommen, und Zeiten der Inferiorität
andrer Nationen dazu, dass sie bei diesen Cours finden. Die
Zeiten Elisabeths und der Königin Anna waren dergleichen

[1] The closing sentences refer to Goethe and his *Götz von Berlichingen*. For
examples of Herder's translations of Shakespeare, see below, pp. 178–9.

berühmte Zeiten. Was unter Jener und ihrem Nachfolger der *Genius* hervorgebracht hatte, bestehet noch, z. B. Shakespears ewige Dramen, Bacons ewige Versuche.... Die Festigkeit, dass eine Nation sich selbst nicht verlässt, auf sich bauet und fortbauet, gibt allen Bestrebungen ihrer Eingeborenen sichere Richtung. Dagegen andre Völker, die, weil sie sich selbst noch nicht fanden, in fremden Nationen ihr Heil suchen müssen, ihnen dienend, in ihren Gedanken denkend; selbst die Zeiten ihres Ruhms, ihre erprobten eignen Tätigkeiten vergessen sie, immer gern *mögend*, nicht *vermögend*, immer an der Schwelle weilend. Unter glänzenden Regierungen, in ausgezeichnet-glücklichen Zeitläuften schimmert auch das mittelmässige Verdienst in die Ferne.

J. M. R. LENZ, *Anmerkungen übers Theater*, 1774

(*Gesam. Schriften*, Bd. 1, München und Leipzig, 1909)

Wir nennen die Köpfe Genies, die alles, was ihnen vorkommt, gleich so durchdringen, durch und durch sehen, dass ihre Erkenntnis denselben Wert, Umfang, Klarheit hat, als ob sie durch Anschaun oder alle sieben Sinne zusammen wäre erworben worden. Legt einem solchen eine Sprache, mathematische Demonstration, verdrehten Charakter, was ihr wollt, vor, eh ihr ausgeredet habt, sitzt das Bild in seiner Seele, mit allen seinen Verhältnissen, Licht, Schatten, Kolorit dazu.

Diese Köpfe werden nun zwar vortreffliche Weltweise, was weiss ich, Zergliederer, Kritiker—alle—*ers*—auch vortreffliche Leser von Gedichten abgeben, allein es muss noch was dazukommen, eh sie selbst welche machen, versteh mich wohl, nicht nachmachen. Die Folie, christlicher Leser! die Folie, was Horaz *vivida vis ingenii*, und wir Begeisterung, Schöpfungskraft, Dichtungsvermögen, oder lieber gar nicht nennen. Den Gegenstand zurückzuspiegeln, das ist der Knoten, die *nota diacritica* des poetischen Genies....

Denn—und auf dieses Denn sind Sie vielleicht schon ungeduldig—das Vermögen nachzuahmen, ist nicht das, was bei allen Tieren schon im Ansatz—nicht Mechanik,—nicht

Echo—nicht was es, um Odem zu sparen, bei unseren Poeten. Der wahre Dichter verbindet nicht in seiner Einbildungskraft, wie es ihm gefällt, was die Herren die schöne Natur zu nennen belieben, was aber, mit ihrer Erlaubnis, nichts als die verfehlte Natur ist. Er nimmt Standpunkt—und dann *muss er so verbinden.* Man könnte sein Gemälde mit der Sache verwechseln, und der Schöpfer sieht auf ihn herab, wie auf die kleinen Götter, die mit seinem Funken in der Brust auf den Thronen der Erde sitzen, und seinem Beispiel gemäss eine kleine Welt erhalten....

Es kommt jetzt darauf an, was beim Schauspiel eigentlich der Hauptgegenstand der Nachahmung: der Mensch? oder das Schicksal des Menschen? Hier liegt der Knoten, aus dem zwei so verschiedene Gewebe ihren Ursprung genommen, als die Schauspiele der Franzosen (sollen wir der Griechen sagen?) und der ältern Engländer, oder vielmehr überhaupt aller ältern nordischen Nationen sind, die nicht griechisch gesattelt waren.

Aristoteles sagt im sechsten Kapitel seiner poetischen Reitkunst: "Es ist also das Trauerspiel die Nachahmung einer Handlung, einer guten, vollkommenen und grossen Handlung, in einer angenehmen Unterredung, nach der besondern Beschaffenheit der handelnden Personen abgeändert...."

Gehen wir über zum Fundament des Shakespearischen unsers Landmanns, wollen sehen ob die Wunder so er auf jeden gesunden Kopf und unverderbtes Herz tut, wirklich einem *je ne sais quoi* der erleuchtetsten Kunstrichter, einem Ungefähr, vielleicht einem Planeten, vielleicht gar einem Kometen zuzuschreiben sind, weil er nichts vom Aristoteles gewusst zu haben.—Und zum Henker hat denn die Natur den Aristoteles um Rat gefragt, wenn sie ein Genie—?

Auf eins seiner Fundamentalgesetze muss ich noch zurückschiessen, das so viel Lärm gemacht, bloss weil es so klein ist, und das ist die so erschreckliche, jämmerlich berühmte Bulle von den drei Einheiten. Und was heissen denn nun drei Einheiten, meine Lieben? Ist es nicht die *eine*, die wir bei allen Gegenständen der Erkenntnis suchen, die eine, die uns den Gesichtspunkt gibt, aus dem wir das Ganze umfangen und überschauen können? Was wollen wir mehr, oder was wollen wir weniger? Ist es den Herren beliebig, sich in dem Verhältnis eines Hauses und eines Tages einzuschränken, in Gottes Namen, behalten Sie Ihre Familienstücke, Miniaturgemälde, und lassen uns unsere Welt. Kommt es Ihnen so sehr auf den Ort an von dem Sie sich nicht bewegen möchten, um dem Dichter zu folgen: wie denn, dass Sie sich nicht den Ruhepunkt Archimeds wählen: *da mihi figere pedem et terram movebo?* Welch ein grösser und göttlicher Vergnügen, die Bewegung einer Welt, als eines Hauses? und welche Wohltat des Genies, Sie auf die Höhe zu führen, wo Sie einer Schlacht mit all ihrem Getümmel, Jammern, und Grauen zusehen können, ohne Ihr eigen Leben, Gemütsruhe und Behagen hineinzuflechten, ohne auf dieser grausamen Scene Akteur zu sein! Liebe Herren! was sollen wir mehr tun, dass ihr selig werdet? wie kann man's euch bequemer machen? Nur zuschauen, ruhen und zuschauen, mehr fordern wir nicht, warum wollt ihr denn nicht auf diesem Stern stehen bleiben, und in die Welt 'nabgucken, aus kindischer Furcht den Hals zu brechen?

Was heissen die drei Einheiten? hundert Einheiten will ich euch angeben, die alle immer doch die *eine* bleiben, Einheit der Sprache, Einheit der Religion, Einheit der Sitten—ja was wird's denn nun? Immer dasselbe, immer und ewig dasselbe. Der Dichter und das Publikum müssen die eine Einheit fühlen aber nicht klassifizieren. Gott ist nur eins in allen seinen Werken, und der Dichter muss es auch sein, wie gross oder klein sein Wirkungskreis auch immer sein mag. Aber fort mit dem Schulmeister, der mit seinem Stäbchen einem Gott auf die Finger schlägt.

Aristoteles. Die Einheit der Handlung. Er sondert immer die Handlung von der handelnden Person ab, die *bon gré mal gré* in die gegebne Fabel hineinpassen muss, wie ein Schiffstau in ein Nadelohr. Unten mehr davon, bei den alten Griechen war's die Handlung, die sich das Volk zu sehen versammelte. Bei uns ist's die Reihe von Handlungen, die wie Donnerschläge aufeinander folgen, eine die andere stützen und heben, in ein grosses Ganze zusammenfliessen müssen, das hernach nichts mehr und nichts minder ausmacht, als die Hauptperson, wie sie in der ganzen Gruppe ihrer Mithändler hervorsticht. Was können wir dafür, dass wir an abgerissenen Handlungen kein Vergnügen mehr finden, sondern alt genug geworden sind, ein Ganzes zu wünschen? dass wir den Menschen sehen wollen, wo jene nur das unwandelbare Schicksal und seine geheimen Einflüsse sahen. . . .

Die Italiener hatten einen Dante, die Engländer Shakespearen, die Deutschen Klopstock, welche das Theater schon aus ihrem eigenen Gesichtspunkt ansahen, nicht durch Aristoteles' Prisma. Kein Naserümpfen, dass Dantens Epopee hier vorkommt, ich sehe überall Theater drin, bewegliches, Himmel und Hölle, den Mönchszeiten analog. Was Shakespeare und Klopstock in seinem Bardiet getan, wissen wir alle, die Franzosen aber erschrecken vor allem solchen Unsinn. . . .

Man braucht nicht lange zu beweisen, dass die französischen Schauspiele den Regeln des Aristoteles entsprachen. . . . Wenn wir vorhin bei der Theorie zu murren fanden, und bei der Ausübung hier gar—was bleibt uns übrig? Was, als die Natur Baumeisterin sein zu lassen.

Ist's nicht an dem, dass Sie in allen französischen Schauspielen (wie in den Romanen) eine gewisse Aehnlichkeit der Fabel gewahr werden, welche, wenn man viel gelesen oder gesehen hat, unbeschreiblich ekelhaft wird? Ein offenbarer Beweis des Handwerks. Denn die Natur ist in allen ihren Wirkungen mannigfaltig, das Handwerk aber einfach, und Atem der Natur und Funke des Genies ist's, das noch unterweilen zu unserm Trost uns durch eine kleine Abwechslung entschädigt. . . . Es geht ihren Schauspieldichtern wie den lustigen Räten in Gesellschaften, die in der ersten halben Stunde erträglich, in der zweiten sich selbst wiederholen, in der dritten von niemand mehr gehört werden als von sich selbst. Hab ich doch letzt eine lange Komödie gesehen, die nur auf einem Wortspiel drehte. Ja, wenn solche *trifles light as air* von einem Shakespeare behandelt werden! Der Witz eines Shakespeares erschöpft sich nie, und hätt' er noch so viel Schauspiele geschrieben. Sie kommt—erlauben Sie mir's zu sagen, ihr Herren Aristoteliker!—sie kommt aus der Aehnlichkeit der handelnden Personen, die Mannigfaltigkeit der Charaktere und Psychologien ist die Fundgrube der Natur, hier allein schlägt die Wünschelrute der Genies an. Und sie allein bestimmt die unendliche Mannigfaltigkeit der Handlungen und Begebenheiten in der Welt....

Voltaire und Shakespeare wetteiferten einst um den Tod des Cäsar. Die ganze Stadt weiss davon. Ich möchte sagen, ein kleiner Vogel verbarg sich einst unter die Flügel eines Adlers. Hernach, die Historie ist lustig, klatscht' ein berühmter Kunstrichter in die Hände: *il nostro poeta ha fatto quel uso di Shakespeare che Virgilio faceva di Ennio.* Nur möchte man beherzigen, mit wie vieler Vorsicht—und dass er bloss den Ernst der Engländer auf die vaterländische Bühne gebracht, nicht aber ihre Wildheit. Dawider hätt' ich nun nichts einzuwenden, wenn man mir erlaubt, die Vorsicht, durch Ohnmacht zu übersetzen, den Ausdruck Wildheit, durch Genie, und die Moral drunter schreibe: Wenn der Fuchs die Trauben nicht langen kann....

Erst zum Shakespeare, meine Herren! Sein Brutus spaziert in einer Nacht, wo Himmel und Erde im Sturm untergehen wollen, gelassen in seinem Garten. Rät aus dem Lauf der Sterne, wie nah der Tag ist. Kann ihn nicht erwarten, befiehlt seinem Buben ein Licht anzuzünden. "Es muss durch seinen Tod geschehen: dafür hab ich für meinen Teil nicht die geringste Ursach', aber um des Ganzen willen"—Philosophiert noch, beratschlagt noch ruhig und kalt, derweile die ganze Natur der bevorstehenden Symphonie seiner Gemütsbewegungen präambuliert. Lucius bringt ihm Zettel, die er auf seinem Fenster gefunden. Er dechiffriert sie beim Schein der Blitze. "Rede—schlage—verbessre—du schläfst"—ha er reift, er reift der Entschluss "Rom! ich versprech' es dir." Lucius sagt ihm, morgen sei der 15 März, der Krönungstag Cäsars. Brutus schickt ihn heraus. Jetzt das Wehgeschrei der Gebärerin, wie in kurzen entsetzlichen Worten: "Zwischen der Ausführung einer furchtbaren Tat und ihrer Empfängnis ist die ganze Zwischenzeit wie ein schreckenvoller Traum: der Genius und die sterblichen

Werkzeuge sind alsdann in Beratschlagung, und die innere Verfassung des Menschen gleicht einem Königreich, das von allgemeiner Empörung gärt" (Wielands Uebersetzung). Lucius meld't die Zusammenverschwornen—nun ist's da—die ganze Art—sie sollen kommen—der Empfang ist kurz, Helden anständig, die auf gleichen Ton gestimmt, sich auf einen Wink verstehen. Cassius will, sie sollen schwören (die schwindlichte Cholera). Brutus: Keinen Eid! Wenn Schicksal des menschlichen Geschlechts, tiefes Gefühl der sterbenden Freiheit zu schwache Bewegungsgründe sind, so gehe jeder wieder in sein Bette—was soll ich hier abschreiben, Sie mögen's selber lesen, das lässt sich nicht stücken. "Junge! Lucius! schläfst du so feste?" Wer da nicht Addisons Seraph auf Flügeln des Sturmwindes Götterbefehle ausrichtend gewahr wird—wem die Würde menschlicher Natur nicht dabei im Busen aufschwellt und ihm den ganzen Umfang des Worts: Mensch—fühlen lässt—. . . .

Die Schauspiele der Alten waren alle sehr religiös, und war dies wohl ein Wunder, da ihr Ursprung Gottesdienst war. Da nun *fatum* bei ihnen alles war, so glaubten sie eine Ruchlosigkeit zu begehen, wenn sie Begebenheiten aus den Charakteren berechneten, sie bebten vor dem Gedanken zurück. . . .

Damit wir nun, unsern Religionsbegriffen und ganzen Art zu denken und zu handeln analog, die Grenzen unsers Trauerspiels richtiger abstechen, als bisher geschehen, so müssen wir von einem andern Punkt ausgehen, als Aristoteles, wir müssen, um den unsrigen zu nehmen, den Volksgeschmack der Vorzeit und unsers Vaterlandes zu Rate ziehen, der noch heutzutage Volksgeschmack bleibt und bleiben wird. Und da finde ich, dass er beim Trauerspiele oder Staatsaktion, ist gleichviel, immer darauf losstürmt (die Aesthetiker mögen's hören wollen oder nicht) das ist ein Kerl! das sind Kerls! bei der Komödie aber ist's ein anders. Bei der geringfügigsten drolligten, possierlichen unerwarteten Begebenheit im gemeinen Leben rufen die Blaffer mit seitwärts verkehrtem Kopf: Komödie! das ist eine Komödie! ächzen die alten Frauen. Die Hauptempfindung in der Komödie ist immer die

Begebenheit, die Hauptempfindung in der Tragödie ist immer die Person, die Schöpfer ihrer Begebenheiten....

Das Trauerspiel bei uns war also nie wie bei den Griechen das Mittel, merkwürdige Begebenheiten auf die Nachwelt zu bringen, sondern merkwürdige Personen. Zu jenem hatten wir Chroniken, Romanzen, Feste, zu diesem Vorstellung, Drama. Die Person mit all ihren Nebenpersonen, Interesse, Leidenschaften, Handlungen. Und war sie tot, so schloss das Stück, es müsste denn noch ihr Tod Wirkungen veranlasst haben, die auf die Person ein noch helleres Licht zurück würfen....

So ist's mit den historischen Stücken Shakespeares: hier möchte ich *Charakter*stücke sagen, wenn das Wort nicht so gemissbraucht wäre. Die Mumie des alten Helden, die der Biograph einsalbt und spezereit, in die der Poet seinen Geist haucht. Da steht er wieder auf, der edle Tote, in verklärter Schöne geht er aus den Geschichtsbüchern hervor, und lebt mit uns zum andernmale. O wo finde ich Worte, diese herzliche Empfindung für den auferstandenen Toten anzu-deuten—und sollten wir ihnen nicht mit Freuden nach Alexan-drien, nach Rom, in alle Vorfallenheiten ihres Lebens, folgen und das: selig sind die Augen, die dich gesehen haben, nun für uns behalten? Habt ihr nicht Lust, ihnen zuzusehen, meine Herren? in jeder ihrer kleinsten Handlungen, Schick-salswechsel und Lebensstössen? In ihrer immer regen Gegenwirkung und Geistesgrösse? Weilt ihr lieber an der Moorlache als an der grünen See in unauslöschlicher Be-wegung mit dem hellen Felsen mitten in? Ja, meine Herren! wenn Sie den Helden nicht der Mühe wert achten, nach seinen Schicksalen zu fragen, so wird Ihnen sein Schicksal nicht der Mühe wert dünken, sich nach dem Helden um-zusehen. Denn der Held allein ist der Schlüssel zu seinen Schicksalen.

Ganz anders ist's mit der Komödie. Meiner Meinung nach wäre immer der Hauptgedanke einer Komödie eine *Sache*, einer Tragödie eine *Person*....Wer noch Magen hat und ich kann ihm mit einem bisher unübersetzten—Volks-stück—Komödie von Shakespeare aufwarten.—Seine Sprache ist die Sprache des kühnsten Genius, der Erd' und Himmel aufwühlt, Ausdruck zu den ihm zuströmenden Gedanken zu finden. Mensch, in jedem Verhältnis gleich bewandert, gleich stark, schlug er ein Theater fürs ganze menschliche Geschlecht auf, wo jeder stehen, staunen, sich freuen, sich wiederfinden konnte, vom obersten bis zum untersten. Seine Könige und seine Königinnen schämen sich so wenig als der niedrigste Pöbel, warmes Blut im schlagenden Herzen zu fühlen, oder kitzelnder Galle im schalkhaften Scherzen Luft zu machen, denn sie sind Menschen, auch unterm Reifrock, kennen keine Vapeurs, sterben nicht vor unsern Augen in müssig gehenden Formularen dahin, kennen den tötenden Wohlstand nicht. Sie werden also hier nicht ein Stück sehen, das den und den, der durch Augengläser bald so, bald so, verschoben drauflos guckt, allein interessiert, sondern wer Lust und Belieben trägt, jedermann, bringt er nur Augen mit und einen gesunden Magen, der ein gutes spasmatisches Gelächter—doch ich vergesse hier, dass ich nicht das Original, sondern meine Uebersetzung ankündige—mag er immerhin auftreten, mein Herkules, wär's auch im Hemd der Dejanira.[1]

GOETHE, *Zum Schäkespears Tag*, 1771

Erwarten Sie nicht, dass ich viel und ordentlich schreibe. Ruhe der Seele ist kein Festtagskleid, und noch zur Zeit habe ich wenig über Schäkespearen gedacht; geahndet, empfunden wenn's hoch kam, ist das Höchste, wohin ich's habe bringen können. Die erste Seite, die ich in ihm las, machte mich auf Zeitlebens ihm eigen, und wie ich mit dem ersten Stücke fertig war, stund ich wie ein Blindgeborner, dem eine Wunderhand das Gesicht in einem Augenblicke schenkt. Ich erkannte, ich fühlte aufs lebhafteste meine Existenz um eine Unendlichkeit erweitert; alles war mir neu, unbekannt, und das ungewohnte Licht machte mir Augenschmerzen. Nach und nach lernt' ich sehen, und, Dank sei meinem erkenntlichen Genius, ich fühle noch immer lebhaft, was ich gewonnen habe.

[1] The *Anmerkungen* introduce Lenz's translation of *Love's Labour Lost*.

Ich zweifelte keinen Augenblick, dem regelmässigen Theater zu entsagen. Es schien mir die Einheit des Orts so kerkermässig ängstlich, die Einheiten der Handlung und der Zeit lästige Fesseln unsrer Einbildungskraft. Ich sprang in die freie Luft und fühlte erst, dass ich Hände und Füsse hatte. Und jetzo, da ich sahe, wie viel Unrecht mir die Herrn der Regeln in ihrem Loch angetan haben, wie viel freie Seelen noch drinne sich krümmen, so wäre mir mein Herz geborsten, wenn ich ihnen nicht Fehde angekündigt hätte und nicht täglich suchte, ihre Türne zusammenzuschlagen. . . .

Erst Intermezzo des Gottesdiensts, dann feierlich politisch, zeigte das Trauerspiel einzelne grosse Handlungen der Väter dem Volk mit der reinen Einfalt der Vollkommenheit, erregte ganz grosse Empfindungen in den Seelen, denn es war selbst ganz und gross.

Und in was für Seelen!

Griechischen! Ich kann mich nicht erklären, was das heisst, aber ich fühl's und berufe mich der Kürze halber auf Homer und Sophokles und Theokrit, die haben's mich fühlen gelehrt. . . .

Wer eigentlich zuerst drauf gekommen ist, die Haupt- und Staatsaktionen aufs Theater zu bringen, weiss ich nicht; es gibt Gelegenheit für den Liebhaber zu einer kritischen Abhandlung. Ob Schäkespearen die Ehre der Erfindung gehört, zweifl' ich; genung, er brachte diese Art auf den Grad, der noch immer der höchste geschienen hat, da so wenig Augen hinauf reichen und also schwer zu hoffen ist, einer könne ihn übersehen oder gar übersteigen.

Schäkespear, mein Freund, wenn du noch unter uns wärest, ich könnte nirgend leben als mit dir; wie gern wollt' ich die Nebenrolle eines Pylades spielen, wenn du Orest wärst, lieber als die geehrwürdigte Person eines Oberpriesters im Tempel zu Delphos.

Ich will abbrechen, meine Herren, und morgen weiter schreiben, denn ich bin in einem Ton, der Ihnen vielleicht nicht so erbaulich ist, als er mir von Herzen geht.

Schäkespears Theater ist ein schöner Raritäten Kasten, in dem die Geschichte der Welt vor unsern Augen an dem unsichtbaren Faden der Zeit vorbeiwallt. Seine Plane sind, nach dem gemeinen Stil zu reden, keine Plane, aber seine Stücke drehen sich alle um den geheimen Punkt (den noch kein Philosoph gesehen und bestimmt hat), in dem das Eigentümliche unsres Ichs, die prätendierte Freiheit unsres Willens mit dem notwendigen Gang des Ganzen zusammenstösst. Unser verdorbner Geschmack aber umnebelt dergestalt unsere Augen, dass wir fast eine neue Schöpfung nötig haben, uns aus dieser Finsternis zu entwickeln.

Alle Franzosen und angesteckte Deutsche, sogar Wieland, haben sich bei dieser Gelegenheit, wie bei mehreren, wenig Ehre gemacht. Voltaire, der von jeher Profession machte, alle Majestäten zu lästern, hat sich auch hier als ein echter Thersit bewiesen. Wäre ich Ulysses, er sollte seinen Rücken unter meinem Scepter verzerren.

Die meisten von diesen Herren stossen auch besonders an seinen Charakteren an.

Und ich rufe: Natur, Natur! nichts so Natur als Schäkespears Menschen.

Da hab' ich sie alle überm Hals.

Lasst mir Luft, dass ich reden kann!

Er wetteiferte mit dem Prometheus, bildete ihm Zug vor Zug seine Menschen nach, nur in *kolossalischer Grösse*—darin liegt's, dass wir unsre Brüder verkennen—und dann belebte er sie alle mit dem Hauch *seines* Geistes, er redet aus allen, und man erkennt ihre Verwandtschaft.

Und was will sich unser Jahrhundert unterstehen, von Natur zu urteilen? Wo sollten wir sie her kennen, die wir von Jugend auf alles geschnürt und geziert an uns fühlen und an andern sehen. Ich schäme mich oft vor Schäkespearen, denn es kommt manchmal vor, dass ich beim ersten Blick denke: das hätte ich anders gemacht! Hinten drein erkenn' ich, dass ich ein armer Sünder bin, dass aus Schäkespearen die Natur weissagt und dass meine Menschen Seifenblasen sind, von Romanengrillen aufgetrieben.

Und nun zum Schluss, ob ich gleich noch nicht angefangen habe.

Das, was edle Philosophen von der Welt gesagt haben, gilt

auch von Schäkespearen: das, was wir bös nennen, ist nur die andre Seite vom Guten, die so notwendig zu seiner Existenz und in das Ganze gehört, als *Zona torrida* brennen und Lappland einfrieren muss, dass es einen gemässigten Himmelsstrich gebe. Er führt uns durch die ganze Welt, aber wir verzärtelte unerfahrne Menschen schreien bei jeder fremden Heuschrecke, die uns begegnet: Herr, er will uns fressen.

Auf, meine Herren! trompeten Sie mir alle edle Seelen aus dem Elysium des sogenannten guten Geschmacks, wo sie schlaftrunken, in langweiliger Dämmerung halb sind, halb nicht sind, Leidenschaften im Herzen und kein Mark in den Knochen haben, und weil sie nicht müde genug, zu ruhen, und doch zu faul sind, um tätig zu sein, ihr Schattenleben zwischen Myrten und Lorbeergebüschen verschlendern und vergähnen.

GOETHE, *Wilhelm Meisters Lehrjahre*, 1795–6
Hamlet

3tes Buch, 11tes Kapitel

Wilhelm hatte kaum einige Stücke Shakespeares gelesen, als ihre Wirkung auf ihn so stark wurde, dass er weiter fortzufahren nicht im Stande war. Seine ganze Seele geriet in Bewegung. . . .

"Ich erinnere mich nicht, rief Wilhelm aus, dass ein Buch, ein Mensch oder irgend eine Begebenheit des Lebens so grosse Wirkungen auf mich hervorgebracht hätte, als die köstlichen Stücke, die ich durch Ihre (Jarnos) Gütigkeit habe kennen lernen. Sie scheinen ein Werk eines himmlischen Genius zu sein, der sich den Menschen nähert, um sie mit sich selbst auf die gelindeste Weise bekannt zu machen. Es sind keine Gedichte! Man glaubt vor den aufgeschlagen ungeheuren Büchern des Schicksals zu stehen, in denen der Sturmwind des bewegtesten Lebens saust und sie mit Gewalt rasch hin und wieder blättert. Ich bin über die Stärke und Zartheit, über die Gewalt und Ruhe so erstaunt und ausser aller Fassung gebracht, dass ich nur mit Sehnsucht auf die Zeit warte, da ich mich in einem Zustande befinden werde, weiter zu lesen. . . .

"Ich wünschte dass ich Ihnen Alles, was gegenwärtig in mir vorgeht, entdecken könnte. Alle Vorgefühle, die ich jemals über Menschheit und ihre Schicksale gehabt, die mich von Jugend auf, mir selbst unbemerkt begleiteten, finde ich in Shakespeares Stücken erfüllt und entwickelt. Es scheint, als wenn er uns alle Rätsel offenbarte, ohne dass man doch sagen kann: hier oder da ist das Wort der Auflösung. Seine Menschen scheinen natürliche Menschen zu sein, sie sind es doch nicht. Diese geheimnisvollsten und zusammengesetztesten Geschöpfe der Natur handeln vor uns in seinen Stücken, als wenn sie Uhren wären, deren Zifferblatt und Gehäuse man von Kristall gebildet hätte; sie zeigen nach ihrer Bestimmung den Lauf der Stunden an, und man kann zugleich das Räder- und Federwerk erkennen, das sie treibt. Diese wenigen Blicke, die ich in Shakespeares Welt getan, reizen mich mehr als irgend etwas anders, in der wirklichen Welt schnellere Fortschritte vorwärts zu tun, mich in die Flut der Schicksale zu mischen, die über sie verhängt sind, und dereinst, wenn es mir glücken sollte, aus dem grossen Meere der wahren Natur wenige Becher zu schöpfen und sie von der Schaubühne dem lechzenden Publikum meines Vaterlandes auszuspenden."

4tes Buch, 3tes Kapitel
Wilhelm to the Players

"Ihr kennt Shakespeares unvergleichlichen Hamlet aus einer Vorlesung, die euch noch auf dem Schlosse das grösste Vergnügen machte. Wir setzten uns vor, das Stück zu spielen, und ich hatte, ohne zu wissen, was ich tat, die Rolle des Prinzen übernommen; ich glaubte sie zu studieren, indem ich anfing, die stärksten Stellen, die Selbstgespräche und jene Auftritte zu memoriren, in denen Kraft der Seele, Erhebung des Geistes und Lebhaftigkeit freien Spielraum haben, wo das bewegte Gemüt sich in einem gefühlsvollen Ausdrucke zeigen kann.

Auch glaubte ich recht in den Geist der Rolle einzudringen, wenn ich die Last der tiefen Schwermut gleichsam selbst auf

mich nähme und unter diesem Druck meinem Vorbilde durch
das seltsame Labyrinth so mancher Launen und Sonderbarkeiten zu folgen suchte. So memorirte ich, und so übte ich
mich und glaubte nach und nach mit meinem Helden zu
einer Person zu werden. Allein je weiter ich kam, desto
schwerer ward mir die Vorstellung des Ganzen, und mir
schien zuletzt fast unmöglich, zu einer Uebersicht zu
gelangen. Nun ging ich das Stück in einer ununterbrochenen
Folge durch, und auch da wollte mir leider nichts passen.
Bald schienen sich die Charaktere, bald der Ausdruck zu
widersprechen, und ich verzweifelte fast, einen Ton zu
finden, in welchem ich meine ganze Rolle mit allen Abweichungen und Schattierungen vortragen könnte. In diesen
Irrgängen bemühte ich mich lange vergebens, bis ich mich
endlich auf einem ganz besondern Wege meinem Ziele zu
nähern hoffte.

Ich suchte jede Spur auf, die sich von dem Charakter
Hamlets in früherer Zeit vor dem Tode seines Vaters zeigte;
ich bemerkte, was unabhängig von dieser traurigen Begebenheit, unabhängig von den nachfolgenden schrecklichen
Ereignissen, dieser interessante Jüngling gewesen war, und
was er ohne sie vielleicht geworden wäre.

Zart und edel entsprossen, wuchs die königliche Blume unter
den unmittelbaren Einflüssen der Majestät hervor; der Begriff
des Rechts und der fürstlichen Würde, das Gefühl des Guten
und Anständigen mit dem Bewusstsein der Höhe seiner
Geburt entwickelten sich zugleich in ihm. Er war ein Fürst,
ein geborner Fürst, und wünschte zu regieren, nur damit der
Gute ungehindert gut sein möchte. Angenehm von Gestalt,
gesittet von Natur, gefällig von Herzen aus, sollte er das
Muster der Jugend sein und die Freude der Welt werden.

Ohne irgend eine hervorstechende Leidenschaft, war seine
Liebe zu Ophelien ein stilles Vorgefühl süsser Bedürfnisse,
sein Eifer zu ritterlichen Uebungen war nicht ganz original,
vielmehr musste diese Lust durch das Lob, das man dem
Dritten beilegte, geschärft und erhöht werden; rein fühlend,
kannte er die Redlichen und wusste die Ruhe zu schätzen,
die ein aufrichtiges Gemüt an dem offnen Busen eines

Freundes geniesst. Bis auf einen gewissen Grad hatte er in Künsten und Wissenschaften das Gute und Schöne erkennen und würdigen gelernt; das Abgeschmackte war ihm zuwider, und wenn in seiner zarten Seele der Hass aufkeimen konnte, so war es nur eben so viel, als nötig ist, um bewegliche und falsche Höflinge zu verachten und spöttisch mit ihnen zu spielen.

Er war gelassen in seinem Wesen, in seinem Betragen einfach, weder im Müssiggange behaglich, noch allzu begierig nach Beschäftigung. Ein akademisches Hinschlendern schien er auch bei Hofe fortzusetzen. Er besass mehr Fröhlichkeit der Laune als des Herzens, war ein guter Gesellschafter, nachgiebig, bescheiden, besorgt, und konnte eine Beleidigung vergeben und vergessen; aber niemals konnte er sich mit dem vereinigen, der die Grenzen des Rechten, des Guten, des Anständigen überschritt...."

4tes Buch, 13tes Kapitel
Wilhelm to Serlo and Aurelie

"Denken Sie sich einen Prinzen, wie ich ihn geschildert habe, dessen Vater unvermutet stirbt. Ehrgeiz und Herrschsucht sind nicht die Leidenschaften, die ihn beleben; er hatte sich's gefallen lassen, Sohn eines Königs zu sein; aber nun ist er erst genötigt, auf den Anstand aufmerksamer zu werden, der den König vom Untertane scheidet. Das Recht zur Krone war nicht erblich, und doch hätte ein längeres Leben seines Vaters die Ansprüche seines einzigen Sohnes mehr befestigt und die Hoffnung zur Krone gesichert. Dagegen sieht er sich nun durch seinen Oheim, ungeachtet scheinbarer Versprechungen, vielleicht auf immer ausgeschlossen; er fühlt sich nun so arm an Gnade, an Gütern, und fremd in dem, was er von Jugend auf als sein Eigentum betrachten konnte. Hier nimmt sein Gemüt die erste traurige Richtung. Er fühlt, dass er nicht mehr, ja nicht so viel ist als jeder Edelmann; er gibt sich für einen Diener eines Jeden, er ist nicht höflich, nicht herablassend, nein, herabgesunken und bedürftig. Nach seinem vorigen Zustande blickt er nur wie nach einem verschwundnen Traume. Vergebens, dass sein Oheim ihn aufmuntern, ihm seine Lage aus einem andern Gesichtspunkte zeigen will; die Empfindung seines Nichts verlässt ihn nie.

Der zweite Schlag, der ihn traf, verletzte tiefer, beugte noch mehr. Es ist die Heirat seiner Mutter. Ihm, einem treuen und zärtlichen Sohne, blieb, da sein Vater starb, eine Mutter noch übrig; er hoffte in Gesellschaft seiner hinterlassenen edlen Mutter die Heldengestalt jenes grossen Abgeschiednen zu verehren; aber auch seine Mutter verliert er, und es ist schlimmer, als wenn sie ihm der Tod geraubt hätte. Das zuverlässige Bild, das sich ein wohlgeratenes Kind so gern von seinen Eltern macht, verschwindet; bei dem Toten ist keine Hilfe, und an der Lebendigen kein Halt. Sie ist auch ein Weib, und unter dem allgemeinem Geschlechtsnamen, Gebrechlichkeit, ist auch sie begriffen.

Nun erst fühlt er sich recht gebeugt, nun erst verwaist, und kein Glück der Welt kann ihm wieder ersetzen, was er verloren hat. Nicht traurig, nicht nachdenklich von Natur, wird ihm Trauer und Nachdenken zur schweren Bürde. So sehen wir ihn auftreten....

Denken Sie sich diesen Jungling, diesen Fürstensohn recht lebhaft, vergegenwärtigen Sie sich seine Lage, und dann beobachten Sie ihn, wenn er erfährt, die Gestalt seines Vaters erscheine; stehen Sie ihm bei in der schrecklichen Nacht, wenn der ehrwürdige Geist selbst vor ihm auftritt. Ein ungeheures Entsetzen ergreift ihn; er redet die Wundergestalt an, sieht sie winken, folgt und hört.—Die schreckliche Anklage wider sein Oheim ertönt in seinen Ohren, Aufforderung zur Rache und die dringende wiederholte Bitte: erinnere dich meiner.

Und da der Geist verschwunden ist, wen sehen wir vor uns stehen? Einen jungen Helden, der nach Rache schnaubt? Einen geborenen Fürsten, der sich glücklich fühlt, gegen den Usurpator seiner Krone aufgefordert, zu werden? Nein! Staunen und Trübsinn überfällt den Einsamen; er wird bitter gegen die lächelnden Bösewichter, schwört, den Abgeschiedenen nicht zu vergessen, und schliesst mit dem bedeutenden Seufzer: Die Zeit ist aus dem Gelenke; wehe mir, dass ich geboren ward, sie wieder einzurichten.

In diesen Worten, dünkt mich, liegt der Schlüssel zu

Hamlets ganzem Betragen, und mir ist deutlich, dass Shakespeare habe schildern wollen: eine grosse Tat auf eine Seele
gelegt, die der Tat nicht gewachsen ist. Und in diesem Sinne
find' ich das Stück durchgängig gearbeitet....

Ein schönes, reines, edles, höchst moralisches Wesen, ohne
die sinnliche Stärke, die den Helden macht, geht unter einer
Last zu Grunde, die es weder tragen noch abwerfen kann;
jene Pflicht ist ihm heilig, diese zu schwer. Das Unmögliche
wird von ihm gefordert, nicht das Unmögliche an sich,
sondern das, was ihm unmöglich ist. Wie er sich windet,
dreht, ängstigt, vor und zurück tritt, immer erinnert wird,
sich immer erinnert und zuletzt fast seinen Zweck aus dem
Sinne verliert, ohne doch jemals wieder froh zu werden...."

4tes Buch, 14tes Kapitel

Aurelie schien an Allem, was vorging, wenig Anteil zu
nehmen, vielmehr führte sie zuletzt unsern Freund in ein
Seitenzimmer und indem sie ans Fenster trat und den
gestirnten Himmel anschaute, sagte sie zu ihm: "Sie sind uns
Manches über Hamlet schuldig geblieben; ich will zwar nicht
voreilig sein und wünsche, dass mein Bruder auch mit anhören
möge, was Sie uns noch zu sagen haben, doch lassen Sie mich
Ihre Gedanken über Ophelien hören."

"Von ihr lässt sich nicht viel sagen, versetzte Wilhelm,
denn nur mit wenig Meisterzügen ist der Charakter vollendet.
Ihr ganzes Wesen schwebt in reifer süsser Sinnlichkeit. Ihre
Neigung zu dem Prinzen, auf dessen Hand sie Anspruch
machen darf, fliesst so aus der Quelle, das gute Herz überlässt
sich so ganz seinem Verlangen, dass Vater und Bruder beide
fürchten, beide geradezu und unbescheiden warnen. Der Wohlstand, wie der leichte Flor auf ihrem Busen, kann die Bewegung
ihres Herzens nicht verbergen, er wird vielmehr ein Verräter
dieser leisen Bewegung. Ihre Einbildungskraft ist angesteckt,
ihre stille Bescheidenheit atmet mit einer liebevollen Begierde,
und sollte die bequeme Göttin Gelegenheit das Bäumchen
schütteln, so würde die Frucht sogleich herabfallen."

"Und nun, sagte Aurelie, wenn sie sich verlassen sieht,
verstossen und verschmäht, wenn in der Seele ihres wahn-

sinnigen Geliebten sich das Höchste zum Tiefsten umwendet und er ihr, statt des süssen Bechers der Liebe den bittern Kelch der Leiden hinreicht—."

"Ihr Herz bricht, rief Wilhelm aus, das ganze Gerüst ihres Daseins rückt aus seinen Fugen, der Tod ihres Vaters stürmt herein, und das schöne Gebäude stürzt völlig zusammen...."

"Ich bin weit entfernt, sagte Wilhelm, den Plan dieses Stücks zu tadeln, ich glaube vielmehr, dass kein grösserer ersonnen worden sei; ja, er ist nicht ersonnen, es ist so....

Es gefällt uns so wohl, es schmeichelt so sehr, wenn wir einen Helden sehen, der durch sich selbst handelt, der liebt und hasst, wenn es ihm sein Herz gebietet, der unternimmt und ausführt, alle Hindernisse abwendet und zu einem grossen Zwecke gelangt. Geschichtschreiber und Dichter möchten uns gerne überreden, dass ein so stolzes Los dem Menschen fallen könne. Hier werden wir anders belehret; der Held hat keinen Plan, aber das Stück ist planvoll. Hier wird nicht etwa nach einer starr und eigensinnig durchgeführten Idee von Rache ein Bösewicht bestraft, nein, es geschieht eine ungeheure Tat, sie wälzt sich in ihren Folgen fort, reisst Unschuldige mit; der Verbrecher scheint dem Abgrunde, der ihm bestimmt ist, ausweichen zu wollen, und stürzt hinein, eben da, wo er seinen Weg glücklich auszulaufen gedenkt.

Denn das ist die Eigenschaft der Greueltat, dass sie auch Böses über den Unschuldigen, wie der guten Handlung, dass sie auch viele Vorteile auch über den Unverdienten ausbreitet, ohne dass der Urheber von beiden oft weder bestraft noch belohnt wird. Hier in unserm Stücke wie wunderbar! Das Fegefeuer sendet seinen Geist und fordert Rache, aber vergebens. Alle Umstände kommen zusammen und treiben die Rache, vergebens! Weder Irdischen noch Unterirdischen kann gelingen, was dem Schichksal allein vorbehalten ist. Die Gerichtsstunde kommt. Der Böse fällt mit dem Guten. Ein Geschlecht wird weggemäht, und das andere sprosst auf...."

4tes Buch, 16tes Kapitel

"Lassen Sie mich, sagte Aurelie, nun auch eine Frage tun.— Hätte der Dichter seiner Wahnsinnigen nicht andere Liedchen unterlegen sollen? Könnte man nicht Fragmente aus melancholischen Balladen wählen? Was sollen Zweideutigkeiten und lüsterne Albernheiten in dem Munde dieses edlen Mädchens?"

"Beste Freundlin, versetzte Wilhelm, ich kann auch hier nicht ein Jota nachgeben. Auch in diesen Sonderbarkeiten, auch in dieser anscheinenden Unschicklichkeit liegt ein grosser Sinn. Wissen wir doch gleich zu Anfange des Stücks, womit das Gemüt des guten Kindes beschäftigt ist. Stille lebte sie vor sich hin, aber kaum verbarg sie ihre Sehnsucht, ihre Wünsche. Heimlich klangen die Töne der Lüsternheit in ihrer Seele, und wie oft mag sie versucht haben, gleich einer unvorsichtigen Wärterin, ihre Sinnlichkeit zur Ruhe zu singen mit Liedchen, die sie nur mehr wach halten mussten. Zuletzt, da ihr jede Gewalt über sich selbst entrissen ist, da ihr Herz auf der Zunge schwebt, wird diese Zunge ihre Verräterin, und in der Unschuld des Wahnsinns ergötzt sie sich vor König und Königin an dem Nachklange ihrer geliebten losen Lieder: Vom Mädchen das gewonnen ward, vom Mädchen, das zum Knaben schleicht, und so weiter...."[1]

GOETHE, Letters to A. W. Schlegel

6 Oct. 1803

Meine letzten Blätter die ich abschickte, waren, so viel ich mich erinnere, nur voll von Julius Cäsar, und Sie haben gewiss, statt mir diese Leidenschaft zu verargen, mein Interesse geteilt. Heute und morgen Abend beschäftigen mich wieder die Proben davon, um so manches nachzuholen und aufzuputzen. Sonnabend den 8ten wird die zweite Vorstellung sein.[2]

Einen Kunstgriff muss ich Ihnen noch mitteilen, den ich

---

[1] The above selections from *Wilhelm Meisters Lehrjahre* are to be found, in an only slightly different form, in the original version of this work, *Wilhelm Meisters theatralische Sendung*, and are therefore to be dated 1780–83. There follow in the *Lehrjahre* analyses of the characters and importance of Polonius and Rosenkrantz and Guildenstern, an outline of the theatrical version of the play which Wilhelm Meister produces, and the account of the production itself, all of which is lacking in the *Theatralische Sendung*.

[2] The letters refer to the performance of A. W. Schlegel's translation of *Julius Caesar* at Weimar. For Schiller's opinion of the first performance, see below, p. 124.

gebraucht, um die Sinnen zu reizen und zu beschäftigen; ich habe nämlich den Leichenzug viel weiter ausgedehnt als das Stück ihn fordert, und, nach den Ueberlieferungen aus dem Altertum, mit blasenden Instrumenten, Lictoren, Fahnenträgern, mit verschiedenen *Feretris*,[1] welche Städte, Burgen, Flüsse, Bilder der Vorfahren, zum schauen bringen, ferner mit Freigelassenen, Klageweibern, Verwandten u. s. w. ausgeschmückt, dass ich dadurch auch die rohere Masse heranzuziehen; bei halbgebildeten, dem Gehalte des Stücks mehr Eingang zu verschaffen; und gebildeten ein geneigtes Lächeln abzugewinnen hoffe....

27 Oct. 1803[2]

Wir führen hier den Julius Cäsar, wie alle Stücke, die einen grössern Apparat erfordern, nur mit symbolischer Andeutung der Nebensachen auf, und unser Theater ist, wie ein Basrelief, oder ein gedrängtes historisches Gemälde, eingentlich nur von den Hauptfiguren ausgefüllt. Die Shakespearischen Stücke lassen sich besonders so behandeln, weil sie wahrscheinlich zuerst für beschränkte Theater geschrieben worden. Sie auf eine grössere Bühne zu verpflanzen, wo die Wirklichkeit mehr gefordert wird, wenn das Wahrscheinliche geleistet werden soll, ist eine Aufgabe, welche Iffland von seinem Standpunkt aus am besten lösen wird....

Den Unbequemlichkeiten, auf die man freilich stösst, aus dem Wege zu gehen, tue ich folgende Vorschläge: Man lasse den dritten Akt beisammen und fange ihn mit der Sitzung des Senats an; allein um die Bänke wegräumen und Cäsars Leiche, ohne dass sie vor den Augen des Publikums aufgehoben wird, wegbringen zu können, lasse man nach den Worten des Antonius "Leih Deinen Arm mir" einen kurzen Strassenprospekt fallen und schiebe eine Szene ein, welche nicht

---

[1] = Litters.

[2] At the same time as the Weimar performance, Iffland was producing Schlegel's *Julius Caesar* in Berlin. Iffland's production was much more realistic, and he inquired of A. W. Schlegel the latter's opinion concerning the settings, cuts, etc. (See A. W. Schlegel to Goethe, Oct. 15 and 21.) Schlegel referred some points to Goethe, whose reply illustrates well the principles of his Shakespearean productions.

schwer zu schreiben sein wird. Man bringe einen Teil der vom Kapitol fliehenden Senatoren, so wie des Volks, in der Agitation vor, die auf eine solche Tat folgen muss. Mitleid mit dem Toten, Furcht vor allgemeinem grössern Uebel, persönliche Furcht u. s. w. nur lakonisch und zur Zeitausfüllung knapp hinreichend, so dass sie sich an die folgenden Ausrufungen der Bürger auf dem Forum "wir wollen Rechenschaft, legt Rechenschaft uns ab" gleichsam anschlösse.

Die Szene mit Cinna dem Poeten, die auf dem Forum recht gut gespielt werden kann, möchte ich nicht gern entbehren;[1] sie schliesst den höchst ernsten dritten Akt lustig und schrecklich: man sieht das Volk in seiner ausgesprochenen Vernunftlosigkeit und sieht es nie wieder. . . .

Dem Poeten, der Akt IV, Sz. 3 vom Himmel fällt, aber nach meinem Gefühl unerlässlich ist, um dem Zuschauer eine Diversion zu machen, und das Vergangene auszulöschen, habe ich ein Dutzend gereimte Verse gemacht, wodurch er sich deutlicher exponirt und seine Wirkung lebhafter äussert.

Ueberhaupt bin ich mit dem Stück noch immer in einer Art von Konflikt, der sich vielleicht nie lösen kann. Bei der unendlich zarten Zweckmässigkeit dieses Stücks, in die man sich so gern versenkt, scheint kein Wort entbehrlich, so wie man nichts vermisst, was das Ganze fordert, und doch wünscht man, zur äussern theatralischen Zweckmässigkeit, noch hie und da durch Nehmen und Geben nachzuhelfen. Doch liegt, wie bei Shakespeare überhaupt, Alles schon in der Grundlage des Stoffs und der Behandlung, dass, wie man irgendwo zu rücken anfängt, gleich mehrere Fugen zu knistern anfangen und das Ganze den Einsturz droht.

GOETHE, *Shakespeare und kein Ende*, 1813–26

Shakespeare als Dichter überhaupt, 1813

Das Höchste, wozu der Mensch gelangen kann, ist das Bewusstsein eigener Gesinnungen und Gedanken, das Erkennen seiner selbst, welches ihm die Einleitung gibt, auch fremde Gemütsarten innig zu erkennen. Nun gibt es Men-

---

[1] Iffland had proposed to leave out this scene (Act III, Sc. 3) in his production.

schen, die mit einer natürlichen Anlage hiezu geboren sind und solche durch Erfahrung zu praktischen Zwecken ausbilden. Hieraus entsteht die Fähigkeit, der Welt und den Geschäften im höhern Sinn etwas abzugewinnen. Mit jener Anlage nun wird auch der Dichter geboren, nur dass er sie nicht zu unmittelbaren, irdischen Zwecken, sondern zu einem höhern, geistigen, allgemeinen Zweck ausbildet. Nennen wir nun Shakespeare einen der grössten Dichter, so gestehen wir zugleich, dass nicht leicht Jemand die Welt so gewahrte wie er, dass nicht leicht Jemand, der sein inneres Anschauen aussprach, den Leser in höherem Grade mit in das Bewusstsein der Welt versetzt. Sie wird für uns völlig durchsichtig: wir finden uns auf einmal als Vertraute der Tugend und des Lasters, der Grösse, der Kleinheit, des Adels, der Verworfenheit, und dieses Alles, ja noch mehr, durch die einfachsten Mittel. Fragen wir aber nach diesen Mitteln, so scheint es, als arbeite er für unsere Augen; aber wir sind getäuscht: Shakespeares Werke sind nicht für die Augen des Leibes. Ich will mich zu erklären suchen.

Das Auge mag wohl der klarste Sinn genannt werden, durch den die leichteste Ueberlieferung möglich ist. Aber der innere Sinn ist noch klarer, und zu ihm gelangt die höchste und schnellste Ueberlieferung durchs Wort; denn dieses ist eigentlich fruchtbringend, wenn das, was wir durchs Auge auffassen, an und für sich fremd und keineswegs so tiefwirkend vor uns steht. Shakespeare nun spricht durchaus an unsern innern Sinn: durch diesen belebt sich zugleich die Bilderwelt der Einbildungskraft, und so entspringt eine vollständige Wirkung, von der wir uns keine Rechenschaft zu geben wissen; denn hier liegt eben der Grund von jener Täuschung, als begäbe sich Alles vor unsern Augen. Betrachtet man aber die Shakespearschen Stücke genau, so enthalten sie viel weniger sinnliche Tat als geistiges Wort. Er lässt geschehen, was sich leicht imaginiern lässt, ja was besser imaginiert als gesehen wird. Hamlets Geist, Macbeths Hexen, manche Grausamkeiten erhalten ihren Wert durch die Einbildungskraft, und die vielfältigen kleinen Zwischenscenen sind bloss auf sie berechnet. Alle solche Dinge gehen beim Lesen leicht und gehörig an uns vorbei, da sie bei der Vorstellung lasten und stören, ja widerlich erscheinen....

Durchs lebendige Wort wirkt Shakespeare, und dies lässt sich beim Vorlesen am besten überliefern: der Hörer wird nicht zerstreut, weder durch schickliche noch unschickliche Darstellung. Es gibt keinen höhern Genuss und keinen reinern, als sich mit geschlossenen Augen durch eine natürlich richtige Stimme ein Shakespearsches Stück nicht declamieren sondern recitieren zu lassen. Man folgt den schlichten Faden, an dem er die Ereignisse abspinnt. Nach der Bezeichnung der Charaktere bilden wir uns zwar gewisse Gestalten, aber eigentlich sollen wir durch eine Folge von Worten und Reden erfahren, was im Innern vorgeht, und hier scheinen alle Mitspielenden sich verabredet zu haben, uns über nichts im Dunkeln, im Zweifel zu lassen. Dazu konspirieren Helden und Kriegsknechte, Herren und Sklaven, Könige und Boten, ja die untergeordneten Figuren wirken hier oft tätiger als die Hauptgestalten. Alles, was bei einer grossen Weltbegebenheit heimlich durch die Lüfte säuselt, was in Momenten ungeheurer Ereignisse sich in dem Herzen der Menschen verbirgt, wird ausgesprochen; was ein Gemüt ängstlich verschliesst und versteckt, wird hier frei und flüssig an den Tag gefördert: wir erfahren die Wahrheit des Lebens und wissen nicht wie.

Shakespeare gesellt sich zum Weltgeist; er durchdringt die Welt wie jener; beiden ist nichts verborgen: aber wenn des Weltgeists Geschäft ist, Geheimnisse vor, ja oft nach der Tat zu bewahren, so ist es der Sinn des Dichters, das Geheimnis zu verschwätzen und uns vor oder doch gewiss in der Tat zu Vertrauten zu machen. Der lasterhafte Mächtige, der wohldenkende Beschränkte, der leidenschaftlich Hingerissene, der ruhig Betrachtende. Alle tragen ihr Herz in der Hand, oft gegen alle Wahrscheinlichkeit: Jedermann ist redsam und redselig. Genug, das Geheimnis muss heraus, und sollten es die Steine verkünden. Selbst das Unbelebte drängt sich hinzu; alles Untergeordnete spricht mit, die Elemente, Himmel-, Erd- und Meerphänomene, Donner und Blitz, wilde Tiere erheben ihre Stimme, oft scheinbar als Gleichnis, aber ein wie das andere Mal mithandelnd.

Aber auch die civilisirte Welt muss ihre Schätze hergeben; Künste und Wissenschaften, Handwerke und Gewerbe, Alles reicht seine Gaben dar. Shakespears Dichtungen sind ein grosser, belebter Jahrmarkt, und diesen Reichtum hat er seinem Vaterlande zu danken.

Ueberall ist England, das meerumflossene, von Nebel und Wolken umzogene, nach allen Weltgegenden tätige. Der Dichter lebt zur würdigen und wichtigen Zeit und stellt ihre Bildung, ja Verbildung mit grosser Heiterkeit uns dar; ja er würde nicht so sehr auf uns wirken, wenn er sich nicht seiner lebendigen Zeit gleichgestellt hätte. Niemand hat das materielle Kostüm mehr verachtet als er; er kennt recht gut das innere Menschenkostüm, und hier gleichen sich Alle. Man sagt, er habe die Römer vortrefflich dargestellt: ich finde es nicht; es sind lauter eingefleischte Engländer, aber freilich Menschen sind es, Menschen von Grund aus, und denen passt wohl auch die römische Toga. Hat man sich einmal hierauf eingerichtet, so findet man seine Anachronismen höchst lobenswürdig, und gerade dass er gegen das äussere Kostüm verstösst, das ist es, was seine Werke so lebendig macht. . . .

Shakespeare verglichen mit den Alten und Neuesten

Das Interesse, welches Shakespeares grossen Geist belebt, liegt innerhalb der Welt; denn wenn auch Wahrsagung und Wahnsinn, Träume, Ahnungen, Wunderzeichen, Feen und Gnomen, Gespenster, Unholde und Zauberer ein magisches Element bilden, das zur rechten Zeit seine Dichtungen durchschwebt, so sind doch jene Truggestalten keineswegs Hauptingredienzen seiner Werke, sondern die Wahrheit und Tüchtigkeit seines Lebens ist die grosse Base, worauf sie ruhen; deshalb uns alles, was sich von ihm herschreibt, so echt und kernhaft erscheint. Man hat daher schon eingesehen, dass er nicht sowohl zu den Dichtern der neueren Welt, welche man die romantische genannt hat, sondern vielmehr zu jenen der naiven Gattung gehöre, da sein Wert eigentlich auf der Gegenwart ruht, und er kaum auf der zartesten Seite, ja nur mit der äussersten Spitze an die Sehnsucht grenzt.

Dessungeachtet aber ist er, näher betrachtet, ein entschieden moderner Dichter, von den Alten durch eine ungeheure Kluft getrennt, nicht etwa der äusseren Form nach, welche hier ganz zu beseitigen ist, sondern dem innersten, tiefsten Sinne nach.

Zuvörderst aber verwahre ich mich und sage, dass keineswegs meine Absicht sei, nachfolgende Terminologie als erschöpfend und abschliessend zu gebrauchen; vielmehr soll es nur ein Versuch sein, zu anderen, uns schon bekannten Gegensätzen nicht sowohl einen neuen hinzuzufügen, als, dass er schon in jenen enthalten sei, anzudeuten. Diese Gegensätze sind:

Antik	Modern
Naiv	Sentimental
Heidnisch	Christlich
Heldenhaft	Romantisch
Real	Ideal
Notwendigkeit	Freiheit
Sollen	Wollen

Die grössten Qualen, so wie die meisten, welchen der Mensch ausgesetzt sein kann, entspringen aus den einem jeden innewohnenden Missverhältnissen zwischen Sollen und Wollen, sodann aber zwischen Sollen und Vollbringen, Wollen und Vollbringen; und diese sind es, die ihn auf seinem Lebensgange so oft in Verlegenheit setzen. Die geringste Verlegenheit, die aus einem leichten Irrtum, der unerwartet und schadlos gelöst werden kann, entspringt, gibt die Anlage zu lächerlichen Situationen. Die höchste Verlegenheit hingegen, unauflöslich oder unaufgelöst, bringt uns die tragischen Momente dar.

Vorherrschend in den alten Dichtungen ist das Unverhältnis zwischen Sollen und Vollbringen, in den neueren zwischen Wollen und Vollbringen. Man nehme diesen durchgreifenden Unterschied unter die übrigen Gegensätze einstweilen auf und versuche, ob sich damit etwas leisten lasse. Vorherrschend, sagte ich, sind in beiden Epochen bald diese bald jene Seite; weil aber Sollen und Wollen im Menschen

nicht radikal getrennt werden kann, so müssen überall beide
Ansichten zugleich, wenn schon die eine vorwaltend und die
andere untergeordnet, gefunden werden. Das Sollen wird
dem Menschen auferlegt; das Muss ist eine harte Nuss; das
Wollen legt der Mensch sich selbst auf; des Menschen Wille
ist sein Himmelreich. Ein beharrendes Sollen ist lästig;
Unvermögen des Vollbringens fürchterlich; ein beharrliches
Wollen erfreulich, und bei einem festen Willen kann man
sich sogar über das Unvermögen des Vollbringens getröstet
sehen. . . .

Die alte Tragödie beruht auf einem unausweichlichen
Sollen, das durch ein entgegenwirkendes Wollen nur geschärft
und beschleunigt wird. Hier ist der Sitz alles Furchtbaren der
Orakel, die Region, in welcher Oedipus über alle thront.
Zarter erscheint uns das Sollen als Pflicht in der Antigone;
und in wie viele Formen verwandelt tritt es nicht auf! Aber
alles Sollen ist despotisch, es gehöre der Vernunft an, wie das
Sitten- und Stadtgesetz; oder der Natur, wie die Gesetze des
Werdens, Wachsens und Vergehens, des Lebens und Todes.
Vor allem diesem schaudern wir ohne zu bedenken, dass das
Wohl des Ganzen dadurch bezielt sei. Das Wollen hingegen
ist frei, scheint frei und begünstigt den Einzelnen. Daher ist
das Wollen schmeichlerisch und musste sich der Menschen
bemächtigen, sobald sie es kennen lernten. Es ist der Gott der
neuen Zeit; ihm hingegeben, fürchten wir uns vor dem
Entgegengesetzten und hier liegt der Grund, warum unsere
Kunst, so wie unsere Sinnesart, von der antiken ewig getrennt
bleibt. Durch das Sollen wird die Tragödie gross und stark,
durch das Wollen schwach und klein. Auf dem letzten Wege
ist das sogenannte Drama entstanden, in dem man das ungeheure Sollen durch ein Wollen auflöste; aber weil dieses
unserer Schwachheit zu Hilfe kommt, so fühlen wir uns
gerührt, wenn wir nach peinlicher Erwartung zuletzt noch
kümmerlich getröstet werden.

Wende ich mich nun nach diesen Vorbetrachtungen zu
Shakespeare, so muss der Wunsch entspringen, dass meine
Leser selbst Vergleichung und Anwendung übernehmen
möchten. Hier tritt Shakespeare einzig hervor, indem er das

Alte und Neue auf eine überschwängliche Weise verbindet. Wollen und Sollen suchen sich durchaus in seinen Stücken ins Gleichgewicht zu setzen: beide bekämpfen sich mit Gewalt, doch immer so, dass das Wollen im Nachteile bleibt.

Niemand hat vielleicht herrlicher als er die erste grosse Verknüpfung des Wollens und Sollens im individuellen Charakter dargestellt. Die Person, von der Seite des Charakters betrachtet, *soll*; sie ist beschränkt, zu einem besondern bestimmt; als Mensch aber *will* sie. Sie ist unbegrenzt und fordert das Allgemeine. Hier entspringt schon ein innerer Konflikt, und diesen lässt Shakespeare vor allen anderen hervortreten. Nun aber kommt ein äusserer hinzu, und der erhitzt sich öfters dadurch, dass ein unzulängliches Wollen durch Veranlassungen zum unerlässlichen Sollen erhöht wird. Diese Maxime habe ich früher an Hamlet nachgewiesen; sie wiederholt sich aber bei Shakespeare: denn wie Hamlet durch den Geist, so kommt Macbeth durch Hexen, Hekate und die Ueberhexe, sein Weib, Brutus durch die Freunde in eine Klemme, der sie nicht gewachsen sind; ja sogar im Koriolan lässt sich das Aehnliche finden: genug, ein Wollen, das über die Kräfte eines Individuums hinausgeht, ist modern. Dass es aber Shakespeare nicht von innen entspringen, sondern durch äussere Veranlassung aufregen lässt, dadurch wird es zu einer Art von Sollen und nähert sich dem Antiken. Denn alle Helden des dichterischen Altertums wollen nur das, was Menschen möglich ist, und daher entspringt das schöne Gleichgewicht zwischen Wollen, Sollen und Vollbringen; doch steht ihr Sollen immer zu schroff da, als dass es uns, wenn wir es auch bewundern, anmuten könnte. Eine Notwendigkeit, die mehr oder weniger oder völlig alle Freiheit ausschliesst, verträgt sich nicht mehr mit unseren Gesinnungen; diesen hat jedoch Shakespeare auf seinem Wege sich genähert; denn indem er das Notwendige sittlich macht, so verknüpft er die alte und neue Welt zu unserem freudigen Erstaunen. Liesse sich etwas von ihm lernen, so wäre hier der Punkt, den wir in seiner Schule studieren müssten. Anstatt unsere Romantik, die nicht zu schelten noch zu verwerfen sein mag, über die Gebühr ausschliesslich zu erheben und ihr einseitig nachzuhängen, wodurch ihre starke, derbe, tüchtige Seite verkannt und verderbt wird, sollten wir suchen, jenen grossen, unvereinbar scheinenden Gegensatz um so mehr in uns zu vereinigen, als ein grosser und einziger Meister, den wir so höchlich schätzen und oft, ohne zu wissen warum, über Alles präkonisiren, das Wunder wirklich schon geleistet hat. Freilich hat er den Vorteil, dass er zur rechten Erntezeit kam, dass er in einem lebensreichen, protestantischen Lande wirken durfte, wo der bigotte Wahn eine Zeit lang schwieg, so dass einem wahren Naturfrommen wie Shakespeare die Freiheit blieb, sein reines Innere ohne Bezug auf irgend eine bestimmte Religion religiös zu entwickeln. . . .

Shakespeare als Theaterdichter, 1826

Shakespeares Name und Verdienst gehören in die Geschichte der Poesie; aber es ist eine Ungerechtigkeit gegen alle Theaterdichter früherer und späterer Zeiten, sein ganzes Verdienst in der Geschichte des Theaters aufzuführen.

Ein allgemein anerkanntes Talent kann von seinen Fähigkeiten einen Gebrauch machen, der problematisch ist. Nicht alles, was der Vortreffliche tut, geschieht auf die vortrefflichste Weise. So gehört Shakespeare notwendig in die Geschichte der Poesie; in der Geschichte des Theaters tritt er nur zufällig auf. . . .

Shakespeares Werke sind am meisten dramatisch; durch seine Behandlungsart, das innerste Leben hervorzukehren, gewinnt er den Leser; die theatralischen Forderungen erscheinen ihm nichtig, und so macht er sich's bequem, und man lässt sich's, geistig genommen, mit ihm bequem werden. Wir springen mit ihm von Lokalität zu Lokalität, unsere Einbildungskraft ersetzt alle Zwischenhandlungen, die er auslässt, ja wir wissen ihm Dank, dass er unsere Geisteskräfte auf eine so würdige Weise anregt. Dadurch, dass er Alles unter der Theaterform vorbringt, erleichtert er der Einbildungskraft die Operation; denn mit den "Brettern die die Welt bedeuten" sind wir bekannter, als mit der Welt selbst, und wir mögen das Wunderlichste lesen und hören, so meinen wir, das könne auch da droben einmal vor unsern Augen vorgehen; daher die so oft misslungene Bearbeitung von beliebten Romanen in Schauspielen.

Genau aber genommen, so ist nichts theatralisch, als was für die Augen zugleich symbolisch ist: eine wichtige Handlung, die auf eine noch wichtigere deutet. Dass Shakespeare auch diesen Gipfel zu erfassen gewusst, bezeugt jener Augenblick, wo dem totkranken schlummernden König der Sohn und Nachfolger die Krone von seiner Seite wegnimmt, sie aufsetzt und damit fortstolziert. Diese sind aber nur Momente, ausgesäete Juwelen, die durch viel Untheatralisches aus einander gehalten werden. Shakespeares ganze Verfahrungsart findet an der eigentlichen Bühne etwas Widerstrebendes: sein grosses Talent ist das eines Epitomators, und da der Dichter überhaupt als Epitomator der Natur erscheint, so müssen wir auch hier Shakespeares grosses Verdienst anerkennen; nur leugnen wir dabei, und zwar zu seinen Ehren, dass die Bühne ein würdiger Raum für sein Genie gewesen. Indessen veranlasst ihn gerade diese Bühnenenge zu eigner Begränzung. Hier aber nicht, wie andere Dichter, wählt er sich zu einzelnen Arbeiten besondere Stoffe, sondern er legt einen Begriff in den Mittelpunkt und bezieht auf diesen die Welt und das Universum. Wie er alte und neue Geschichte in die Enge zieht, kann er den Stoff von jeder Chronik brauchen, an die er sich oft sogar wörtlich hält. Nicht so gewissenhaft verfährt er mit den Novellen, wie uns Hamlet bezeugt. Romeo und Julie bleibt der Ueberlieferung getreuer; doch zerstört er den tragischen Gehalt derselben beinahe ganz durch die zwei komischen Figuren Mercutio und die Amme, wahrscheinlich von zwei beliebten Schauspielern, die Amme wohl auch von einer Mannesperson gespielt.[1] Betrachtet man die Oekonomie des Stücks recht genau, so bemerkt man, dass diese beiden Figuren, und was an sie grenzt, nur als possenhafte Intermezzisten auftreten, die uns bei unserer folgerechten, Uebereinstimmung liebenden Denkart auf der Bühne unerträglich sein müssen.

Am merkwürdigsten erscheint jedoch Shakespeare, wenn er schon vorhandene Stücke redigiert und zusammenschneidet.

[1] Compare the analysis of *Romeo and Juliet* by A. W. Schlegel (below, p. 136).

Bei König Johann und Lear können wir diese Vergleichung anstellen: denn die älteren Stücke sind noch übrig. Aber auch in diesen Fällen ist er wieder mehr Dichter überhaupt, als Theaterdichter.

Lasset uns denn aber zum Schluss zur Auflösung des Rätsels schreiten. Die Unvollkommenheit der englischen Bretterbühne ist uns durch kenntnisreiche Männer vor Augen gestellt. Es ist keine Spur von der Natürlichkeitsforderung, in die wir nach und nach durch Verbesserung der Maschinerie, der perspektivischen Kunst und der Garderobe hineingewachsen sind, und von wo man uns wohl schwerlich in jene Kindheit der Anfänge wieder zurückführen dürfte: vor ein Gerüste, wo man wenig sah, wo Alles nur *bedeutete*, wo sich das Publikum gefallen liess, hinter einem grünen Vorhang das Zimmer des Königs anzunehmen, den Trompeter, der an einer gewissen Stelle immer trompetete, und was dergleichen mehr ist. Wer will sich nun gegenwärtig so etwas zumuten lassen? Unter solchen Umständen waren Shakespeares Stücke höchst interessante Märchen, nur von mehreren Personen erzählt, die sich, um etwas mehr Eindruck zu machen, charakteristisch maskiert hatten, sich, wie es Not tat, hin und her bewegten, kamen und gingen, dem Zuschauer jedoch überliessen, sich auf der öden Bühne nach Belieben Paradies und Paläste zu imaginieren.

Wodurch erwarb sich denn Schröder das grosse Verdienst, Shakespeares Stücke auf die deutsche Bühne zu bringen, als dass er der Epitomator des Epitomators wurde! Schröder hielt sich ganz allein ans Wirksame; alles Andere warf er weg, ja sogar manches Notwendige, wenn es ihm die Wirkung auf seine Nation, auf seine Zeit zu stören schien. So ist es zum Beispiel wahr, dass er durch Weglassung der ersten Szenen des König Lear den Charakter des Stücks aufgehoben; aber er hatte doch Recht: denn in dieser Szene erscheint Lear so absurd, dass man seinen Töchtern in der Folge nicht ganz Unrecht geben kann. Der Alte jammert einen, aber Mitleid hat man nicht mit ihm, und Mitleid wollte Schröder erregen, so wie Abscheu gegen die zwar unnatürlichen, aber doch nicht durchaus zu scheltenden Töchter.

In dem alten Stücke, welches Shakespeare redigiert, bringt diese Szene im Verlaufe des Stücks die lieblichsten Wirkungen hervor. Lear entflieht nach Frankreich; Tochter und Schwiegersohn, aus romantischer Grille, machen verkleidet irgend eine Wallfahrt ans Meer und treffen den Alten, der sie nicht erkennt. Hier wird alles süss, was Shakespeares hoher tragischer Geist uns verbittert hat. Eine Vergleichung dieser Stücke macht dem denkenden Kunstfreunde immer aufs Neue Vergnügen.

Nun hat sich aber seit vielen Jahren das Vorurteil in Deutschland eingeschlichen, dass man Shakespeare auf der deutschen Bühne Wort für Wort aufführen müsse, und wenn Schauspieler und Zuschauer daran erwürgen sollten. Die Versuche, durch eine vortreffliche genaue Uebersetzung veranlasst, wollten nirgends gelingen, wovon die Weimarische Bühne bei redlichen und wiederholten Bemühungen das beste Zeugnis ablegen kann. Will man ein Shakespearsches Stück sehen, so muss man wieder zu Schröders Bearbeitung greifen: aber die Redensart, dass auch bei der Vorstellung von Shakespeare kein Iota zurückbleiben dürfe, so sinnlos sie ist, hört man immer weider klingen. Behalten die Verfechter dieser Meinung die Oberhand, so wird Shakespear in wenigen Jahren ganz von der deutschen Bühne verdrängt sein, welches denn auch kein Unglück wäre; denn der einsame oder gesellige Leser wird an ihm desto reinere Freude empfinden.

GOETHE, *Gespräche mit Eckermann*

30 March 1824

Wir sprachen darauf über Tieck und dessen persönliche Stellung zu Goethe. Goethe sagte: "Tieck ist ein Talent von hoher Bedeutung, und es kann seine ausserordentlichen Verdienste niemand besser erkennen als ich selber; allein wenn man ihn über ihn selbst erheben und mir gleichstellen will, so ist man im Irrtum. Ich kann dieses gerade heraussagen, denn was geht es mich an, ich habe mich nicht gemacht. Es wäre ebenso, wenn ich mich mit Shakespeare vergleichen wollte, der sich auch nicht gemacht hat, und der doch ein Wesen höherer Art ist, zu dem ich hinaufblicke und das ich zu verehren habe."

25 December 1825

Goethe zeigte mir darauf ein höchst bedeutendes Werk, welches in Kupfern den ganzen Shakespeare darstellte. Jede Seite umfasste in sechs kleinen Bildern ein besonderes Stück mit einigen untergeschriebenen Versen, sodass der Hauptbegriff und die bedeutendsten Situationen des jedesmaligen Werks dadurch vor die Augen traten. . . .

"Man erschrickt," sagte Goethe, "wenn man diese Bilderchen durchsieht. Da wird man erst gewahr, wie unendlich reich und gross Shakespeare ist! Da ist doch kein Motiv des Menschenlebens, das er nicht dargestellt und ausgesprochen hätte. Und alles mit welcher Leichtigkeit und Freiheit!

"Man kann über Shakespeare gar nicht reden, es ist alles unzulänglich. Ich habe in meinem *Wilhelm Meister* an ihm herumgetupft; allein das will nicht viel heissen. Er ist kein Theaterdichter, an die Bühne hat er nie gedacht, sie war seinem grossen Geiste viel zu enge; ja selbst die ganze sichtbare Welt war ihm zu enge.

"Er ist gar zu reich und zu gewaltig. Eine productive Natur darf alle Jahre nur ein Stück von ihm lesen, wenn sie nicht an ihm zu Grunde gehen will. Ich tat wohl, dass ich durch meinen *Götz von Berlichingen* und *Egmont* ihn mir vom Halse schaffte. . . . Wie viel treffliche Deutsche sind nicht an ihm zu Grunde gegangen, an ihm und Calderon!

"Shakespeare gibt uns in silbernen Schalen goldene Aepfel. Wir bekommen nun wohl durch das Studium seiner Stücke die silberne Schale, allein wir haben nur Kartoffeln hineinzutun, das ist das Schlimmste!"

26 July 1826

Ich (Eckermann) fragte, wie ein Stück beschaffen sein müsse, um theatralisch zu sein.

"Es muss symbolisch sein," antwortete Goethe. "Das heisst; jede Handlung muss an sich bedeutend sein und auf eine

noch wichtigere hinzielen. Der 'Tartuffe' von Molière ist in
dieser Hinsicht ein grosses Muster. . . . Bei Calderon finden
Sie dieselbe theatralische Vollkommenheit. Seine Stücke sind
durchaus bretterrecht, es ist in ihnen kein Zug, der nicht für
die beabsichtigte Wirkung calculirt wäre. Calderon ist
dasjenige Genie, was zugleich den grössten Verstand hatte."

"Es ist wunderlich", sagte ich (Eckermann), "dass die
Shakespeareschen Stücke keine eigentlichen Theaterstücke
sind, da Shakespeare sie doch alle für sein Theater geschrieben
hat."

"Shakespeare", erwiderte Goethe, "schrieb diese Stücke
aus seiner Natur heraus, und dann machte seine Zeit und die
Einrichtung der damaligen Bühne an ihn keine Anforde-
rungen; man liess sich gefallen, wie Shakespeare es brachte.
Hätte aber Shakespeare für den Hof zu Madrid oder für das
Theater Ludwigs des Vierzehnten geschrieben, er hätte sich
auch wahrscheinlich einer strengern Theaterform gefügt.
Doch dies ist keineswegs zu beklagen; denn was Shakespeare
als Theaterdichter für uns verloren hat, das hat er als Dichter
im allgemeinen gewonnen. Shakespeare ist ein grosser
Psychologe, und man lernt aus seinen Stücken, wie den
Menschen zu Mute ist."

J. C. Fʀ. Sᴄʜɪʟʟᴇʀ, *Ueber naive und sentimentalische Dichtung*, 1795–6

Als ich in einem sehr frühen Alter Shakespeare zuerst kennen
lernte, empörte mich seine Kälte, seine Unempfindlichkeit,
die ihm erlaubte, im höchsten Pathos zu scherzen, die herzzer-
schneidenden Auftritte im Hamlet, im König Lear, im
Macbeth usf. durch einen Narren zu stören, die ihn bald da
festhielt, wo meine Empfindung forteilte, bald da kaltherzig
fortriss, wo das Herz so gern stillgestanden wäre. Durch die
Bekanntschaft mit neueren Poeten verleitet, in dem Werke,
den Dichter zuerst aufzusuchen, seinem Herzen zu begegnen,
mit ihm gemeinschaftlich über seinen Gegenstand zu re-
flektieren; kurz, das Objekt in dem Subjekt anzuschauen, war
es mir unerträglich, das der Poet sich hier gar nirgends fassen

liess und mir nirgends Rede stehen wollte. Mehrere Jahre hatte er schon meine ganze Verehrung und war mein Studium, ehe ich sein Individuum lieb gewinnen lernte. Ich war noch nicht fähig, die Natur aus der ersten Hand zu verstehen. Nur ihr durch den Verstand reflektiertes und durch die Regel zurechtgelegtes Bild konnte ich ertragen, und dazu waren die sentimentalischen Dichter der Franzosen und auch der Deutschen, von den Jahren 1750 bis etwa 1780, gerade die rechten Subjekte.

J. C. Fr. Schiller, Letters to Goethe

7 April 1797

Ueber die letzthin berührte Materie von Behandlung der Charaktere freue ich mich, wenn wir wieder zusammenkommen, meine Begriffe mit Ihrer Hilfe noch recht ins klare zu bringen. Die Sache ruht auf dem innersten Grunde der Kunst, und sicherlich können die Wahrnehmungen, welche man von den bildenden Künsten hernimmt, auch in der Poesie viel aufklären. Auch bei Shakespeare ist es mir heute, wie ich den Julius Cäsar mit Schlegeln[1] durchging, recht merkwürdig gewesen, wie er das gemeine Volk mit einer so ungemeinen Grossheit behandelt. Hier, bei der Darstellung des Volkscharakters, zwang ihn schon der Stoff, mehr ein poetisches Abstraktum als Individuen im Auge zu haben, und darum finde ich ihn hier den Griechen äusserst nah. Wenn man einen zu ängstlichen Begriff von Nachahmung des Wirklichen zu einer solchen Szene mitbringt, so muss Einen die Masse und Menge mit ihrer Bedeutungslosigkeit nicht wenig embarrassieren; aber mit einem kühnen Griff nimmt Shakespeare ein paar Figuren, ich möchte sagen, nur ein paar Stimmen aus der Masse heraus, lässt sie für das ganze Volk gelten, und sie gelten das wirklich; so glücklich hat er gewählt. Es geschähe den Poeten und Künstlern schon dadurch ein grosser Dienst, wenn man nur erst ins klare gebracht hätte, was die Kunst von der Wirklichkeit wegnehmen oder fallen lassen muss. . . .

***

[1] August Wilhelm Schlegel is meant.

SCHILLER

28 November 1797

Ich las in diesen Tagen die Shakespearischen Stücke, die den
Krieg der zwei Rosen abhandeln, und bin nun nach Beendi-
gung Richards III mit einem wahren Staunen erfüllt. Es ist
dieses letzte Stück eine der erhabensten Tragödien, die ich
kenne, und ich wüsste in diesem Augenblick nicht, ob sonst
ein Shakespearisches ihm den Rang streitig machen kann. Die
grossen Schicksale, angesponnen in den vorhergehenden
Stücken, sind darin auf eine wahrhaft grosse Weisse geendigt,
und nach der erhabensten Idee stellen sie sich nebeneinander.
Dass der Stoff schon alles Weichliche, Schmelzende, Weiner-
liche ausschliesst, kommt dieser hohen Wirkung sehr zu
statten; alles ist energisch darin und gross, nichts Gemein-
menschliches stört die rein ästhetische Rührung, und es ist
gleichsam die reine Form des Tragisch-furchtbaren, was man
geniesst. Eine hohe Nemesis wandelt durch das Stück, in allen
Gestalten, man kommt nicht von dieser Empfindung heraus
von Anfang bis zu Ende. Zu bewundern ist's, wie der
Dichter dem unbehilflichen Stoffe immer die poetische
Ausbeute abzugewinnen wusste, und wie geschickt er das
repräsentiert, was sich nicht repräsentieren lässt, ich meine die
Kunst, Symbole zu gebrauchen, wo die Natur nicht kann
dargestellt werden. Kein Shakespearisches Stück hat mich so
sehr an die griechische Tragödie erinnert.

Der Mühe wäre es wahrhaftig wert, diese Suite von acht
Stücken mit aller Besonnenheit, deren man jetzt fähig ist, für
die Bühne zu behandeln. Eine Epoche könnte dadurch ein-
geleitet werden.[1]

2 Oktober 1803

Es ist eine Frage, dass Julius Cäsar alle Eigenschaften hat, um
ein Pfeiler des Theaters zu werden: Interesse der Handlung,
Abwechslung und Reichtum, Gewalt der Leidenschaft und
sinnliches Leben *vis à vis* des Publikums—und der Kunst
gegenüber hat er alles, was man wünscht und braucht. Alle
Mühe die man also dran wendet, ist ein reiner Gewinn, und
die wachsende Vollkommenheit bei der Vorstellung dieses

[1] For Schiller's translation of *Macbeth*, see below, p. 183.

Stücks muss zugleich die Fortschritte unsers Theaters zu bezeichnen dienen.

Für meinen *Tell* ist mir das Stück von unschätzbarem Wert; mein Schifflein wird auch dadurch gehoben. Er hat mich gleich gestern in die tätigste Stimmung gehoben.

J. C. Fr. Schiller, *Shakespeares Schatten*[1]

Herakles

Endlich erblickt' ich auch die hohe Kraft des Herakles,
Seinen Schatten. Er selbst, leider, war nicht mehr zu sehn.

Herakliden

Ringsum schrie, wie Vögelgeschrei, das Geschrei der Tragöden
Und das Hundegebell der Dramaturgen um ihn.

"Pure Manier"

Schauerlich stand das Ungetüm da. Gespannt war der Bogen,
Und der Pfeil auf der Senn' traf noch beständig das Herz.

Er

"Welche noch kühnere Tat, Unglücklicher, wagest du jetzo,
Zu den Verstorbenen selbst niederzusteigen ins Grab!"

Ich

Wegen Tiresias musst' ich herab, den Seher zu fragen,
Wo ich den alten Kothurn fände, der nicht mehr zu sehn.

Er

"Glauben sie nicht der Natur und den alten Griechen, so holst du
Eine Dramaturgie ihnen vergeblich herauf."

Ich

O die Natur, die zeigt auf unsern Bühnen sich wieder,
Splitternackend, dass man jegliche Rippe ihr zählt.

[1] This dialogue between Shakespeare and Schiller was published first in Schiller's *Musenalmanach für das Jahr* 1797, pp. 296–302. I have used Schiller's later amended version of 1800, but have retained the headings of the earlier for the sake of clarity. By Herakles is meant Shakespeare, Tiresias is Lessing; Schiller directs his satire against Schröder, Kotzebue, and Iffland.

SCHILLER

Er

"Wie? So ist wirklich bei euch der alte Kothurnus zu sehen,
Den zu holen ich selbst stieg in des Tartarus Nacht?"

Ich

Nichts mehr von diesem tragischen Spuk. Kaum einmal im
Jahre
Geht dein geharnischter Geist über die Bretter hinweg.

Er

"Auch gut! Philosophie hat eure Gefühle geläutert,
Und vor dem heitern Humor fliehet der schwarze Affekt."

Ich

Ja, ein derber und trockener Spass, nichts geht uns darüber,
Aber der Jammer auch, wenn er nur nass ist, gefällt.

Er

"Also sieht man bei euch den leichten Tanz der Thalia
Neben dem ernsten Gang, welchen Melpomene geht?"

Ich

Keines von beiden! Uns kann nur das Christlich-Moralische
rühren
Und was recht populär, häuslich und bürgerlich ist.

Er

"Was? Es dürfte kein Cäsar auf euren Bühnen sich zeigen,
Kein Achill, kein Orest, keine Andromacha mehr?"

Ich

Nichts! Man siehet bei uns nur Pfarrer, Kommerzienräte,
Fähndriche, Sekretärs oder Husarenmajors.

Er

"Aber ich bitte dich, Freund, was kann denn dieser Misere
Grosses begegnen, was kann Grosses denn durch sie geschehn?"

Ich

Was? Sie machen Kabale, sie leihen auf Pfänder, sie stecken
Silberne Löffel ein, wagen den Pranger und mehr.

A. W. IFFLAND

Er

"Woher nehmt ihr denn aber das grosse gigantische Schicksal,
Welches den Menschen erhebt, wenn es den Menschen
zermalmt?"

Ich

Das sind Grillen! Uns selbst und unsre guten Bekannten,
Unsern Jammer und Not suchen und finden wir hier.

Er

"Aber das habt ihr ja alles bequemer und besser zu Hause!
Warum entfliehet ihr euch, wenn ihr euch selber nur sucht?"

Ich

Nimm's nicht übel, mein Heros, das ist ein verschiedener
Kasus:
Das Geschick, das ist blind, und der Poet ist gerecht.

Er

"Also *eure* Natur, die erbärmliche, trifft man auf euren
Bühnen, die grosse nur nicht, nicht die unendliche an?"

Ich

Der Poet ist der Wirt, und der letzte Actus die Zeche:
Wenn sich das Laster erbricht, setzt sich die Tugend zu
Tisch.

A. W. I F F L A N D, *Meine theatralische Laufbahn* (p. 84), Leipzig, 1798

Eckhof[1] fürchtete die Folgen der Shakespeareschen Stücke auf
deutschen Bühnen. Er sagte mir einst: "Das ist nicht, weil
ich nichts dafür empfände, oder nicht Lust hätte, die kräftigen
Menschen darzustellen, die darin aufgestellt sind; sondern weil
diese Stücke unser Publikum an die starke Kost verwöhnen,
und unsere Schauspiele gänzlich verderben würden. Jeder, der
die herrlichen Kraftsprüche sagt, hat dabei auch gerade nichts
zu tun, als dass er sie sage. Das Entzücken, das Shakespeare
erregt, erleichtert dem Schauspieler alles. Er wird sich alles
erlauben, und ganz vernachlässigen." So sagte er, und leider

---

[1] The famous actor-manager.

hat er nicht sehr unrecht gehabt. Wie oft ist Geschrei für
starken Ausdruck, Grobheit für Kraft, Roheit für Natur, und
Uebertretung all und jeden Wohlstandes für Eigenheit
gebraucht worden!...Ich hoffe nicht, dass man mir die
Albernheit zutrauen werde, es hätten keine Stücke von
Shakespeare gegeben werden sollen. Aber dass sie eine lange
Zeit ausschliesslich gegeben worden sind, dass man nichts als
Stücke in diesem Zuschnitt, und endlich Ritterstücke gegeben
hat, dadurch sind Publikum und Schauspieler entwöhnt, jenen
Menschen- und Seelenzustand darstellen zu sehen, der doch
wahrlich Herz und Verstand sehr interessiert, wenn er auch
nicht stets in Sturm und Drang an den äussersten Enden
schwebt. Hat bei der verstärkten Manier irgend eine Vor-
stellungsart gewonnen, so ist es, sollt' ich meinen, das Fach der
hochkomischen Charakterrollen. Die Darstellungen in
denselben werden seitdem von manchen nicht, wie sonst, in
einer Manier, sondern vielmehr mit ganz eigener Individualität und Wahrheit gegeben.

FRIEDRICH SCHLEGEL, Letter to A. W. Schlegel

19 June 1793

Ich habe gestern abends den Hamlet gelesen....Der Gegenstand und die Wirkung dieses Stücks ist die heroische
Verzweiflung d. h. eine unendliche Zerrüttung in den
allerhöchsten Kräften. Der Grund seines innren Todes liegt
in der Grösse seines Verstandes. Wäre er weniger gross, so
würde er ein Heroe sein.—Für ihn ist es nicht der Mühe
wert, ein Held zu sein; wenn er wollte, so wäre es ihm nur ein
Spiel. Er übersieht eine zahllose Menge von Verhältnissen—
daher seine Unentschlossenheit.—Wenn man aber *so* nach
Wahrheit fragt, so verstummt die Natur; und *solchen* Trieben,
so strenger Prüfung ist die Welt nichts, denn unser zer-
brechliches Dasein kann nichts schaffen, das unsren göttlichen
Forderungen Genüge leistete. Das Innerste seines Daseins
ist ein grässliches Nichts, Verachtung der Welt und seiner
selbst.—Dies ist der Geist des Gedichts; alles andre nur Leib,
Hülle. Und dieser kann seiner Natur nach nur von sehr

wenigen gefasst werden; so dass es wohl geschehen mag, dass im Schauspielhause kein einziger von den Spielenden, und auch kein einziger von den Zuschauern etwas von der Sache ahndet.—Unglücklich wer ihn versteht! Unter Umständen könnte dies Gedicht augenblicklichen Selbstmord veranlassen, bei einer Seele von dem zartesten moralischen Gefühl. Ich weiss noch was es auf mich wirkte, als ich vor anderthalb Jahren es in der erbärmlichsten Vorstellung sahe. Ich war mehrere Tage wie ausser mir.—Seine Grösse wird vielleicht paradox scheinen; meine Beweise sind sein anerkannter Mut und Verstand; vornehmlich aber eine gewisse Besonnenheit, überhaupt das sicherste Kennzeichen des Helden. Denn wenn wir diesen Ehrennamen wohl mit Zuversicht für jemand in Anspruch nehmen, so fügen wir nicht selten hinzu, z. B. dass er kühl und gelassen unter dem Donner von hundert Kanonen umherwandelte und so frei dachte wie je.—Ich mache Dich auf die Stelle aufmerksam, wo die Leidenschaft nur einen Helden nicht überwältigen konnte, wo er ruft

hold my heart,
And you, my sinews, grow not instant old,

und dann auf die Szene mit der Mutter, wo der Geist zum zweiten Male erscheint. Mein bester Beweis aber ist seine erhabene Begeisterung für das wenige Gottähnliche, was etwa noch im Menschen wohnt. So z. B. die Stelle in der Szene mit Guildenstern und Rosencrantz *I have at late—man delights not me.* Seine riesenhafte Ueberlegenheit über alle, die um ihn sind, springt in die Augen. Nur für den, der *ihn* fasst, werden diese so im dämmernden Hintergrunde schweben; versinkt man nicht ganz im Hamlet, treten diese mehr vor, so ist das Ganze eine Plattheit. Man sollte denken, hier könnten gute Schauspieler viel tun, da es doch von dem Leser viel verlangt, so vieles zu erraten. Man redet von Garrick, und ich erinnre mich noch dass Schröder ihn doch bedeutend und wie einen denkenden Mann spielte. Allein ich zweifle, dass den Hamlet darzustellen, ein Unternehmen für einen sterblichen Mann ist....

Die Begierde seinen Vater zu rächen, der Unwille über

seine Mutter ist nur der Anlass zu Hamlets innerer Zerrüttung, der Grund davon liegt in ihm selbst, in dem Uebermass seines Verstandes (oder vielleicht in der falschen Richtung
desselben, und dem Mangel verhältnismässiger Kraft der
Vernunft) und der Inhalt selbst, *Verzweiflung* macht ein
wahres Ende unmöglich.—Vielleicht habe ich den erhabenen
Geist des Werkes ergriffen, aber jetzt fühle ich mein Unvermögen da ich von der äussern Hülle reden soll. Nur
einige Bemerkungen. Die Erscheinung des Geistes gleich im
Anfang spannt die ganze Seele, und schärft sie das feine Wesen
zu fassen.—Die Schwäche der Königin, die elende Seele des
Königs, die Albernheit des Polonius, die Gemeinheit der
übrigen, die Beschränktheit des einzigen den er schätzt, des
Horatio, alles wird höchst bedeutend durch Hamlets Denkart,
und durch seine Stellung. Der Wahnwitz des guten Mädchens, wo die Rührung bis zum Grässlichen steigt, hat hier
einen fürchterlichen Sinn. Alles ist bedeutend bis auf das
platte Geschwätz des Totengräbers.—Der innre Zusammenhang (was ich letzthin Natureinheit nannte) kann nicht
vollkommner sein. Aber nur wer das Grosse in Hamlet fassen
kann, wird ihn wahrnehmen. . . .

Im Hamlet scheint alles Aeussre wie aus dem Geiste hervor
gekeimt. Sonst war bei Shakespeare die äussre Hülle oft eher
da als der Geist, der in eine Geschichte oder Legende, die
ihm Anlass gab, erst hineingebildet wurde, und in vielen
seiner Werke sucht man dies, da Geist und Hülle nicht so ganz
eins ist, vielleicht auch Romeo, dessen Wesen Du, glaube ich,
richtig angegeben hast. . . .[1]

LUDWIG TIECK, *Shakspeares Behandlung des Wunderbaren*, 1793

(published as Preface to Tieck's adaptation of *The Tempest* 1796, of
which Tieck writes 1848: it was "nur zu sehr den Vorurteilen
der Bühne gefügt")

Der Sturm und der Sommernachtstraum lassen sich vielleicht
mit heitern Träumen vergleichen: in dem letztern Stück hat

[1] An extract from Fr. Schlegel's later criticism is given below, pp. 164–166.

Shakspeare sogar den Zweck, seine Zuschauer gänzlich in die
Empfindung eines Träumenden einzuwiegen; und ich kenne
kein andres Stück, das, seiner ganzen Anlage nach, diesem
Endzwecke so sehr entspräche. Shakspeare, der so oft in
seinen Stücken verrät, wie vertraut er mit den leisesten
Regungen der menschlichen Seele sei, beobachtete sich auch
wahrscheinlich in seinen Träumen, und wandte die hier
gemachten Erfahrungen auf seine Gedichte an. Der Psychologe und der Dichter können ganz ohne Zweifel ihre Erfahrungen sehr erweitern, wenn sie dem Gange der Träume
nachforschen: hier lässt sich gewiss oft der Grund entdecken,
warum manche Ideencombinationen so heftig auf die Gemüter
wirken; der Dichter kann hier am leichtesten bemerken, wie
sich eine Menge von Vorstellungen an einander reihen, um
eine wunderbare, unerwartete Wirkung hervorzubringen.
Jedermann von lebhafter Phantasie wird gewiss schon oft
gelitten, oder sich glücklich gefühlt haben, indem ihn ein
Traum in das Reich der Gespenster und Ungeheuer, oder in
die reizende Feenwelt versetzte. Mitten im Traume ist die
Seele sehr oft im Begriff, den Phantomen selbst nicht zu
glauben, sich von der Täuschung loszureissen und alles nur
für betrügerische Traumgestalten zu erklären. In solchen
Augenblicken, wo der Geist gleichsam mit sich selber zankt,
ist der Schlafende immer dem Erwachen nahe; denn die
Phantasien verlieren an ihrer täuschenden Wirklichkeit, die
Urteilskraft sondert sich ab und der ganze Zauber ist im
Begriff zu verschwinden. Träumt man aber weiter, so entsteht die Nichtunterbrechung der Illusion jedesmal von der
unendlichen Menge neuer magischen Gestalten, die die Phantasie unerschöpflich hervorbringt. Wir sind nun in einer
bezauberten Welt festgehalten: wohin wir uns wenden, tritt
uns ein Wunder entgegen; alles, was wir anrühren, ist von
einer fremdartigen Natur; jeder Ton, der uns antwortet,
erschallt aus einem übernatürlichen Wesen. Wir verlieren in
einer unaufhörlichen Verwirrung den Massstab, nach dem
wir sonst die Wahrheit zu messen pflegen; eben, weil nichts
Wirkliches unsere Aufmerksamkeit auf sich heftet, verlieren
wir, in der ununterbrochenen Beschäftigung unserer Phan-

tasie, die Erinnerung an die Wirklichkeit; der Faden ist hinter uns abgerissen, der uns durch das rätselhafte Labyrinth leitete; und wir geben uns am Ende völlig den Unbegreiflichkeiten preis. Das Wunderbare wird uns jetzt gewöhnlich und natürlich: weil wir von der wirklichen Welt gänzlich abgeschnitten sind, so verliert sich unser Misstrauen gegen die fremdartigen Wesen, und nur erst beim Erwachen werden wir überzeugt, dass sie Täuschung waren.

Die ganze Welt vom Wunderbaren ist es, die unsere Phantasie in manchen Träumen so lange beschäftiget.—Alles dieses, was die Phantasie im Traume beobachtet, hat Shakspeare im Sturm durchgeführt. Die vorzüglichste Täuschung entsteht dadurch, dass wir uns durch das ganze Stück nicht wieder aus der wundervollen Welt verlieren, in welche wir einmal hineingeführt sind, dass kein Umstand den Bedingungen widerspricht, unter welchen wir uns einmal der Illusion überlassen haben. Hier führt uns nichts in die wirkliche Welt zurück; Begebenheiten und Charaktere sind gleich ausserordentlich; die Handlung des Stücks hat nur einen kleinen Umfang, aber sie ist durch so wunderbare Vorfälle, durch eine Menge von Uebernatürlichkeiten vorbereitet und durchgeführt, dass wir die Grundbegebenheit des Stücks fast ganz darüber vergessen, und uns nicht so sehr für den Zweck des Dichters interessieren, als für die Mittel, durch die er seinen Zweck erreicht. . . .

Prospero ist noch mehr als ein edler Mensch; der Dichter lässt ihn zugleich als ein übermenschliches Wesen auftreten, dessen Befehlen die Natur willig gehorcht, der durch das Studium der Magie eine Herrschaft über die Geister erlangt hat, durch die er alle Umstände nach seinem Willen lenkt. . . . Er führt seinen Plan durch Hilfe seiner dienstbaren Geister aus; Ariel ist der oberste seiner Diener. Der Zuschauer wird nun selbst zu den geheimsten Anschlägen hinzugelassen; er sieht alle Mittel, durch welche Prospero wirkt; kein Umstand bleibt ihm verborgen. Die Macht der Geister selbst ist ihm zwar unbegreiflich; aber es ist ihm genug, dass er sie wirken und Prosperos Gebote erfüllen sieht. Er verlangt keine nähere Aufschlüsse; er glaubt sich in alle Geheimnisse eingeweiht, indem keine Wirkung erfolgt, die er nicht gleichsam selber zubereiten sah,—keine Erscheinung, kein Wunder eintritt, von dem er nicht vorher wusste, dass es in demselben Augenblicke eintreten würde. Er wird daher durch nichts *überrascht* oder *erschreckt*, ob ihn gleich alles in ein neues Erstaunen und in einen traumähnlichen Rausch versetzt, durch welchen er sich am Ende in einer wunderbaren Welt, wie in seiner Heimat befindet.—

Durch die Charaktere Ariels und Calibans erschafft Shakspeare vorzüglich diese ganze wunderbare Welt um uns her; sie sind gleichsam die Wächter, die unsern Geist nie in das Gebiet der Wirklichkeit zurücklassen: Ariels Gegenwart erinnert uns in allen ernsten, Calibans in allen komischen Szenen, wo wir uns befinden. Prosperos magische Veranstaltungen, die ununterbrochen eine nach der andern einfallen, lassen das Auge auf keinen Moment in die Wirklichkeit zurück, die sogleich alle Phantome des Dichters zu Schanden machen würde. Auch der seltsame Kontrast zwischen Ariel und Caliban erhöht unsern Glauben an das Wunderbare. Die Schöpfung dieses abenteuerlichen Wesens war die glücklichste Idee des Dichters; er zeigt uns in dieser Darstellung die seltsamste Mischung von Lächerlichkeit und Abscheulichkeit; dies Ungeheuer steht so weit von der menschlichen Natur entfernt, und ist mit so höchst täuschenden und überzeugenden Zügen geschildert, dass wir uns schon durch die Gegenwart des Caliban in eine ganz fremde, bis jetzt uns unbekannte Welt versetzt zu sein glauben würden. . . .

L U D W I G T I E C K, *Briefe über Shakspeare*, 1800

Wunderlich aber ist es, wenn wir sein Zeitalter, das eigentlich noch so nahe liegt, wie mit einem fabelhaften Nebel bedecken, und es uns dadurch selber schwer machen, die richtige Bedeutung der Gestalten zu erraten. Am schlimmsten aber versündigen wir uns dadurch, wenn wir die Kränklichkeiten unsers Zeitalters dort wieder suchen, und die grössere Gesundheit Barbarei und Rohheit nennen. Shakspeares Zeitalter war gerade dasjenige, in welchem noch die letzten

LUDWIG TIECK

Spuren des kräftigen Ritteralters, des Geistes der Liebe, des Wunderglaubens und der Heldentaten wie in einer neuen Herbstblüte, zwar schwach aber doch erquicklich, da standen. Die Niederlande rissen sich von Spaniens Herrschaft los, der Enthusiasmus der protestantischen Welt brannte in hellen Flammen, der zweite Philipp von Spanien stand in Süden wie ein dunkles Ungewitter, in Deutschland bereitete sich der dreissigjährige Religionskrieg, in Indien und Amerika fehlte es nicht an Helden und grossen Taten, die kluge und gross-gesinnte Elisabeth herrschte über England, an deren Glücke die ungeheure spanische Armada zerschellte....In einer Zeit, wo noch keine moralische Aengstlichkeit für Tugend galt, wo sich ein reines Gemüt an den glänzenden Bildern der Poesie ergötzte, ohne das schiefziehende Glas der Prüderie und schlechtverstandener Sittlichkeit über jedes lustige Gemälde zu halten, wo grosse Taten und Helden noch redeten, und man alles Grosse und Schöne noch als ein natürliches und notwendiges Produkt der Menschheit ansah—wie wäre es denn wohl möglich, dass ein grosser Geist in einem solchen Zeitalter ein Hindernis für seinen Kunstsinn hätte antreffen können....

Man hat darüber gestritten, ob Shakspeare sich bei seinen Schauspielen der Dekorationen bedient habe, oder nicht. Es ist augenscheinlich, und man könnte es, wenn es sonst wichtig wäre, aus den Stücken selber dartun, dass er seine ersten Schauspiele mit wenigen oder gar keinen Verzierungen aufführte; die Stellen aber bei einigen Schriftstellern, welche sagen, dass unter Karl I. W. Davenant zuerst die *Scenery* auf dem Theater eingeführt habe, ist gewiss nur von Coulissen-dekorationen zu verstehen, wie sie die Italiener schon weit früher kannten, denn einige spätere Schauspiele Shakspeares, z. B. der Sturm, lassen sich ohne Maschinerie und einige Verzierungen nicht als vorgestellt denken. Die Dekorationen mussten anfangs auch in England auf einem ganz andern Wege entstehen und auf eine andere Wirkung berechnet sein, wenn man weiss, dass damals, ungefähr einen Schuh von der Mauer entfernt, die Wände mit Decken oder Teppichen behängt wurden, was man auch im Shakspeare an vielen Orten findet.... Falstaff verbirgt sich in Heinrich IV hinter diesen Teppich, eben so Polonius im Hamlet....

Da dies so gewöhnlich war, so war es auch natürlich, dass man in den Dekorationen diese Zimmerverzierungen nachahmte, die überdies oft aus Berg, Feld und Waldgemälden bestanden. Decken hingen rings auf dem Theater umher und repräsentierten die notwendigen Gegenstände. In diese waren mehrere Nischen oder Oeffnungen angebracht, die sich wieder durch Vorhänge auftaten, aus welchen, wo man die Szene verwandelt vorstellen sollte, die Schauspieler heraustraten. Hamlets Geist ging gewiss durch eine solche Tür hindurch und kam aus einer etwas entferntern wieder heraus, ohne dass sich das Theater veränderte....

Was man ausser diesen beschriebenen Dekorationen für notwendig hielt, war eine Art von Balkon, der im Hintergrunde auf Säulen ruhte; diesen findet man auch in den meisten Stücken erwähnt: in Romeo geht die Abschiedsszene dort vor....

Vor allen hat mich jetzt ein wunderlicher Charakter angezogen, nämlich der Lustspieldichter Ben Jonson. Dieser Dichter ist ganz ein Produkt seiner Zeit und durchaus ein Engländer, wie Shakspeare keins von beiden ist; aber um für diesen recht eigentlich etwas zu leisten, müsste jemand die hauptsächlichsten Lustspiele des Ben Jonson übersetzen, denn sie sind durchaus ein indirekter Commentar zum Shakspeare, weit mehr als Fletcher oder irgend ein andrer, denn sie zeigen uns deutlich, auf welcher Stufe diejenigen standen, die sich eine gelehrte Bildung zutrauten und was diese vom dramatischen Gedicht erwarteten. Von hieraus eröffnet sich für Shakspeare ein neuer Standpunkt, man würdigt vieles in ihm ganz anders, man wird seine Absichtlichkeit noch deutlicher gewahr, man wird überzeugt, dass ihm das nicht verborgen sein konnte, womit sein Freund Jonson so gelehrt prahlt und sich durchaus der bessere dünkt.

A. W. SCHLEGEL

AUGUST WILHELM SCHLEGEL, *Etwas über William Shakspeare bei Gelegenheit Wilhelm Meisters*

(Schillers *Horen*, 1796, Stück 4)

Ob der Dichter beim Hamlet Alles so gedacht hat, wie Wilhelm Meister ihn auslegt, das ist ein Zweifel, den Shakspeare allein, wenn er könnte, zu bekräftigen das Recht hätte. Man kann sich recht gut denken, dass Shakspeare mehr von seinem Hamlet wusste als ihm selbst bewusst war; ja er lässt ihn vielleicht ausführlicher über sich und seine sittlichen Verhältnisse philosophieren, als er es bei Anlegung dieses Charakters in eigner Person tat. In einem solchen Dichtergeiste müssen alle Kräfte in so inniger Gemeinschaft wirken, dass es gar nicht zu verwundern ist, wenn der Verstand erst hinterdrein seine Verdienste geltend zu machen, und seinen Anteil an der vollendeten Schöpfung zurückzufordern weiss. Am Hamlet ist er in der Tat so hervorstechend, dass man das Ganze, wie Goethes Faust, ein Gedankenschauspiel nennen könnte. Nämlich nicht ein Schauspiel, durch welches eine Reihe von Gedanken neben der Handlung hinläuft, und zwar so, dass diese sich in ihren Fortschritten nach der Folge jener richten muss, um damit immer in gleich naher Beziehung zu bleiben; wo also die dramatische Verknüpfung gewissermassen ein Bild des logischen Zusammenhanges wird (wie etwa in Lessings *Nathan*); sondern ein solches, aus dessen Verwicklung Aufgaben hervorgehen, welche aufzulösen dem Nachdenken des Lesers oder Zuschauers überlassen wird.

AUGUST WILHELM SCHLEGEL, *Ueber Shakspeares Romeo und Julia*

(Schillers *Horen*, 1797, Stück 6)

Die Geschichte Romeos und Juliens war von Bandello, Boisteau und Belleforest in ihren Novellensammlungen aufgenommen worden. Die Uebertragung welche Shakspeare vorzüglich vor Augen gehabt, heisst: The tragicall history of Romeo and Juliet....Gibt es doch nichts Gedehnteres,

136

A. W. SCHLEGEL

Langweiligeres als diese gereimte Historie, welche

> His genius, like richest alchymy,
> Has chang'd to beauty and to worthiness.

Nur die Freude, diese wundervolle Umwandlung deutlicher einzusehen, kann die Mühseligkeit vergüten, mehr als dreitausend sechs- und siebenfüssige Iamben durchzulesen, die in Ansehung alles dessen, was uns in dem Schauspiel ergötzt, rührt und hinreisst, ein leeres Blatt sind. Mit der trockensten Kürze vorgetragen, werden die unglücklichen Schicksale der beiden Liebenden das Herz und die Phantasie immer noch treffen; aber hier wird unter den breiten, schwerfälligen Anmassungen einer anschaulich schildernden und rednerischen Erzählung die Teilnahme gänzlich erstickt. Wie viel war nicht wegzuräumen, ehe dieser gestaltlosen Masse Leben und Seele eingehaucht werden konnte! In manchen Stücken verhält sich das Gegebne und das, was Shakspeare daraus gemacht, wie ungefähre Beschreibung einer Sache zu der Sache selbst. Man muss strenge auf dem Begriffe der Schöpfung aus Nichts bestehn, um dies nicht für eine wahre Schöpfung gelten zu lassen. Einer Menge feinerer Abweichungen nicht zu gedenken, finden wir auch einige bedeutende Vorfälle von der Erfindung des Dichters, z. B. das Zusammentreffen und den Zweikampf der beiden Nebenbuhler Paris und Romeo an Juliens Grabe. Gesetzt aber auch, alle Umstände, bis auf die Klötze, die Capulets Bedienter zur Bereitung des Hochzeitmahles herbeischleppt, wären ihm fertig geliefert, und ihre Beibehaltung vorgeschrieben worden, so würde es desto bewundernswürdiger sein, dass er mit gebundenen Händen, Buchstaben in Geist, eine handwerksmässige Pfuscherei in ein dichterisches Meisterwerk umzuzaubern gewusst.... Die Feindschaft der beiden Familien ist der Angel, um welchen sich Alles dreht: sehr richtig also hebt die Exposition mit ihr an. Der Zuschauer muss ihre Ausbrüche selbst gesehen haben, um zu wissen, welch unübersteigliches Hindernis sie für die Vereinigung der Liebenden ist. Die Erbitterung der Herren hat an den Bedienten etwas plumpe, aber kräftige Representanten: es zeigt, wie weit sie geht, dass selbst diese albernen Gesellen einander nicht begegnen können, ohne sogleich in Händel zu geraten. Romeos Liebe zu Rosalinden macht die andre Hälfte der Exposition aus. Sie ist vielen ein Anstoss gewesen, auch Garrick hat sie in seiner Umarbeitung weggeschafft. Ich möchte sie mir nicht nehmen lassen: sie ist gleichsam die Ouvertüre zu der musikalischen Folge von Momenten, die sich alle aus dem ersten entwickeln, wo Romeo Julien erblickt. Das Stück würde, nicht in pragmatischer Hinsicht, aber lyrisch genommen (und sein ganzer Zauber beruht ja auf der zärtlichen Begeisterung, die es atmet), unvollständig sein, wenn es die Entstehung seiner Leidenschaft für sie nicht in sich begriffe. Sollten wir ihn aber anfangs in einer gleichgültigen Stimmung sehn? Wie wird seine erste Erscheinung dadurch gehoben, dass er, schon von den Umgebungen der kalten Wirklichkeit gesondert, auf dem geweihten Boden der Phantasie wandelt! Die zärtliche Bekümmernis seiner Eltern, sein unruhiges Schmachten, seine verschlossene Schwermut, sein schwärmerischer Hang zur Einsamkeit, Alles an ihm verkündigt den Günstling und das Opfer der Liebe. Seine Jugend ist wie ein Gewittertag im Frühlinge, wo schwüler Duft die schönsten, üppigsten Blüten umlagert. Wird sein schneller Wankelmut die Teilnahme von ihm abwenden? Oder schliessen wir vielmehr von der augenblicklichen Besiegung des ersten Hanges, der schon so mächtig schien, auf die Allgewalt des neuen Eindrucks? Romeo gehört wenigstens nicht zu den Flatterhaften, deren Leidenschaft sich nur an Hoffnungen erhitzt, und doch in der Befriedigung erkaltet. Ohne Aussicht auf Erwiderung hingegeben, flieht er die Gelegenheit, sein Herz auf andre Gegenstände zu lenken, die ihm Benvolio zu suchen anrät; und ohne ein Verhängnis, das ihn mit widerstrebenden Ahndungen auf den Ball in Capulets Hause führt, hätte er noch lange um Rosalinden seufzen können. Er sieht Julien: das Los seines Lebens ist entschieden. Jenes war nur willig gehegte Täuschung, ein Gesicht der Zukunft, der Traum eines sehnsuchtsvollen Gemüts. Die zartere Innigkeit, der heiligere Ernst seiner zweiten Leidenschaft, die doch eigentlich seine erste ist, wird unverkennbar bezeichnet. Dort staunt er über die Widersprüche der Liebe, die wie ein fremdes Kleid ihm noch nicht natürlich sitzt; hier ist sie mit seinem Wesen zu sehr eins geworden, als dass er sich noch von ihr unterscheiden könnte. Dort schildert er seine hoffnungsvolle Pein in sinnreichen Gegensätzen; hier bringt ihn die Furcht vor der Trennung zur wildesten Verzweiflung, ja fast zum Wahnsinne. Seine Liebe zu Julien schwärmt nicht müssig, sie handelt aus ihm mit dem entschlossensten Nachdrucke. Dass er sein Leben wagt, um sie in der Nacht nach dem Balle im Garten zu sprechen, ist ein Geringes; der Schwierigkeiten, die sich seiner Verbindung mit ihr entgegensetzen, wird nicht gedacht; wenn sie nur sein ist, bietet er allen Leiden Trotz....

Mercutio ist nach dem äussern Bau der Fabel eine Nebenperson. Das Einzige, wodurch er auf eine bedeutende Art in die Handlung eingreift, ist, dass er durch seinen Zweikampf mit Tybalt den des Romeo herbeiführt (ein Umstand, den Shakspeare nicht einmal in der Erzählung vorfand), und dazu bedurfte es keines so hervorstechenden und reichlich begabten Charakters. Aber da es im Geiste des Ganzen liegt, dass die streitenden Elemente des Lebens, in ihrer höchsten Energie zu einander gemischt, ungestüm aufbrausen; da das Stück, könnte man sagen, durchhin eine grosse Antithese ist, wo Liebe und Hass, das Süsseste und das Herbeste, Freudenfeste und düstere Ahndungen, liebkosende Umarmungen und Totengrüfte, blühende Jugend und Selbstvernichtung unmittelbar beisammen stehen, so hier auch Mercutios fröhlicher Leichtsinn der schwermütigen Schwärmerei des Romeo in einem grossen Sinne zugesellt und entgegengesetzt. Mercutios Witz ist nicht die kalte Geburt von Bestrebungen des Verstandes, sondern geht aus der unruhigen Keckheit seines Gemüts unwillkürlich hervor. Eben das reiche Mass von Phantasie, das im Romeo mit tiefem Gefühl gepaart einen romantischen Hang erzeugt, nimmt im Mercutio unter den Einflüssen eines hellen Kopfes eine genialische Wendung. In beiden ist ein Gipfel der Lebensfülle sichtbar, in beiden erscheint auch die vorüberrauschende Flüchtigkeit des Köstlichsten, die vergängliche Natur aller Blüten, über die das ganze Schauspiel ein so zartes Klagelied ist. Eben so wohl wie Romeo ist Mercutio zu frühzeitigem Tode bestimmt. Er geht mit seinem Leben um, wie mit einem perlenden Weine, den man auszutrinken eilt, ehe der rege Geist verdampft. Immer aufgeweckt, immer ein Spötter, ein grosser Bewunderer der Schönen, wie es scheint, obgleich ein verstockter Ketzer in der Liebe, so mutig als mutwillig, so bereit mit dem Degen als mit der Zunge zu fechten, wird er durch eine tödliche Wunde nicht aus seiner Laune gebracht, und verlässt mit einem Spasse die Welt, in der er sich über Alles lustig gemacht hat.

Die Rolle der Amme hat Shakspeare unstreitig mit Lust und Behagen ausgeführt: Alles an ihr hat eine sprechende Wahrheit. Wie in ihrem Kopfe die Ideen nach willkürlichen Verknüpfungen durch einander gehn, so ist in ihrem Betragen nur der Zusammenhang der Inconsequenz, und doch weiss sie sich eben so viel mit ihrem schlauen Verstande, als mit ihrer Rechtlichkeit. Sie gehört zu den Seelen, in denen nichts fest haftet, als Vorurteile, und deren Sittlichkeit immer von dem Wechsel des Augenblicks abhängt. Sie hält eifrig auf ihre Reputation, hat aber dabei ein uneigennütziges Wohlgefallen an Sünden einer gewissen Art, und verrät nicht verwerfliche Anlagen zu einer ehrbaren Kupplerin. Es macht ihr eigentlich unendliche Freude, eine Heiratsgeschichte, das Unterhaltendste, was sie im Leben weiss, wie einen verbotenen Liebeshandel zu betreiben. Darum rechnet sie auch Julien die Beschwerden der Botschaft so hoch an. Wäre sie nicht so sehr albern, so würde sie ganz und gar nichts taugen. So aber ist es doch nur eine sündhafte Gutmütigkeit, was ihr den Rat eingibt, Julia solle, um der Bedrängnis zu entgehn, den Romeo verleugnen, und sich mit Paris vermählen. Dass ihre Treue gegen die Liebenden die Prüfung der Not nicht besteht, ist wesentlich, um Juliens Seelenstärke vollkommner zu entfalten, da sie nun bei denen, die sie zunächst umgeben, nirgends einen Halt mehr findet, und bei der Ausführung des vom Lorenzo ihr angegebenen Entschlusses ganz sich selbst überlassen bleibt. Wenn auf der andern Seite diese Abtrünnigkeit aus wahrer Verderbtheit herrührte, so liesse sich nicht begreifen, wie Julia sie je zu ihrer Vertrauten hätte machen können. Das kauderwelsche Gemisch von Gutem und Schlechtem im Gemüt der Amme ist also ihrer Bestimmung völlig gemäss, und man kann nicht sagen, dass Shakspeare den bei ihr aufgewandten Schatz von Menschenkenntnis verschwendet habe. Allerdings hätte er mit Wenigerem ausreichen können, allein Freigebigkeit ist überhaupt seine Art, Freigebigkeit mit Allem, ausser mit dem, was nur bei einem sparsamen Gebrauche wirken kann.…

AUGUST WILHELM SCHLEGEL, *Athenäum*, 1798[1]

In dem edleren und ursprünglichen Sinne des Worts "korrekt", das absichtliche Durchbildung und Nebenausbildung des Innersten und Kleinsten im Werke nach dem Geist des Ganzen, praktische Reflexion des Künstlers, bedeutet, ist wohl kein moderner Dichter korrekter als Shakspeare. So ist er auch systematisch wie kein andrer: bald durch jene Antithesen, die Individuen, Massen, ja Welten in malerischen Gruppen kontrastieren lassen; bald durch musikalische Symmetrie desselben grossen Massstabes, durch gigantische Wiederholungen und Refrains; oft durch Parodie des Buchstabens und durch Ironie über den Geist des romantischen Drama, und immer durch die höchste und vollständigste Individualität und die vielseitigste, alle Stufen der Poesie von der sinnlichen Nachahmung bis zur geistigsten Charakteristik vereinigende Darstellung derselben.

AUGUST WILHELM SCHLEGEL, *Vorlesungen über dramatische Kunst und Litteratur*, 1809

Der Gebrauch der Intrigue ist allerdings sehr vorteilhaft, um die verlangte kurze Dauer einer wichtigen Handlung zu erzwingen. Denn wer Intriguen spielt, ist geschäftig, und versäumt keine Zeit um zu seinem Zweck zu gelangen. Der gewaltige Kreislauf der menschlichen Schicksale geht hingegen seinen gemessenen Schritt wie der Wechsel der Jahrszeiten; grosse Entschlüsse reifen langsam; die nächtlichen Einge-

[1] This Fragment may be Friedrich Schlegel's.

bungen frevelnder Tücke treten aus den Abgründen des Gemüts scheu und zögernd ans Licht hervor; und die strafende Vergeltung verfolgt, wie Horaz so schön als wahr sagt, den vor ihr fliehenden Verbrecher nur mit hinkendem Fusse. Man versuche es einmal, das Riesengemälde von Macbeths Königsmord, seiner tyrannischen Usurpation und endlichem Sturz auf die enge Einheit der Zeit zurückzuführen, und sehe dann, ob es nicht bloss dadurch seine erhabene Bedeutung verliert, man möge auch noch so viel von den Begebenheiten, die uns Shakspeare schauerlich ergreifend vorüber führt, vor den Anfang des Stücks verlegen und sie in matter Erzählung anbringen. . . .

Nach allen Stimmen zu urteilen, die von dorther noch zu uns herüberhallen, wussten die Zeitgenossen Shakspeare's gar wohl, was sie an ihm hatten; sie fühlten und verstanden ihn besser als die Meisten, die späterhin sich haben vernehmen lassen. Eins von den Lobgedichten, womit man damals die Herausgabe eines Schriftstellers zu begleiten pflegte, und noch dazu von einem Ungenannten, gehört zu den schönsten und treffendsten, was je über den Dichter gesagt worden. Indessen kam schon frühzeitig die Vorstellung in Gang, Shakspeare sei ein rohes Genie gewesen, und habe blindlings unzusammenhängende Dichtungen auf gut Glück hingeschüttet. Ben Jonson, ein jüngerer Zeitgenosse und Nebenbuhler Shakspeares, der im Schweisse seines Angesichts, aber mit geringem Erfolg das englische Schauspiel nicht romantisch, sondern nach dem Muster der Alten zu bilden strebte, meinte, er habe nicht genug ausgestrichen, und weil er wenig Schulgelehrsamkeit besessen, verdanke er der Natur mehr als der Kunst. Auch der gelehrte und zuweilen etwas pedantische Milton stimmt in diesen Ton ein, wenn er sagt

> Our sweetest Shakspeare, fancy's child,
> Warbles his native woodnotes wild.

Doch gereicht es ihm zur Ehre, Shakspeares Süssigkeit, die verkannteste unter seinen Eigenschaften, empfunden zu haben. Die neueren Herausgeber, sowohl in ihren Vorreden, die jedoch als rhetorische Uebungen im Lobpreisen des

Dichters gemeint sind, als in ihren einzelnen Bemerkungen, gehen viel weiter. Nicht nur geben sie die Regellosigkeit seiner Stücke nach gar nicht auf sie anwendbaren Grundsätzen zu, sondern sie beschuldigen ihn des Bombastes, einer verworrenen, ungrammatischen, witzelnden Schreibart, und der verkehrtesten Possenreisserei. Pope behauptet, er habe gewiss besser, aber vielleicht auch schlechter als irgend ein Andrer geschrieben. Alle Auftritte und Stellen, die seinem kleinlichen Geschmacke nicht zusagten, wollte er auf die Rechnung verfälschender Schauspieler setzen, und war auf dem besten Wege, wenn man ihn gehört hätte, uns einen schmählich verstümmelten Shakspeare zu bescheren. Man darf sich also nicht wundern, wenn die Ausländer, die Deutschen der neuesten Zeit ausgenommen, solche Urteile nach ihrer Unkenntnis übertrieben. Sie reden von Shakspeares Schauspielen als abenteuerlichen Ungeheuern, die nur in einer wüsten barbarischen Zeit von einem beinah verbrannten Gehirn ans Licht gefördert werden mochten; und Voltaire schlägt dem Fasse den Boden ein, indem er sich erdreistet zu sagen: Hamlet, das tiefsinnige Meisterwerk des philosophischen Dichters, "scheine von einem besoffenen Wilden herzurühren". Dass Ausländer, besonders Franzosen, die oft von der Vorzeit und von dem sogenannten Mittelalter so wunderlich sprechen, als ob erst durch Ludwig den Vierzehnten die Menschenfresserei in Europa wäre abgestellt worden, sich die Meinung von Shakspeares barbarischem Zeitalter eingeschwatzt, möchte hingehen; aber dass die Engländer sich eine solche Verleumdung jener glorreichen Epoche ihrer Geschichte, worin der Grund zu ihrer jetzigen Grösse gelegt worden, gefallen lassen, ist mir unbegreiflich. Shakspeare blühte und schrieb in der letzten Hälfte der Regierung der Elisabeth, und in der ersten König Jakob des ersten, also unter gelehrten und die Wissenschaft ehrenden Monarchen....Die Sache der Protestanten war in England sogleich mit Elisabeths Thronbesteigung entschieden; also kann nicht einmal die Anhänglichkeit an den Glauben der Väter als Beweis der herrschenden Finsternis angeführt werden. Der Eifer für das Studium der Alten war so lebhaft erwacht, dass sogar

Frauen am Hofe, und die Königin selbst, mit der lateinischen und griechischen Sprache vertraut waren.... Handel und Schiffahrt, welche die Engländer schon nach allen vier Weltteilen trieben, machten sie mit den Sitten und geistigen Hervorbringungen anderer Nationen bekannt, und sie waren damals, wie es scheint, gegen fremde Sitten gastfreier als jetzt....

Es war gesunde Kraftfülle vorhanden, die sich keck und oft mutwillig kund gab. Der ritterliche Geist war noch nicht erloschen, und eine Königin, die weit mehr für ihr Geschlecht als für ihre Würde Huldigung begehrte, und die durch ihre Entschlossenheit, Klugheit und grosse Gesinnung in der Tat Begeisterung einflössen konnte, entflammte diesen Geist zu edler Ruhmbegierde. Auch Reste der alten Feudal-Unabhängigkeit gab es noch: der Adel hielt auf Pracht in den Kleidertrachten und zahlreiches Gefolge, so dass jeder grosse Herr fast einen kleinen Hof um sich hatte. Ueberhaupt war der Unterschied der Stände stark bezeichnet, und dies ist für den dramatischen Dichter sehr erwünscht....

Anachronisms

Seine Unwissenheit will man besonders durch einige geographische Schnitzer und Anachronismen beweisen. Man lacht darüber, dass er in einem märchenhaften Lustspiele Schiffe in Böhmen landen lässt. Allein ich glaube, man hätte sehr Unrecht, daraus zu schliessen, er habe nicht eben so gut wie wir die schätzbare und nicht schwer zu erwerbende Kenntnis besessen, dass Böhmen von keiner Seite an die See stösst.... Bei den Novellen, die er bearbeitete, hütete er sich wohl, seine Zuhörer, denen sie bekannt waren, durch Berichtigung von Irrtümern in Nebendingen zu stören. Je wunderbarer die Geschichte, desto mehr spielt sie auf einem bloss poetischen Boden, den er nach Belieben in einer unbestimmten Ferne hält.... Er wusste gewiss, dass es im Ardennerwalde keine Löwen noch Schlangen der heissen Zone gibt, eben so wenig als arkadische Schäferinnen: aber er versetzte beide dahin, weil der Entwurf und die Bedeutung seines Gemäldes es so erforderte.... Ich unternehme darzutun, dass Shakspeares Anachronismen mehrenteils geflissentlich und mit grossem Bedacht angebracht sind. Es lag ihm oft daran, das Dargestellte aus dem Hintergrunde der Zeiten ganz in die Nähe zu rücken. So herrscht im Hamlet, wiewohl anerkannt einer alten nordischen Geschichte, der Ton modischer Geselligkeit und in allen Stücken das Costüm der neuesten Zeit. Ohne diese Umgebung wäre es gar nicht zulässig gewesen, den Hamlet zu einem philosophischen Grübler zu machen, worauf doch der Sinn des Ganzen beruht. Deswegen erwähnt er auch seiner Erziehung auf einer Universität, wiewohl es zur Zeit des historischen Hamlet noch keine Universitäten gab. Er lässt ihn in Wittenberg studieren, und keine Wahl konnte schicklicher sein: vorzüglich war es im protestantischen England berühmt, weil Luther kurz zuvor dort gelehrt und geschrieben hatte, und der Name musste sogleich den Begriff freier Geistesregung erwecken....

Shakespeare as Artist

Mir ist Shakspeare ein tiefsinniger Künstler, nicht ein blindes, wild laufendes Genie. Was man hievon schwatzt, halte ich überhaupt nur für eine fabelhafte Sage, für einen blinden alten Wahn. Bei den übrigen Künsten widerlegt es sich schon von selbst, denn hier ist erworbene Wissenschaft eine unerlässliche Bedingung, um irgend etwas zu leisten. Aber auch bei solchen Dichtern, die man für sorglose Zöglinge der Natur ohne alle Kunst und Schule auszugeben pflegt, fand ich bei näherer Betrachtung, wenn sie wirklich vortreffliche Werke geliefert, ausgezeichnete Cultur der Geisteskräfte, geübte Kunst, reifliche überlegte und würdige Absichten. Die Tätigkeit des Genies ist zwar ihm eine natürliche und in gewissem Sinne bewusstlose, wovon also der, welcher sie ausübt, nicht immer augenblicklich Rechenschaft wird ablegen können; es ist aber keineswegs eine solche, woran die denkende Kraft nicht einen grossen Anteil hätte. Eben die Schnelligkeit und Sicherheit der Geisteswirkung, die höchste Klarheit des Verstandes macht, dass das Denken beim Dichten nicht als etwas abgesondertes wahrgenommen wird, nicht als *Nach*denken erscheint....Shakspeares Compositionen sind eben wegen ihrer tiefen Absichtlichkeit dem Ungemach ausgesetzt gewesen, missverstanden zu werden.

Ueberdies lässt die prosaische Kritik die poetische Form allenfalls in den Einzelnheiten der Ausführung gelten, was aber den Plan der Stücke betrifft, da sucht sie nichts andres als den logischen Zusammenhang von Ursachen und Wirkungen, oder eine einseitige triviale Moral als Nutzanwendung, und was sich hierauf nicht zurückführen lässt, erklärt sie für überflüssige oder gar störende Zutaten.... Man verkennt hierbei ganz und gar die Rechte der Poesie, und die Natur des romantischen Dramas, welches eben weil es pittoresk ist und sein soll, reichere Umgebungen und Contraposte für seine Hauptgruppen erfordert. In aller Kunst und Poesie, vornehmlich aber in der romantischen, macht die Phantasie als eine unabhängige Seelenkraft, die sich nach eignen Gesetzen regiert, ihre Ansprüche geltend....

Shakespeare's Irony

Wenn die Zeichnung seiner Charaktere, jeden einzeln betrachtet, schon unübertrefflich fest und richtig ist, so übertrifft er sich selbst noch in ihrer Zusammenstellung und gegenseitigen Einwirkung. Dies ist eigentlich der Gipfel der dramatischen Charakteristik: denn man kann einen Menschen niemals ganz abgesondert für sich nach seinem wahren Wert beurteilen, man muss ihn in seinem Verhältnis zu Andern sehen; und hier sind eben die meisten dramatischen Dichter mangelhaft. Shakspeare macht jede seiner Hauptpersonen zu einem Spiegel der übrigen, in welchem wir das entdecken, was uns nicht unmittelbar eröffnet werden konnte. Was bei Andern schon das Tiefste, ist bei ihm erst Oberfläche. Man wäre übel beraten, wenn man die Aeusserungen der Personen über sich selbst und Andre immer für bare Münze nähme. Die zweideutige Gesinnung fliesst bei ihm, wie billig, von lobenswürdigen Grundsätzen über, und der Albernheit sind nicht selten weise Lehren in den Mund gelegt, um anzudeuten, wie wohlfeil dergleichen Gemeinplätze zu haben sind. Niemand hat so wie er den leisen Selbstbetrug geschildert, die halb selbstbewusste Heuchelei gegen sich, womit auch edle Gemüter die in der menschlichen Natur fast unvermeidliche Eindrängung selbstischer Triebfedern verkleiden. Diese geheime Ironie der Charakteristik ist bewunderungswürdig als ein Abgrund von Scharfsinn, aber dem Enthusiasmus tut sie wehe. Dahin kommt man also, wenn man das Unglück gehabt hat, die Menschheit zu durchschauen, und ausser der traurigen Wahrheit, dass keine Tugend und Grösse ganz rein und echt sei, und dem gefährlichen Irrtum, als stände das Höchste zu erreichen, bleibt uns keine Wahl übrig. Hier spüre ich, während er die innigsten Rührungen erregt, in dem Dichter selbst eine gewisse Kälte, aber die eines überlegenen Geistes, der den Kreis des menschlichen Daseins durchlaufen, und das Gefühl überlebt hat.

Die Ironie bezieht sich aber beim Shakspeare nicht bloss auf die einzelnen Charaktere, sondern häufig auf das Ganze der Handlung....Wenn der Dichter zuweilen durch eine geschickte Wendung die weniger glänzende Kehrseite der Münze nach vorne dreht, so setzt er sich mit dem auserlesenen Kreis der Einsichtsvollen unter seinen Lesern oder Zuschauern in ein verstohlnes Einverständnis; er zeigt ihnen, dass er ihre Einwendungen vorhergesehen und im voraus zugegeben habe; dass er nicht selbst in dem dargestellten Gegenstande befangen sei, sondern frei über ihn schwebe, und dass er den schönen, unwiderstehlich anziehenden Schein, den er selbst hervorgezaubert, wenn er anders wollte, unerbittlich vernichten könnte. Wo das eigentlich Tragische eintritt, hört freilich alle Ironie auf, allein von dem eingestandnen Scherz der Komödie an bis dahin, wo die Unterwerfung sterblicher Wesen unter ein unvermeidliches Schicksal den strengen Ernst fordert, gibt es eine Menge menschlicher Verhältnisse, die allerdings, ohne die ewige Grenzscheidung zwischen Gut und Bös zu verwirren, mit Ironie betrachtet werden dürfen. Diesem Zweck dienen die komischen Personen und Auftritte, welche in Shakspeares meisten Stücken einer edlen und erhöhenden Darstellung romantischer Dichtungen oder historischer Vorfälle eingeflochten sind. Manchmal ist eine bestimmte Parodie des ernsthaften Teils darin nicht zu verkennen; andremale ist der Zusammenhang

loser und willkürlicher, um so mehr, je wunderbarer die
Erfindung des Ganzen ist, je mehr es bloss zu einer leichten
Gaukelei der Phantasie wird. Ueberall dienen die komischen
Unterbrechungen dazu, zu verhüten, dass das Spiel sich nicht
in ein Geschäft verwandle, dem Gemüt seine Heiterkeit zu
bewahren, und jenen trüben schwunglosen Ernst abzuhalten,
der sich so leicht im sentimentalen jedoch nicht tragischen
Schauspiele einschleicht....

Caliban

Caliban ist unter den seltsamen Schöpfungen einer dichterischen Einbildungskraft zum Sprichwort geworden. Ein
Mittelding von einem Gnomen und einem Wilden, halb
dämonischer, halb viehischer Natur, in dessen Betragen man
zugleich die Spuren seiner angebornen Art und den Einfluss
von Prosperos Erziehung wahrnimmt. Dieser hat nur seinen
Verstand entwickeln können, ohne im geringsten seine
eingewurzelte Bosheit zu zähmen: es ist als ob einem töl-
pischen Affen der Gebrauch der Vernunft und menschliche
Sprache verliehen worden wäre. Caliban ist schadenfroh,
feige, falsch, und knechtisch gesinnt; dennoch unterscheidet
er sich wesentlich von den pöbelhaften Bösewichtern in einer
civilisierten Welt, wie sie Shakspeare zuweilen geschildert hat.
Er ist roh, aber nicht gemein, er verfällt niemals in die prosaische und platte Vertraulichkeit seiner betrunknen Gesellen,
denn er ist auf seine Weise ein poetisches Wesen; auch spricht
er immer in Versen. In der Sprache hat er alles harte,
misslautende, dornige aufgehascht, und daraus sein Wörter-
buch zusammengesetzt, so wie sich aus der ganzen Mannigfaltigkeit der Natur nur das Feindselige, Widerwärtige und
kleinlich Missgestaltete in seiner Einbildungskraft abgedrückt
hat. Die magische Geisterwelt, die Prosperos Zauberstab auf
der Insel versammelt, wirft nur einen schwachen Widerschein
in sein Gemüt, so wie ein Lichtstrahl, der in eine dumpfe
düstre Höhle fällt, unvermögend sie auszuwärmen und zu
erleuchten, bloss die giftigen Dünste erregt. Die ganze
Schilderung dieses Ungeheuers ist von unbegreiflicher
Consequenz und Tiefe, und ungeachtet ihrer Hässlichkeit

doch nicht beleidigend für das Gefühl, weil die Ehre der Menschheit nicht dabei gefährdet wird. . . .

Macbeth

Wer könnte das Lob dieses erhabenen Werkes erschöpfen? Seit den Furien des Aeschylus war etwas so grosses und furchtbares nicht wieder gedichtet worden. Zwar die Hexen sind keine göttlichen Eumeniden und sollen es nicht sein: sie sind unedle und gemeine Werkzeuge der Hölle. Ein deutscher Dichter hat es also sehr übel verstanden, da er sie in warnende und sogar moralisierende Zwitterwesen von Parcen, Furien und Zauberinnen umgestaltet und mit tragischer Würde bekleidet hat.[1] Lege doch niemand Hand an Shakspeares Werke, um etwas wesentliches daran zu ändern: es bestraft sich immer selbst. Das Böse ist von Grund aus hässlich, und es ist widersinnig, es auf irgend eine Art veredlen zu wollen.

Ob Shakspeares Zeitalter noch an Zauberei und Gespenster glaubte, das ist für die Rechtfertigung des Gebrauchs, welchen er im Hamlet und Macbeth von den vorgefundenen Ueberlieferungen gemacht, vollkommen gleichgültig. Kein Aberglaube hat herrschend und weit durch Zeiten und Völker verbreitet sein können, ohne eine Grundlage in der menschlichen Natur zu haben: an diese wendet sich der Dichter, und ruft aus ihren verborgenen Tiefen hervor, was die Aufklärung gänzlich beseitigt zu haben meint, jenen Schauer vor dem Unbekannten, jene Ahndung einer nächtlichen Seite der Natur und Geisterwelt. Auf diese Art wird er gewissermassen zugleich der Darsteller und der Philosoph eines Aberglaubens, d. h., nicht der Philosoph, der wegleugnet und verspottet, sondern was schwerer ist, der den Ursprung scheinbar vernunftwidriger und doch so natürlicher Meinungen begreiflich macht. Shakspeares Darstellung der Hexen ist wahrhaft magisch: er hat ihnen in den kurzen Szenen, wo sie auftreten, eine eigene Sprache geschaffen, die, wiewohl aus den gewöhnlichen Elementen zusammengesetzt, dennoch eine Sammlung von Beschwörungsformeln zu sein scheint, und worin der Laut der Worte, die gehäuften Reime und der

[1] The reference is to Schiller's translation of *Macbeth*, see below, pp. 183–187.

Rhythmus der Verse gleichsam die dumpfe Musik zu wüsten Hexentänzen bilden. Man beklagt sich über die Nennung ekelhafter Gegenstände: wer aber meint, der Zauberkessel könne mit angenehmen Aromaten wirksam gemacht werden, der versteht es nicht besser als die, welche begehren, dass die Hölle ehrlich guten Rat geben soll. Diese widerwärtigen Dinge, wovon sich die Einbildungskraft abwendet, sind hier ein Sinnbild feindseliger Kräfte, die in der Natur arbeiten, und der geistige Schauer überwiegt den sinnlichen Abscheu. Unter sich reden die Hexen wie Weiber aus dem Pöbel, denn das sollen sie ja sein; dem Macbeth gegenüber erhebt sich ihr Ton: ihre Weissagungen, die sie selbst aussprechen, oder von ihren Fantomen aussprechen lassen, haben die dunkle Kürze, die majestätische Feierlichkeit, wodurch von jeher die Orakel den Sterblichen Ehrfurcht einzuflössen wussten. Man sieht hieraus, dass die Zauberinnen selbst nur Werkzeuge sind; sie werden von unsichtbaren Geistern regiert, sonst würde die Bewirkung so grosser und entsetzlicher Begebenheiten über ihre Sphäre sein.

Und welches war nun der Zweck, wozu ihnen Shakspeare in seinem Schauspiel dieselbe Stelle einräumte, die sie in Macbeths Geschichte nach den alten Chroniken einnehmen? Ein ungeheures Verbrechen geschieht: Duncan, ein ehrwürdiger Greis und der gütigste König, wird ermordet; von seinem Untertan, den er so eben mit Ehren und Wohltaten überhäuft hat; im wehrlosen Schlafe; unter dem gastfreundlichen Dach. Bloss natürliche Antriebe scheinen zu schwach, oder wenigstens müsste der Täter als der verhärtetste Bösewicht geschildert werden. Shakspeare wollte uns ein erhabneres Bild zeigen: einen ehrgeizigen aber edeln Helden, der einer tief angelegten höllischen Versuchung erliegt, und in welchem alle Verbrechen, wozu ihn die Notwendigkeit treibt, den Erfolg seiner ersten Untat zu behaupten, dennoch das Gepräge des angebornen Heldentums nicht ganz auslöschen können.... Man könnte glauben, in diesem Trauerspiele herrsche das Verhängnis ganz nach den Begriffen der Alten: alles hebt mit einem übernatürlichen Einflusse an, woran die folgenden Begebenheiten wie durch eine unvermeidliche Verkettung geknüpft sind.

NOVALIS

Histories

Die aus der englischen Geschichte geschöpften Schauspiele sind zehn an der Zahl; eins der gehaltreichsten Werke Shakspeares, und zum Teil aus seiner reifsten Zeit. Ich sage mit Bedacht, eines seiner Werke; denn offenbar hat sie der Dichter alle zu einem grossen Ganzen zusammengeordnet. Es ist gleichsam ein historisches Heldengedicht in dramatischer Form, wovon die einzelnen Schauspiele die Rhapsodien ausmachen. Die Hauptzüge der Begebenheiten sind so treu aufgefasst, ihre Ursachen und sogar ihre geheimen Triebfedern sind so lichtvoll durchschaut, dass man daraus die Geschichte nach der Wahrheit erlernen kann, während die lebendige Darstellung sie der Einbildungskraft unauslöschlich einprägt. Allein diese Reihe von Schauspielen ist dazu gemacht, einen viel höheren und allgemeineren Unterricht zu erteilen; sie bietet für all Zeiten gültige Beispiele vom politischen Weltlaufe dar. Dieser Spiegel der Könige sollte ein Handbuch junger Fürsten sein: sie können daraus die innre Würde ihres angestammten Berufs kennen lernen, aber auch die Schwierigkeiten ihrer Lage, die Gefahren der Usurpation, den unvermeidlichen Fall der Tyrannei, die sich selbst untergräbt, indem sie sich fester gründen will; endlich die verderblichen Folgen von den Schwächen, Fehltritten und Verbrechen der Könige für ganze Nationen und auf mehrere Menschenalter hinaus.

FRIEDRICH VON HARDENBERG (Novalis)

Werke, ed. Kluckhohn, Bd. 3, 331.   *Fragment*, 1799.

Schlegels übersehn, indem sie von der Absichtlichkeit und Künstlichkeit der Shakespearischen Werke reden—dass die Kunst zur Natur gehört, und gleichsam die sich selbst beschauende, sich selbst nachahmende, sich selbst billigende Natur ist. Die Kunst einer gut entwickelten Natur ist freilich von der Künstelei des Verstandes, des bloss räsonierenden Genies himmelweit verschieden. Shakespeare war kein Kalkulator— kein Gelehrter—er war eine mächtige, buntkräftige Seele, deren Erfindungen und Werke wie Erzeugnisse der Natur das Gepräge des denkenden Geistes tragen—und in denen auch der letzte scharfsinnige Beobachter noch neue Uebereinstimmungen mit dem unendlichen Gliederbau des Weltalls—Begegnungen mit spätern Ideen, Verwandtschaften mit den höhern Kräften und Sinnen der Menschheit finden wird. Sie sind sinnbildlich und vieldeutig, einfach und unerschöpflich, wie jene, und es dürfte nichts Sinnloseres von ihnen gesagt werden können, als dass sie Kunstwerke in jener eingeschränkten, mechanischen Bedeutung des Worts seien.

F. W. J. SCHELLING, Letter to A. W. Schlegel
21 October 1802

Das Stück von Calderon hat mich in hohes Entzücken und tiefe Bewunderung gesetzt.[1] Es ist eine völlig neue Anschauung und öffnet mehr, als ich zu sagen vermag, die Perspektive auf die Grösse, deren die romantische Poesie fähig ist. Wenn ich je ein Stück gekannt habe, das ganz Stoff und ganz Form ist, so ist es dieses: beide durchdringen sich bis zur absoluten Durchsichtigkeit. Selbst Shakespeare erscheint mir dagegen trüber, über dessen Absichten es Zweifel und abweichende Meinungen geben kann. Hier ist die Absicht ganz ins Objekt übergegangen und ihm verbunden. Wollte man die Offenbarung innerer Absichten, die unwillkürlich scheint, Naivetät nennen, so wäre Calderons Gedicht das Naivste, was mir vorgekommen ist: er spielt ein ganz offenes Spiel, man sieht auf den Grund seiner Seele, er selbst spricht in verschiedenen Stellen seinen ganzen Sinn und Absicht aus—und macht doch die ganze Wirkung, welche bei Shakespeare oft nur die unenthüllbare oder unergründliche Absicht und Tiefe hervorbringt. Ein anderer Punkt der Vergleichung und Unterscheidung von Shakespeare ist die Mischung des Komischen und Tragischen: ich gestehe, dass mir diese Elemente bei Shakespeare weit mehr *neben* einander zu liegen scheinen, und dass jenes in den viel leiseren Zügen, mit welchen es bei Calderon entworfen ist, dem Ganzen eine weit grössere Identität und Reinheit lässt. Dieses Gedicht zeigt, welch ein notwendiges Element der Poesie die Religion

[1] Schelling refers to Calderon's *Devocion de la Cruz.*

ist, was diese dem Dichter erlaubt, da er in ihr die Mittel der Versöhnung und der Harmonie findet. Der weit zurückgehende Hintergrund, da Eusebios Schicksal nicht durch ihn selbst, sondern den Willen des Himmels bestimmt ist, der ihn nach der Geburt bei dem Kreuz zurücklässt und dadurch die blinde Wut seiner Liebe zu Julia, die nach allen tragischen Begriffen nichts anderes als Schrecklichkeiten erzeugen kann und den Brudermord nebst allen Folgen begründet—diese Zurückweichung des Ganzen in ein früheres Verhängnis wie die religiöse Lösung am Ende geht zunächst an das Antike und erinnert an Oedipus und alles grosse, sowie überhaupt dies das Antike wahrhaft im Modernen—der Gegensatz wahrhaft und wesentlich aufgehoben ist, ohne dass dieses aufhörte romantisch und modern zu sein.

ADAM MÜLLER, *Ueber die dramatische Kunst.* Vorlesungen gehalten zu Dresden, 1806

Vermischte Schriften über Staat, Philosophie und Kunst (2nd ed.), Wien, 1817

Fragmente über William Shakespeare

8. Die Zeit und das Urteil über die Schönheit und die Kunst, ist endlich dahin gediehen, dass wir unsere Ehrfurcht vor den Alten, unsere Treue gegen unsere Lehrer, die Griechen, und unsere Liebe für unsere Freunde, die Modernen, nicht besser ausdrücken können, als indem wir den gewaltigsten und reichsten Künstler (Shakespeare) auf den Richterstuhl setzen und darüber einig werden, Maas und Richtschnur für die übrigen in ihm zu finden. Gemeine Regeln für das Handwerk der Poesie, und für den poetischen Calcül, lassen sich aus ihm nicht herleiten; nachahmen lässt er sich gar nicht: aber ein Ergriffenwerden von ihm, ein Fortgerissenwerden in den hohen Schwung des Lebens, in die echte Freiheit von allen drückenden, beengenden Formen—das gibt es wohl. Deshalb weil er notwendig ist in allen Werken, wie die wirkende Natur, und doch ohne Spur von Fesseln und Regelzwang; deshalb weil er frei, unendlich frei ist, und doch die kleine Stelle noch erst aufgefunden soll, wo er etwa willkürlich oder

übermütig im Missbrauch der Freiheit erscheinen möchte;
deshalb, weil er mit derselben Hand die Natur zu erforschen
und sie künstlich zu erzeugen scheint, weil er den Monolog
der sinnenden, nach einem Zwecke strebenden Kunst, mit
dem unendlichen Dialog[1] der spielenden, wechselnden, ewig
beweglichen Natur in seiner höhern dramatischen Person
vereinigt, wie keiner mehr; deshalb muss mit ihm, wie spät
auch im Laufe der Zeiten seine irdische Erscheinung fällt,
wie grosse Helden der Bühne auch schon vor ihm hergegangen
seien, die Geschichte der dramatischen Poesie beginnen.

11. Von allen Werken des Shakespeare trägt dieses jugendliche (der Sommernachtstraum) am meisten den Charakter
der Zeit. Es ist Märchen, Romanze und Drama zugleich,
und deshalb für das Studium der romantischen Poesie das
lehrreichste. Das spätere Drama: Wie es Euch gefällt, ist ihm
am nächsten verwandt; auch in diesem schwelgt germanisches
Leben aber nur noch als schöne Erinnerung, denn der Dichter
ist schon weit hinaus gewachsen über seine Zeit. Im Sommernachtstraum lebt er noch kindlich darin, schläft wie eine Elfe
in Blumen gebettet, spukt mit dem lustigen Kobolt durch die
feuchten Nebel umher, und neckt die Kinder der eignen
Phantasie, und zwingt sein eignes Gewerbe, unter der lustigen
Gestalt poetisirender, theatralischer Handwerker, in die tolle
Verwicklung hinein. Er verlegt die Scene nach Athen, lässt
den Theseus als König auftreten, sich mit der Hippolyta
vermählen, und Elfen und Kobolte in dem nahgelegenen
Walde ihr Wesen treiben. Doctor Johnson und Meister
Warburton[2] schütteln mit dem Kopfe und schelten, dass er die
Geschichte, die Zeitläufte nicht wahrnimmt; dass er die alte
und neue Zeit durcheinander wirft. Shakespeare kann nicht
begreifen: warum nicht? Es gefalle ihm nun einmal in Athen,
warum er denn Alt-England zu Hause lassen soll, wenn er in
Griechenland spielen wolle; er habe nun einmal alle seine
Phantasien und Spielsachen mitgebracht dorthin. "Er ver-
letzt aber das Costüm", meinen die beiden grämlichen

---

[1] For Müller's use of "Monologue" and "Dialogue" see Introduction, p. 31.
[2] The English editors of Shakespeare.

Schulmeister! der Dichter antwortet: "es möge gegen Theseus Costüm immerhin sein, gegen Shakespeares sei es aber gewiss nicht." Wir wollen dies Gespräch lieber abbrechen, damit die deutschen Schauspieldirectoren es nicht hören und mit den englischen Kritikern gemeinschaftliche Sache machen. Denn schon längst ist es dahin gekommen in Deutschland, dass die meisten Theaterdirectoren nichts mehr sind, als eine höhere Potenz des Theaterschneiders: in historischen Dramen will man vor allen Dingen den Helden sehen, wie er geleibt und gelebt hat, auf welchen Stühlen er gesessen, und wie er die Kniegürtel gebunden: man verlangt vornehmlich Sittengemälde alter Zeiten, und um beiher doch spielweis in der Historie zu profitiren. Aber wenn sich der Dichter offenbart, schwebend über, lebend in aller Zeit überhaupt; oder in anscheinender Verwirrung, wie Tiere und Wälder um den Orpheus, sich die entlegensten, widerstrebendsten Naturen friedlich um seine Leier herlagern, dann kommen die gelehrten Leute und weisen Naturforscher und schelten über den Widerspruch und beweisen uns, dass nun einmal der Wolf und das Lamm nicht so in der Natur neben einander gefunden würden, dass die Kanonen zur Zeit der Zerstörung Trojas noch nicht im Gebrauch gewesen u.s.f. Kurz, wenn etwas Ausserordentliches geschieht, so haben sie nur das eine dagegen einzuwenden, dass es nicht gemein sei: wenn historischer Kram und Stammbäume und Jahrzahlen nicht mehr angezogen werden sollen, so ist ihre Kritik am Ende.

12. Es eröffnet sich eine von der bisher betrachteten durchaus verschiedene Welt, indem wir uns dem historischen Drama des Shakespeare nähern. Unter historischem Drama nämlich verstehen wir hier insbesondere acht unermesslich grossen Darstellungen aus der britischen Geschichte, die ein einziges zusammenhängendes Trauerspiel bilden.—Ich möchte diesen Dramen den gemeinschaftlichen Namen geben: vom Untergange der britischen Ritterzeit. . . .

Die britische Geschichte hat den ganz eignen Charakter, dass sich in ihr die Geschichte des übrigen Europa concentrirt darstellt. Friedrich Schlegel hat bereits scharfsinnig bemerkt, dass alle Revolutionen, die Europa im Ganzen hat erfahren müssen, England gewissermassen im voraus, auf seine eigne Hand abgemacht hat.... Es ist als wenn auf jener Insel, eben durch die Trennung von der übrigen Welt, und durch die übrigens ganz gleichen Einflüsse der Bildung und des öffentlichen Lebens, alle Wesenheiten des europäischen Charakters viel reiner und anschaulicher hervorträten; es ist, als wenn die britische Geschichte ein Drama für sich wäre, worin Europa den Gedanken und das Ideal seiner Geschichte wieder zu finden vermöchte. Ich brauche nicht an den dramatischen Charakter der britischen Verfassung zu erinnern, die von jeher deshalb gepriesen worden, weil sie eben so wenig despotisch, d. h. monologisch, als demokratisch, d. h. dialogisch genannt werden kann, sondern vielmehr das monologische Element unter der Gestalt von König, Geistlichkeit und Adel, und das Dialogische, unter der Gestalt des Unterhauses in ein einziges, schönes und dramatisches Ganze vereinigt.... Eben weil wir durch diese ganze Geschichte hindurch ein immer reges Gleichgewicht der Kräfte wahrnehmen, weil wir uns in die Betrachtung keines einzelnen Helden ausschliessend und monologisch vertiefen dürfen, sondern immer wieder hingerissen werden zu einem neuen, oder zu irgend einer unerwarteten Wendung des Schicksals, so erzeugt sich in uns ein wahrhaft dramatisches Interesse am Ganzen, an der Idee; eben deshalb ist das Studium der britischen Geschichte schöne Vorübung für den dramatischen Dichter. Diese Geschichte ist bis jetzt nur beschrieben worden von Shakespeare in den oben erwähnten acht Tragödien, die eine einzige bilden....

13. Betrachten wir demnach zuvörderst Richard II. Dieses Drama stehet am Eingange als eine Art von harter Prüfung für den Leser: was in diesem von monologischem Interesse noch übrig geblieben ist, muss sich hier schlechterdings melden. Der schwache König empört uns in den beiden ersten Acten durch die schmachvolle Behandlung seiner Oheime und Vettern; noch mehr, er verpachtet sein Königreich England. Verdient ein solcher zu herrschen, er, der

Stiefvater seines Volks, er, der mit dem Herzen und dem
Eigentum seines Volkes verwachsen sein sollte, versetzt Volk
und Land für Summen Geldes, verpachtet es wie eine
armselige Meierei. In den Leserinnen erzeugt sich schon die
Hoffnung, den Unwürdigen bestraft zu sehen: er wird es: sein
Vetter Hereford stürzt ihn vom Throne, den er als König
Heinrich IV besteigt. Richard wird wahnsinnig und stirbt.
Sollte Shakespeare so ordinäre, handgreifliche Gerechtigkeit
vollzogen haben? Betrachten wir das Schauspiel näher.
Richard geht mit dem aus der Pacht gewonnenen Gelde nach
Irland, um neu ausgebrochene Unruhen zu dämpfen: indess
landet Hereford als Rebell in England, und allgemeiner
Aufruhr bricht zu seiner Unterstützung aus. Mit der
Nachricht erwacht in Richard das ganze Gefühl seines
königlichen Rechtes: er fühlt die Salbung durch sein ganzes
Wesen: jeder Tropfen Bluts in seinem Innern ruft ihm zu:
Du bist König, der Gesalbte des Herrn; das Recht der
Erstgeburt ist unerschütterlich in dir. Er fliegt nach England,
küsst den Boden da er landet; nur da die Sonne bei den
Antipoden weilte, konnte Meuterer und Rebellen es wagen,
unter dem Schutze der Nacht Englands Ruhe zu stören, so
spricht er: sobald sie in Osten wieder aufsteigt, werden die
Söhne der Nacht sich in ihre Schlupfwinkel zurückziehen.
Richard pocht auf sein heiliges Recht, immer begeisterter
durch die unsichtbare Heiligkeit seiner Bestimmung, jemehr
seine Getreuen abfallen von ihm. Er versäumt die irdischen
Verteidigungs-Anstalten, und harrt noch auf die Engel
Gottes, die ihm zu Hilfe kommen müssten, als schon sein
Thron gesunken ist, und Heinrich über ihm, getragen von
der Volksgunst, sich erhoben hat. Da geht sein religiöser
Glaube in zerschmetternden Wahnsinn über: der Zuschauer,
hingerissen von seinen unwiderstehlichen, prophetischen
Worten, von seinem beweinenswerten Schicksal zu Boden
gedrückt, fragt da der Vorhang fällt: aber warum denn die
Majestät Gottes und seiner Stellvertreter, der Grossen auf
Erden, offenbaren in dem Munde desselbigen, der so viel
Ungerechtes getan, der durch zwei Acte hindurch mit
Schwäche und Lastern uns alle empört hat? warum denn

einen solchen zum Propheten und Heiligen erheben?—Grade
einen solchen, antwortet Shakespeare! Nicht kommt es
darauf an, ihn, seine Person, sondern die heilige Idee der
königlichen Würde zu erheben, deren einmalige Verletzung
alle Verbrechen der Folgezeit, die ihr künftig dargestellt sehen
sollt, nach sich zog. Gab ich Euch einen König, der zugleich
tadelloser, grossmütiger Mensch war, so nahmt ihr den
Menschen, schlosst euch an seine Brust und übersaht,
vergasst mir den König. In seiner Heiligkeit und Ehrwürdig-
keit wollt' ich das Recht der königlichen Erstgeburt verklären:
die goldne Kette, die durch alle Generationen eines Volkes
greift und sie mächtig zusammen bindet; ein Gesetz, welches
die Natur gegeben, damit Kleine und Grosse, Mächtige und
Geringe ihr gemeinsames Leben und Treiben daran an-
schliessen sollen. Es kann gebrochen werden, dieses Gesetz;
empfangt ihr Könige, wenn ihr den Richard bis zum Wahnsinn
herabsinken seht, *meine Lehre*: das Gesetz selbst als Idee
bleibt und erschüttert aus dem einzigen, unglücklichen Mund
des verlassenen Richard die triumphirenden Urheber des
Bruchs bis in die Tiefe des Herzens, zwingt alle Hörer zu
ehrfurchtsvollem Mitleiden: *diese Lehre empfangt ihr Völker
von mir.*

14. *On Novalis' note on Shakespeare* (see above, p. 151)
Dieses erste Fragment ist offenbar gegen Goethe und einzelne
Aeusserungen desselben über den Shakespear im Wilhelm
Meister gerichtet.[1] Es ist dort viel von der Absichtlichkeit
Shakespears bei Gelegenheit der Zergliederung Hamlets die
Rede: seine Werke werden mit einer Uhr verglichen, deren
gläsernes Zifferblatt zugleich das ganze Räderwerk und alle
geheime Triebfedern der Bewegung wahrnehmen lässt.[2]
Novalis' empfindungsvolle Seele sträubte sich gegen dieses
Wort wie gegen eine Entweihung des Dichters, da man den
schöpferischen Gang seiner Natur nach dem Tempo und
den Positionen eines ordinären Tanzmeisters zu würdigen

---

[1] Müller is here wrong, as the Fragment is expressly a comment on the view
of the Schlegels; though it is in some measure applicable to Goethe's remarks in
Wilhelm Meisters Lehrjahre.
[2] See above, p. 102.

unternommen, da man den dichtenden Shakespear gewissermassen gedacht hätte wie Lessingen, da er aus den dramatischen
Spezies seine Emilia Galotti zusammencalcülirte: Sie sind,
sagte er, kein Kunstwerk im gemeinen, mechanischen Sinn
des Worts. Goethe dagegen, eben so vortrefflich, behauptete,
sie seien keine rohe Naturerzeugnisse im gemeinen, dunklen
und faulen Sinne des Worts. Es gibt nämlich besonders in
Deutschland und England eine Fabel von sogenannten
Naturdichtern, und es stellen sich von Zeit zu Zeit Creaturen
dieser Art ein, die als seltene Phänomene unter diesen
Himmelsstrichen wie wilde Tiere oder Menschen mit Fisch-
schuppen sich sehen lassen und angestaunt werden....

Indess gestehen wir uns, dass selbst Shakespear eine lange
Zeit hindurch als rohes Naturphänomen dieser Art angestaunt
worden: als Curiosität, als Spiel der Natur, als Ausnahme von
der Regel. Von einer solchen Ansicht die ihre eigne Roheit
verkündigt, indem sie die tiefsinnigsten und vollendetsten
Werke der Kunst roh findet, ist man jetzt freilich zurückgekommen: ich habe sogar wagen dürfen von ihm, von dieser
sogenannten Ausnahme aller Regeln, einzig und allein alles
was etwa Regel der dramatischen Poesie zu heissen verdient,
abzuleiten. Aber es findet sich noch in den besseren, einsichts-
volleren die Vorstellung von einer grossen Kluft zwischen der
Kunst und Natur im ausserordentlichen Dichter; immer
zeigen sich noch Vorstellungen von einer mechanischen
Beobachtung der Regeln oder der sogenannten Theorie in der
Kunst. Dem, der den Regeln unterworfen ist, wird in keiner
Kunst etwas gelingen: der Dichter soll lebendiges Gesetz,
milder Beherrscher der Regeln sein....

Die Natur hat mit der Kunst ein und dasselbe Gesetz; ich
kann es nur andeuten, aber es ist ewig wahr: die Natur, die
Geschichte, sind, wo sie erscheinen, allenthalben künstlerisch
im Verfahren; nirgends monologisch, immer dramatisch.
Demnach ist nur von überschwenglicher Höhe der Kunst die
Rede gewesen, man hat nur etwas unaussprechlich ausserordentliches gefühlt, wenn man den Shakespear der Natur
allein hat aneignen wollen, so lange, bis in Goethe ein
Künstler so gross geworden, dass er den Meister und Künstler

Shakespear in die Augen sehen können. Dem Goethe ist es erlaubt, von der Kunst Shakespears, dem frommen Novalis, der mit dem Worte Natur ganz anderes und höheres meinte als die Zeitgenossen, ist es vergönnt, von der Natur im Shakespear zu reden; uns ist erlaubt zu erklären, dass beide, nur verschieden in ihrem Standpunkt gegen die Zeitgenossen das Grosse, Echte und des Shakespears Würdige gewollt und gesagt haben....

Als Heinrich IV König Richard den II vom Throne herab in Wahnsinn und Grab stürzte, da verlor England das Kleinod seiner ritterlichen Unschuld. So ganz, so aus einem Stücke, so rein und unbescholten wie es sich in den heiligen Kriegen und unter der Anführung des schwarzen Prinzen auf den Gefilden von Frankreich zeigte, ist es nun nicht mehr. Argwöhnisch und zurückhaltend zieht sich der alternde Usurpator in das Innere seines Palastes zurück. In der Tat wie in der Erscheinung königlich konnten Eduard III und der schwarze Prinz sich täglich unter jeder Gestalt dem Volke zeigen; niemand konnte vergessen des heiligen Rechts ihres königlichen Blutes und der Taten, welche dieses Recht bekräftigt hatten. Höre man, was dagegen der Usurpator Heinrich IV über das Leben seines Sohnes, des Kronprinzen, sagt: er mache sich zu gemein mit dem Volke; wen man täglich auf den Strassen sähe, der könne unmöglich königliche Würde behaupten; man müsse sich selten machen, imponiren, coquettiren mit der Gunst des Volks. Wer kann hierin verkennen, dass die Unschuld der Krone verloren ist, dass Schein und Absicht unterstützen sollen, was Wahrheit und Taten der Gerechtigkeit nicht mehr tragen können. Selbst im Prinzen von Wales lässt Shakespeare eine feine Coquetterie hervorleuchten: Er wolle recht schlechte Erwartungen im Volke erwecken, sagt er, durch seinen gemeinen Umgang und durch sein wildes Leben, um dereinst bei seiner Thronbesteigung recht überraschen, und die Erwartung übertreffen zu können.—Die Welt ist wirklich getrennt: die Reue sitzt auf dem Throne in *tragischer* Gestalt, sinnend über die Wege des Schicksals, in sich erzeugend schwermütige Ideen über die Unvollständigkeit der Kräfte des Menschen, klagend über den Druck der Krone, beneidend um eine Stunde Schlafs den Schiffsjungen im Mastkorbe. Der Geldmangel, der Mutmangel und die Folgen liederlichen Lebens, etabliren sich dagegen in der Schenke zum wilden Schweinskopf, in *komischer* Gestalt: Handlungen der Willkür, der Gesetzlosigkeit und des Truges wechseln unaufhörlich, umfangen von einem und demselben Element eines ganz unerschöpflichen Witzes. Der Kronprinz geht hinüber und herüber, von der Schenke in das Königshaus und schwankt zwischen dem mageren König und dem feisten Fallstaff, zwischen Ernst und Spiel, wie der Dichter zwischen der komischen und tragischen Muse.—Im ersten Teile ist es die Eifersucht des Kronprinzen gegen den gewaltigen Heisssporn, den jungen ritterlichen Percy, die das Schwanken augenblicklich unterbricht: hier wird der Dichter unerträglich gross. Auf dem Schlachtfelde, wo die beiden Nebenbuhler kämpfen und Percy fällt, erreicht das Komische in Fallstaff seinen Gipfel. Unmässiges Lachen und tiefe tragische Empfindungen mit ihren Tränen wechseln in beschleunigter Folge, und immer mehr bezähmen sie einander, so dass eine einzige beruhigte Empfindung zurückbleibt. Da lässt der Dichter fühlen, was es sei, wenn sich Schmerz und Lust, einmal entzweit, um die Welt streiten. Unaufhörliche Blitze und Ströme von Regen müssen erfolgen, wenn ein reines Gleichgewicht in die Atmosphäre zurückkehren soll.... So zeigen sich in diesem Drama die Komödie und die Tragödie neben einander herlaufend, in einander verschränkt, und beide als Glieder und Teile einer höheren Tragödie.

15. *Von der dramatischen Versöhnung*

Ich höre, besonders unter den Freundinnen des Shakespears, einen Zweifel nachklingen, betreffend den Charakter des blutigen Kindermörder, Richard des III. Auch dieser, fragen sie, stände noch innerhalb der Grenzen der Menschheit? diesen Bösewicht verabscheuen mit ganzer Seele, den freundlichen, gottbegünstigten Richmond, der England von diesem Scheusale befreit, mit Inbrunst bewillkommnen—das wäre auch monologisches Interesse?—Auch dies ist monologisches

Interesse. Also muss man den natürlichen edlen Emp-
findungen der Liebe für die Guten, und des Abscheus vor den
Bösen entsagen, wenn man als würdige Zuschauerin vor der
Bühne sitzen will?—Keineswegs, aber es kommt darauf an,
wie Sie verabscheuen und wie Sie lieben! Wie, wenn ich
Ihnen bewiese, dass die Religion und das echt sittliche
Gefühl in Ihrem Herzen nichts anderes verlangte, als ein
ähnliches dramatisches Interesse an der Welt und am Leben.
Setzen Sie einstweilen an die Stelle des Shakespearschen
Kindermörders, eine Kindesmörderin! So lange Sie bloss das
Verbrechen sehen, werden Sie davor zurückbeben: wenn aber
der Wortführer der Verbrecherin Sie den Zusammenhang der
Ereignisse lehrt, wenn er Ihnen zeigt, wie die Unglückliche
allmählich dahingekommen, wie jeder Schritt den folgenden
nach sich zog, so wird sich Ihr Abscheu allmählich in Mitleiden
auflösen, und höchstens eine Klage über das Schicksal, über
die Notwendigkeit in Ihnen zurückbleiben....

Nun erkennen Sie, dass der endliche Abscheu und die
endliche Liebe nur augenblicklich währen können, und dass es
einen reinen, dramatischen, göttlichen Anteil an dem Schicksal des Lebens gebe, wo man vom Geiste der allgemeinen
Harmonie ergriffen, die Dissonanzen freilich fühlt und tief
fühlt, aber in ihnen sich nicht verlieren, von ihnen nicht
zerrissen werden kann, da in der Dissonanz selbst schon sich
die neue, höhere Harmonie des wohlbekannten Meisters,
wenn auch nur als Ahndung ankündigt. Das ist im Leben,
was ich oben auf der Bühne zeigte, der herrliche Moment,
wenn das Gemüt den Thron besteigt, und die Lust wie die
Trauer, die Ironie wie das Spiel in seinem ruhigen Umfang,
herrschend aufnimmt. Steigen Sie, alle acht historische
Dramen noch einmal betrachtend hindurch, und ich bin
überzeugt, der Abscheu vor Richard III wird sich milde zum
Mitleid veredeln, und Sie werden mir beipflichten, dass der
musikalische, der dramatische, der menschliche und der
religiöse Anteil eins und dasselbe sind.

16. Erlauben Sie mir noch ein einziges profanes kritisches
Wort über eine einzelne höchst merkwürdige Person des

Stücks (Lear): in den schauerlichsten Situationen zeigt sich allenthalben eine komische Figur, der Narr—unentbehrlich, nicht damit das Uebermass von Jammer und Tränen in seinem Anblick gewissermassen verschluckt werde, sondern damit das Ganze erst recht tragische Würde erhalte und behaupte. Das dramatisch Tragische ist nicht etwa nur das, was nicht komisch ist, wie man glauben möchte, wenn man bloss die französische und neuere deutsche Bühne mit Ausschluss Goethes und Schillers kennt: der dramatische Schmerz ist nicht etwa ferner nur das, was keine Lust ist, oder der Lust entbehrt. Vielmehr trägt der dramatische Schmerz in sich die Lust, oder die Ahndung der befriedigten Lust. . . .

Shakespear trägt in den höchsten tragischen Schauern die Lust mit sich, und lässt sie allenthalben beruhigend hervorschimmern: man kann vielleicht weder weinen noch lachen, aber in sich fühlt man die Entwicklung eines Gefühls, das alles Schmerzes und aller Lust der Welt darum erst recht fähig wird, weil es so erhaben ist, dass keine einzelne Empfindung vorlaut werden und monologisch unterjochen kann.

Was das wahre Komische sei, davon vollends kann man sich von unserer gegenwärtigen Bühne aus keinen Begriff machen. Nur recht schöne Seelen haben von der Empfindung eine Vorstellung, die ich Mitfreude nennen möchte, und die sich zur Lust verhält wie das Mitleid zum Schmerz. Auch freuen nämlich kann man sich monologisch, verbissen sein im Genuss, in einer Art von fröhlichem Taumel, der am Ende, wie eine Krankheit, Abspannung und Schwäche zurücklässt. Dramatisch wirkt die Lust aber nur dadurch, dass in einer erhabenen ruhigen Seele nicht etwa der Lust ernsthafte Gedanken von Verbesserung der Sitten u. s. f. als Text unterlegt werden, sondern dass der Ernst des Lebens wie eine Art von Grundbass sie, wenn auch unsichtbar, begleitet. Nie soll weder der Ernst noch der Scherz an sich gelten, jedes von ihnen nur als die eine Seite des sich selbst bewussten Lebens oder der Seele.

FR. SCHLEGEL

FRIEDRICH SCHLEGEL, *Geschichte der alten und neuen Litteratur*. Vorlesungen gehalten zu Wien, 1812

Zwölfte Vorlesung

Die Bewunderung Shakspeares, der sich in seinen lyrischen und idyllischen Gedichten ganz an dieses Vorbild (Edmund Spenser) anschloss, kann Spensern in unsern Augen noch einen höhern Wert leihen. Hier in dieser Gattung, welche Shakspearn für die eigentliche Poesie galt, während er die Bühne, deren er Meister war, nur als eine mehr prosaische Kunst der treuen Lebensnachbildung oder höchstens für eine herablassende Anwendung der höheren Poesie, wie für den grossen Haufen zu betrachten scheint, lernt man den grossen Dichter erst ganz nach der ihm eignen Gefühlsweise kennen. So wenig ist er, der alle Tiefen der Leidenschaften erschütternd hervorzurufen versteht, und gemeine menschliche Natur, wie sie ist, in ihrer ganzen Gemeinheit mit tiefer Wahrheit und Charakteristik darstellt, selbst ein leidenschaftlich wilder Mensch gewesen, oder roh in seiner Art, dass vielmehr in seinen Gedichten das äusserste Zartgefühl herrschend ist. Eben weil dieses Gefühl so ganz innig und tief ist, und fast bis zum Eigensinn zart, spricht es nur wenige an. Für das richtigere Verständnis seiner dramatischen Werke sind diese lyrischen aber höchst wichtig. Sie zeigen uns, dass er in jenen meistens gar nicht darstellte, was ihn selbst ansprach, oder wie er an und für sich war und fühlte, sondern die Welt, wie er sie klar und durch eine grosse Kluft von sich und seinem Zartgefühl geschieden, vor sich stehen sah. Ganz treu, ohne Schmeichelei und Verschönerung und von einer unübertrefflichen Wahrheit, ist das Weltgemälde, welches er uns aufstellt. Wäre Verstand, Scharfsinn und Tiefsinn der Beobachtung, in so fern sie notwendig sind, das Leben charakteristisch aufzufassen, die ersten unter allen Eigenschaften des Dichters, so würde in diesen schwerlich ein anderer sich ihm gleich stellen können. Andere Dichter haben gestrebt, uns in einen idealischen Zustand der Menschheit wenigstens auf Augenblicke zu versetzen. Er stellt den Menschen in seinem tiefen Verfall, diese all sein Tun und Lassen, sein Denken und Streben durchdringende Zerrüttung, mit einer oft herben Deutlichkeit dar.... Dabei aber schimmert im Shakspeare die Erinnerung und der Gedanke an die ursprüngliche Hoheit und Erhabenheit des Menschen, von der jene Gemeinheit und Schlechtigkeit nur ein Abfall und die Zerrüttung ist, überall hindurch, und bei jeder Veranlassung bricht das eigene Zartgefühl und der Edelmut des Dichters, in den schönsten Strahlen vaterländischer Begeisterung, hoher Männerfreundschaft oder glühender Liebe hervor.

Aber selbst die jugendliche Liebesglut erscheint in seinem Romeo nur als eine Begeisterung des Todes; jene ihm eigentümliche, schmerzlich skeptische und herbe Lebensansicht gibt dem Hamlet eben das Rätselhafte, wie bei einer unaufgelösten Dissonanz; und im Lear ist Schmerz und Leiden bis zum Wahnsinn gesteigert. So ist dieser Dichter, der im Aeussern durchaus gemässigt und besonnen, klar und heiter erscheint, bei dem der Verstand herrschend ist, der überall mit Absicht, ja man möchte sagen, mit Kälte verfährt und darstellt, seinem innersten Gefühl nach der am meisten tief schmerzliche und herb tragische unter allen Dichtern der alten und neuen Zeit....

Es ist eine ganze Welt in Shakspeares Werken entfaltet. Wer diese einmal in das Auge gefasst hat, wer in das Wesen seiner Dichtung eingedrungen ist, der wird sich schwerlich durch die bloss scheinbare Unförmlichkeit, oder vielmehr die besondre und ihm ganz eigentümliche Form stören lassen, oder durch das, was man über diese, wo man den Geist nicht verstand, gesagt hat. Vielmehr wird er auch die Form in ihrer Art gut und vortrefflich finden, in so fern sie jenem Geist und Wesen durchaus entspricht, und wie eine angemessene Hülle sich ihm glücklich anschliesst.... Unser deutsches Drama geht von der gleichen, oder doch einer ganz ähnlichen episch-historischen Grundlage aus, wie Shakspeare; oder vielmehr, da es selbst im Ganzen wie im Einzelnen nur noch ein Streben ist, es strebt davon auszugehen. Von da ausgehend aber strebt es wieder, wie die bedeutendsten bisherigen tragischen Gebilde und Versuche insgesammt kund geben, mehr und mehr in die Höhe einer rein lyrischen Entfaltung, nach der Art des antiken Trauerspiels, oder wie Calderon in andrer Weise für den christlichen Begriff vom Leben und seinen Erscheinungen, es am vollendetsten erreicht hat. Daher steht uns für die Anwendung Calderon, als das höchste Ziel der romantisch-lyrischen Schönheit und einer christlich verklärten Phantasie fast näher als Shakspeare, obwohl wir den Grund und Boden, den wir mit dem letzten teilen, und aus dem auch unsre deutsche Poesie emporgewachsen ist, nie undankbar verkennen oder ganz verlassen dürfen. Calderon schliesst sich unter den romantischen Dichtern zunächst an die ältere allegorisch-christliche Schule und hat den Geist dieser christkatholischen Symbolik in das Drama übertragen; Shakspeare steht dem Wesen der nordischen Schule näher, und unsere neue deutsche Poesie trägt immer noch, so wie es auch ehedem war, die Anlage und die Neigung zu beiden in sich. Die Naturtiefe Shakspeares aber ist ein Element, welches an sich das Höchste der Poesie berührend, doch mehr der epischen Dichtung angehört, da es in der dramatischen Nähe und Entwicklung nur zersetzt, auseinandergerissen und entweiht wird.

TRANSLATIONS

C. W. von Borcke, *Versuch einer gebundenen Uebersetzung des Trauerspiels von dem Tode des Julius Cäsar*, Berlin, 1741[1]

Act III, Scene 2

Anton.   Römer, Landes-Leute,
Und Freunde, neigt das Ohr zu mir, und hört mich heute.
Ich komme, Cäsars Leich anjetzt, o! glaubet mir,
Nur zu beerdigen, nicht ihn zu preisen hier.
Das Uebel lebt nach uns, was wir begangen haben,
Und was wir Gutes tun, wird oft mit uns begraben.
So mags mit Cäsar sein. Der edle Brutus hat
Euch alleweil erzählt: Er gab dem Ehrgeiz Statt.
Es wäre, wär' es wahr, ein grausam gross Verbrechen;
Und grausam habt ihr es gesehn, an Cäsarn rächen.
Hier, unter Brutus Gunst, und andrer, fang' ich an.
(Denn Brutus ist gewiss ein ehrlich braver Mann.
Er, sammt den Uebrigen, all' ehrlich brave Leute.)
Hier, sag' ich, fang' ich an, wie mir erlaubet heute,
Bei Cäsars Toten-Bahr, die Leichenrede nun,
So traurig ich auch bin, so schwer mir's fällt, zu tun.
Er war mein Freund: Ich war von ihm zum Freund erlesen,
Er ist mir jederzeit gerecht und treu gewesen.
Alleine Brutus sagt: Ihn trieb der Ehrgeiz an.
Und, sicher, Brutus ist ein ehrlich braver Mann.
Ihr wisst, dass er nach Rom viel tausend Sklaven brachte,
Aus deren Lösegeld Rom grosse Schätze machte.
War das in Cäsar wohl für Ehrgeiz angesehn?
Er liess die Not des Volks sich tief zu Herzen gehn:
Und wenn der Arme rief, liess Cäsar Tränen rinnen.
Gewiss. Der Ehrgeiz ist von härterem Stoff, und Sinnen.
Alleine Brutus sagt: Ihn trieb der Ehrgeiz an.
Und, wahrlich, Brutus ist ein ehrlich braver Mann.

[1] Reprinted by Dr Max. J. Wolff in *Weltgeist-Bücher*, 369–70, Berlin, 1930.

S. GRYNAEUS

S. G R Y N A E U S., *Romeo und Juliet*—Basel, 1758[1]

Act II, Scene 2

Ein Garten. ROMEO *und* JULIET

Romeo. Doch still! welch Licht zeigt sich an jenem Fenster?
Es ist der Morgenschein; und Juliet
ist selbst die Sonne.

(*Juliet zeigt sich an einem Fenster*)
O erhebe dich
du schöne Sonne, und erstick den Mond,
der voller Neid ist, der sich grämt und blass wird,
weil du weit schöner bist, der du ihm dienest.
Nur Toren dienen ihm; entschlag dich seiner.
Sie spricht und sagt doch nichts; sie redet bloss
mit ihren Augen; Ja, ich will antworten.
O wären diese Augen in dem Himmel,
sie würden durch die Luft so helle glänzen,
dass sie die Vögel für den Morgen grüssten;
Schau; ihre Wangen ruhen auf der Hand!
O wenn ich ihr statt eines Handschuhes diente,
Um diese Wangen zu berühren!
    Juliet.   Weh mir.
    Romeo. Sie spricht! O lichter Engel, rede mehrers;
du bist der Nacht so herrlich wie ein Bote,
der sich vom Himmel flügelt, denen grossen
weitaufgesperrten Augen Sterblicher,
die staunend rückwärts fallen, wenn er sich
auf das Gewölk, das langsam trabet, schwingt,
und in der hohen Lüfte Busen segelt.

.   .   .   .   .   .

Juliet. Du hast nichts Feindliches, als deinen Namen;
Du bist ein Montagu, und doch mein Feind nicht.
Was liegt am Namen? Nenne eine Rose
wie du nur willst, sie riecht doch immer wohl;
so wäre Romeo, wenn er auch schon
ganz anders hiesse, immer gleich vollkommen.

[1] Reprinted by E. H. Mensel in *Smith College Studies in Modern Languages*, 1933.

M. MENDELSSOHN

Act II, Scene 3

Ein Kloster. Mönch Lorenz *mit einem Korb in der Hand*

Lorenz. Es lächelt schon mit seinen grauen Augen
der Morgen gegen der ernsthaften Nacht,
und malt die Wolken bunt mit leichten Streifen.
Eh' nun der Sonne brennend Auge nahet,
den Tag zu zieren, und den Tau zu trocknen,
muss ich mir diesen unsern Weidenkasten
mit gift'gen Kräutern und Blumen füllen,
die köstlich saftig sind. In Pflanzen, Steinen,
und Kräuteren ist grosse Kraft verborgen;
Nichts, das auf Erden lebt, ist so gering,
dass es ihr nicht besondern Nutzen bringet;
und nichts so gut, wenn man's nicht wohl anwendet,
das nicht zu einem bösen Missbrauch wird.

Moses Mendelssohn. *Hamlet,* "To be or not to be"[1]

(Ueber das Erhabene und Naive in den schönen Wissenschaften, 1758)

Act III, Scene 1

Sein, oder Nichtsein; dieses ist die Frage!
Ist's edler, im Gemüt des Schicksals Wut
Und giftige Geschoss zu dulden; oder
Sein ganzes Heer von Qualen zu bekämpfen,
Und kämpfend zu vergeh'n.—Vergehen?—Schlafen!
Mehr heisst es nicht. Ein süsser Schlummer ist's,
Der uns von tausend Herzensangst befreit,
Die dieses Fleisches Erbteil sind.—Wie würdig
Des frommen Wunsches ist vergehen, schlafen!
Doch schlafen?—Nicht auch träumen? Ach, hier liegt
Der Knoten! Träume, die im Todesschlaf
Uns schrecken, wenn einst dies Fleisch verwest,
Sind furchtbar. Diese lehren uns geduldig
Des langen Lebens schweres Joch ertragen.
Wer litte sonst des Glückes Schmach und Geissel,
Der Stolzen Uebermut, die Tyrannei

[1] Of this translation Herder wrote: "Moses Mendelssohn hat in seinen Schriften eine Uebersetzung geliefert, aber, wie es sein Zweck nur erforderte, mehr idealisierte Nachahmung, als Kopie im schwermütig-verachtend-bittern Tone des Stücks." (*Sämmtliche Werke*, hrsg. Suphan, vol. v, 255.)

Der Mächtigen, die Qual verschmähter Liebe,
Den Missbrauch der Gesetze, jedes Schalks
Verspottung der Verdienste, mit Geduld?
Könnt uns ein blosser Dolch die Ruhe schenken,
Wo ist der Tor, der unter dieser Bürde
Des Lebens länger seufzete?—Allein
Die Furcht vor dem, was nach dem Tode folgt,
Das Land, von da kein Reisender zurück
Auf Erden kam, entwaffnen unsern Mut.
Wir leiden lieber hier bewusste Qual,
Eh' wir zu seiner Ungewissheit fliehen.—
So macht uns alle das Gewissen feige!
Die Ueberlegung kränkt mit bleicher Farbe
Das Angesicht des feurigsten Entschlusses.
Dies unterbricht die grösste Unternehmung
In ihrem Lauf, und jede wicht'ge Tat
Erstirbt....

WIELAND, *Ein St-Johannis Nachts-Traum*, Zürich, 1762

Act I, Scene 1
Des Herzogs Palast in Athen

Theseus. Nun nähert sich, Hippolita, die Stunde
Die unser Bündnis knüpft, mit starken Schritten.
Vier frohe Tage bringen einen andern Mond.
Doch o! wie langsam, deucht mich, schwindet
Nicht diese alte Luna! Sie ermüdet
Mein sehnend Herz, gleich einer allzuzähen
Stiefmutter oder Wittwe, die zu lang
An eines jungen Mannes Renten zehrt.
    Hippolita. Schnell werden sich vier Tag' in Nächte tauchen,
Vier Nächte schnell die Zeit vorüberträumen;
Dann wird der Mond gleich einem Silberbogen
Neu aufgespannt im Himmel, auf die Nacht
Die unsre Liebe krönt, herunter winken.

Act II, Scene 1

Puck. Wohin Geist, wohin wanderst du?
    Fee. Ueber Berg, über Tal,
Durch Hecken und Ruten,
Ueber Holz, über Pfahl,

C. M. WIELAND

Durch Feuer und Fluten;
Schneller als des Mondes Sphär'
Wandr' ich rastlos hin und her.
Ich dien' der Feenkönigin,
Zum stillen Tanz,
Beim Sternen-Glanz,
Betaute Kreis' im Grünen ihr zu zieh'n.
Sie ist der Primeln Pflegerin,
Die auf den jungen Wiesen glüh'n.
Auf ihrem göldenen Gewand
Ist jeder Flecken ein Rubin,
Worin der milden Feyen Hand
Die Düfte giesst, die euch entzücken.
Jetzt muss ich geh'n, und Tau vom Grase pflücken,
Und jeder Primel Ohr mit einer Perle schmücken.

WIELAND, *Der Sturm*, 1762

"Full fadom five"
Act I, Scene 2

Fünf Faden tief dein Vater liegt,
Sein Gebein ward zu Korallen,
Zu Perlen seine Augenballen,
Und vom Moder unbesiegt,
Wandelt durch der Nymphen Macht
Sich jeder Teil von ihm und glänzt in fremder Pracht.
Die Nymphen lassen ihm zu Ehren
Von Stund zu Stund die Totenglocke hören.
Horch auf, ich höre sie, ding-dang, ding-dang.

"Where the bee sucks"
Act V, Scene 1

Wo die Biene saugt, saug' ich,
Im Schoss der Primel lagr' ich mich,
Dort schlaf' ich, wenn die Eule schreit;
Ich flieg', in steter Munterkeit,
Fern von des Winters Ungemach,
Dem angenehmen Sommer nach.
Wie fröhlich wird künftig mein Aufenthalt sein
Unter den Blüten im duftenden Hain.

C. M. WIELAND

WIELAND, *Macbeth*, 1764

Act I, Scene 3
Heide. Donner und Blitz

Erste Hexe. Wo bist du gewesen, Schwester?
Zweite Hexe. Ich brachte Schweine um.
Dritte Hexe. Schwester, wo du?
Erste Hexe. Ein Schiffersweib fand ich, das sass,
Und hatte Castanien im Schoss,
Und frass und schmatzt' und frass;
Gib mir auch, sagt' ich:
Pack dich, Hexe, pack dich—
Schrie das vollwampige Aas.
Ihr Mann ist nach Aleppo gefahren,
Allein den Weg will ich ihm ersparen;
In einem Sieb, in Rattengestalt,
Doch ohne Schwanz, erreich ich ihn bald;
Das tu' ich, das tu' ich, das tu' ich.[1]

Act I, Scene 8 (in Shakespeare, Act I, Scene 6)

König Duncan. Dieses Schloss hat eine angenehme Lage, die Luft empfiehlt sich durch ihre Feinheit und Milde unserm allgemeinen Sinn.

Banquo. Dieser Gast des Sommers, die Tempelbewohnende Mauerschwalbe, beweist durch seine Liebe zu diesem Aufenthalt, dass des Himmels Atem hier lieblich schmeckt. Ich sehe keine hervorragende Friesen, keine Verzahnung und keinen Strebepfeiler hier, wo dieser Vogel nicht sein hangendes Bett, die Wiege für seine Jungen, gemacht hätte; und ich habe bemerkt, dass an den Orten, wo sie sich am liebsten aufhalten, die Luft allemal vorzüglich mild ist.

WIELAND, *Hamlet*, 1766, "To be or not to be"

Act III, Scene 1

Sein oder nicht sein—das ist die Frage—Ob es einem edlen Geist anständiger ist, sich den Beleidigungen des Glücks geduldig zu unterwerfen, oder seinen Anfällen entgegen zu stehen, und durch

---

[1] In a note Wieland compares the witches to the Parcae of the "ancient theology of the nordic peoples". He translates the "weird sisters" by "Schicksals-schwester". He does not translate the witches' scene, Act IV, Scene 1, but turns it into a long stage-direction.

einen herzhaften Streich sie auf einmal zu endigen? Was ist sterben?
—Schlafen—das ist alles—und durch einen guten Schlaf sich auf
immer vom Kopfweh und allen andern Plagen, wovon unser
Fleisch Erbe ist, zu erledigen, ist ja eine Glückseligkeit, die man
einem andächtiglich zubeten sollte.—Sterben—Schlafen—Doch
vielleicht ist es was mehr—wie wann es träumen wäre?—Da steckt
der Haken—Was nach dem irdischen Getümmel in diesem langen
Schlaf des Todes für Träume folgen können, das ist es, was uns
stutzen machen muss. Wenn das nicht wäre, wer würde die Misshandlungen und Staupenschläge der Zeit, die Gewalttätigkeiten des
Unterdrückers, die verächtlichen Kränkungen des Stolzen, die Qual
verschmähter Liebe, die Schicanen der Justiz, den Uebermut der
Grossen, ertragen, oder welcher Mann von Verdienst würde sich von
einem Elenden, dessen Geburt oder Glück seinen ganzen Wert
ausmacht, mit Füssen stossen lassen, wenn ihm frei stünde, mit einem
armen kleinen Federmesser sich Ruhe zu verschaffen? Welcher
Taglöhner würde unter Aechzen und Schwitzen ein mühseliges
Leben fortschleppen wollen?—Wenn die Furcht vor etwas nach dem
Tode,—wenn dieses unbekannte Land, aus dem noch kein Reisender
zurückgekommen ist, unsern Willen nicht betäubte, und uns riete,
lieber die Uebel zu leiden, die wir kennen, als uns freiwillig in andre
zu stürzen, die uns desto furchtbarer scheinen, weil sie uns unbekannt
sind. Und so macht das Gewissen uns alle zu Memmen; so entnervt
ein blosser Gedanke die Stärke des natürlichen Abscheues vor
Schmerz und Elend, und die grössten Taten, die wichtigsten Entwürfe werden durch diese einzige Betrachtung in ihrem Lauf
gehemmt, und von der Ausführung zurückgeschreckt.

On WIELAND's translation

(from the review in *Bibliothek der schönen Wissenschaften*, Bd. IX, 2, 1763)

Oft hat der Uebersetzer das englische Wort, anstatt dass er es durch
ein gleichgültiges Wort ausdrücken sollen, hingesetzet, der deutsche
Leser mag es verstehen oder nicht. Der Narr im König Lear heisst
ihn stets *Nonkel*. Was heisst das? Wer nicht weiss, dass es zur
Nachäffung der Kinder, mein Onkel heisst, wird es für Arabisch
halten. Hätte er Schwager oder Gevatter dafür gesetzt, wie die
gemeinen Leute einander zu nennen pflegen, so wäre es komisch und
verständlich gewesen. Wer sind die Elfen? Was ist eine Brake?
u. s. w. Wir können noch mehr Pröbchen solcher sklavischer
Redensarten anführen:

Shake in pieces the heart of his obedience,
W. das Herz seines Gehorsams in Stücken schlagen.

Do you smell a fault,
W. riecht ihr den Fehler?

where Nature does merit challenge, (wo die Natur mit dem Verdienste um den Vorzug streitet)
W. Wo die Natur für das grösste Verdienst Ansprüche macht.

I am of the same metal as my sister, (ich bin so gut als...)
W. ich bin von eben dem Metall gemacht, wie meine Schwester.

Plaited cunning, (die verborgene)
W. die gefaltete List.

That's certain and with you, next month with us,
W. das ist gewiss und mit euch; den künftigen Monat zu uns (...mit uns).

Our father's love is to the bastard Edmund as to the legitimate,
W. Unsers Vaters Liebe ist zu dem Bastard, was zu dem echten Sohn.

I'll pluck ye out, my eyes, and cast you with the waters that you lose, to temper clay,
W. Ich will euch ausreissen und wegwerfen, um mit dem Wasser, das ihr verlieret, Leim zu waschen; ("temper clay" heisst "einen Teig anzufeuchten").…

S. 171 singt der Narr ein Liedchen (Fools had ne'er less grace in a year, etc.)
Der Uebersetzer hat es nicht übersetzet, sondern das Original unter den Text gerücket.…

Thy wit shall not go slipshod
W. dein Witz wird die Schuhe nie zu Pantoffeln machen müssen.

A shallow knave,
W. ein hohler Schurke.

how fell you out,
W. wie kamet ihr aus?

when the rash mood is on,
W. wenn der rasche Humour regieret.

a madman,
W. ein Tor

t' assume the semblance, the very dogs disdain'd,
W. die Aehnlichkeit eines verschmähten Hundes anzunehmen.…

H. W. VON GERSTENBERG

Wir wollen noch einige Fehler aus dem Midsummer Night's Dream bemerken, die, wenn sie auch nicht allezeit dem Wortverstande nach sind, doch getadelt zu werden verdienen, in so fern sie ganz fremd nach unserm Sprachgebrauche sind.

The actors, die Acteurs, die in der Komödie spielen, heissen bei Wieland die *Agenten*; dies sind bei uns ganz andre Leute. *The part*, die Rolle, bei Wieland, der *Part*.

> My chief humour is for a tyrant: I could play Ercles rarely, or a part to tear a cat in;
>
> W. Ich wollte meinen Ercles spielen, etwas rares! oder meinen Part, wo ich ein Vorgebirg einreissen müsste.

Doch wir wollen nicht das Register von solchen Fehlern häufen, die wir noch durch unzählige vermehren könnten, da sie für den Leser weder von grossem Nutzen noch sehr unterhaltend sind; wir wollen aber nur unser Urteil rechtfertigen, dass der Uebersetzer nicht so gar sklavisch hätte verfahren sollen. Was wird aus unserer Sprache werden, wenn man bei seiner Muttersprache wieder einen Dollmetscher brauchet?

(from GERSTENBERG, *Briefe über Merkwürdigkeiten der Litteratur*, 1767)

Achtzehnter Brief

Lassen Sie sich gefallen, folgende Prose des lyrischen Genies, Ariel, zu lesen. "Eh ihr sagen könnt, komm und geh, zweimal atmen und rufen, so, so! soll jeder auf den Zehen trippelnd hier sein, und seine Künste machen. Liebt Ihr mich nun, mein Gebieter?"

Sie werden es dieser Stelle gleich ansehen, dass sie travestiert sei; das Lyrische ragt aus jedem kleinen Abschnitt, aus der ganzen Wendung hervor: glaubten Sie wirklich, dass dies Ariels Prose wäre, so müssten Sie ihn für verrückt halten; und doch hat Herr Wieland seine Uebersetzung durch so grobe Verwechslung dieser beiden Charaktere des Ausdrucks, des Lyrischen und des Prosaischen, unerträglich machen können. Im Originale heisst es:

> Before you can say, Come and go,
> And breathe twice, and cry, so, so,
> Each one, tripping on his toe,
> Will be here with mop and mow.
> Do you love me, master? No?

Alle diese O, sagt Herr Wieland, lassen sich unmöglich ins Deutsche übertragen....

Nirgends aber ist der Uebersetzer unausstehlicher, als wo er mit Scherz oder Humor ringt....

Von einem Uebersetzer, dem es um die Ehre seines Originals zu tun wäre, hätte ich ferner erwartet, dass er mehr Ausgaben, mehr Lesarten, mehr Commentare zu Rate ziehen würde, als Warburtons. Zum Exempel—Hotspur sagt: "Dieser Rotschimmel soll mein Thron sein. O Esperance!—führte ihn der Kellner in den Parc?" und Herr Wieland macht die kluge Anmerkung: "Dieses französische Wort steht vermutlich da, damit es die Lady Percy nicht verstehn soll"—und doch gleich im vierten Akt des nämlichen Drama von Hall und Pope, die er, kaum sollte mans glauben, selbst anführt, hätte er lernen können, dass *esperance* oder *esperanza* das Wort zum Angriff in Percys Armee sei.

C. F. W E I S S E, *Romeo und Julie. Ein bürgerliches Trauer-spiel,* 1768[1]

Act I, Scene 1

JULIE (*allein, bei einem Tische sitzend*)

Schon schlägt es zwölfe!—Ah! dies ist die Sterbestunde meines Glücks! Nun wird mein Romeo erscheinen, um mich zu verlassen! vielleicht auf ewig zu verlassen. Ja, gewiss auf ewig! Grausam war mir das Schicksal bei seinen Schmeicheleien; wird es mir nach dieser Trennung gütiger sein?—O Liebe, Liebe! du hast in den süssesten Trank die äusserste Bitterkeit gemischt! Und dies sind die letzten, die bittersten Tropfen aus deinem Kelch.—O! dass sie mich töteten! o! dass ich in meiner letzten Umarmung ihm meine Seele einhauchen möchte!—Ah! horch! er ist schon vor der Türe.—Himmel! man kömmt von jener Seite. Entsetzlich! wenn wir verraten wären! wenn jetzt Romeo käme!—mein Vater käme auch und meine Mutter!— (*Die Tür geht auf und Laura tritt herein*). Ha! Laura.

Was willst du, Laura, zu einer so ungelegnen Stunde?—Willst du meinem Kummer nicht den Trost des Schlummers gönnen?

Laura. O! wenn Sie dieser erquickte, so würde ich Sie nicht gestöret haben.

Julie. Wie aber, wenn ich ihn erwartete?—Geh, lass mich allein!

[1] Weisse's version has little relation to Shakespeare's play, and the incidents are based on the tales of Bandello and Luigi da Porto. There are eight characters in the play, two of which, Laura (Shakespeare's Nurse) and Pietro (Shakespeare's Mercutio) are mere confidants. I give the opening lines of Weisse's play.

G. E. LESSING

Laura. Ich kann Sie nicht verlassen. Es ist der Befehl Ihrer Mutter, die ich eben ausgekleidet und zur Ruhe gebracht habe!

Julie. Und was sollst du bei mir?—Ich brauche keine Zeugen meiner Klagen—Hörst du die Nachtigall, wie sie draussen singt? die Stille der Nacht, und die Einsamkeit sind Freundinnen der Schmerzen; wer mich diesen entreisst, ist—meine Feindin!

Laura. Sie sind ungerecht, Fräulein! Es tut es ja Ihre gütige Mutter. Sie will, dass Sie ihren traurigen Gedanken nicht zu sehr nachhängen sollen. Der Gram verzehrt Sie augenscheinlich! Die Rosen verbleichen auf Ihrem Gesicht; Tag und Nacht jammern Sie: und worüber?

Julie. Ah! Tebaldo war ein liebenswürdiger Mann! weisst du nicht, dass er jetzt eine Speise der Würmer ist? geh zu seinem Grabe, und sage mir, wie viel noch von ihm übrig ist!

Laura. Aber, liebste Julie, Sie haben ihn lange genug beweinet....

Julie. Und doch habe ich den Tod noch nicht erweicht, dass er uns ihn wiedergegeben hätte.

Laura. Sie liebten aber gleichwohl Ihren Vetter nicht so inbrünstig, ehe er starb?

Julie. Das könnte sein! aber die Sterne glänzen in der Nacht weit heller als am Tage, und in der Finsternis des Grabes leuchten die Verdienste weit heller, als wenn sie das Licht des Lebens verdunkelt.

L E S S I N G. *Hamlet*, "To be or not to be"[1]

(contributed to a very free adaptation of *Hamlet* by Schröder, for production in Hamburg)

Sein, oder nicht sein: das ist also die Frage. Ist edler die Seele dessen, der Wurf und Pfeil des angreifenden Schicksals duldet? oder dessen, der sich gegen alle die Heere des Elendes rüstet, und widerstrebend es endigt?—Sterben—schlafen; weiter nichts; und mit diesem Schlafe den Gram unserer Seele, die unzählbaren Stösse der Natur endigen, die hier unser Erbteil sind, ist eine Vollendung, die wir mit Andacht wünschen sollten.—Sterben, schlafen.—Schlafen? Vielleicht auch träumen. Da, da liegt es! Denn was uns in diesem Todesschlafe für Träume kommen möchten, wenn wir nun dem Geräusch hier entronnen sind, das verdient Erwägung. Dies ist die Rücksicht, warum wir uns den Leiden eines so langen Lebens unterwerfen. Denn wer ertrüge seine Geisseln, seine Schmach, die

[1] From *Shakespeare-Jahrbuch*, XXXIX.

Bosheit des Unterdrückers, die Verachtung des Stolzen, die Qualen
verworfener Liebe, die zögernde Gerechtigkeit, den Uebermut der
Grossen, die Verhöhnungen des nachgiebigen Verdienstes von
Unwürdigen, wenn er mit einem blanken Messerchen die Sterbe-
glocke nach sich ziehen dürfte? Wer hielte es wohl aus, unter der
Last eines so mühevollen Lebens sich zu ängstigen und zu jammern?
Aber die Ahnung von Etwas nach dem Tode (kein Reisender kehrt
je aus dem unbekannten Lande zurück) verwirrt die Seele, und bringt
es dahin, dass wir Uebel, die wir haben, lieber ertragen, als zu andern
fliehen, die wir nicht kennen. So macht uns das Gewissen zu
Memmen: so entnervt ein blosser Gedanke die Stärke des natürlichen
Abscheues vor Schmerz und Elend, und die grössesten Unternehmungen, die wichtigsten Entwürfe werden durch die einzige
Betrachtung in ihrem Laufe gehemmt, und von der Ausführung
zurückgeschreckt.

HERDER, *Hamlet*, "To be or not to be"

> Sein oder nicht mehr sein—das ist die Frage!
> Obs edler sei, die Pfeil' und Hohngeschosse
> Des Tückeschicksals immerfort zu dulden,
> wie? oder geg'n ein ganzes Meer von Unruh
> aufstehn, und widerstrebend alle enden!
> Sterben! Entschlafen! Schlafen? sonst nichts mehr?
> wie? und entschlafend sagen können: "aus ists
> Das Herzensach, die tausend Stöss' und Qualen
> die unsers Fleisches Erbteil sind." So ists
> ja alles höchstandächtgen Wunsches Fülle
> zu sterben! zu entschlafen! Schlafen? Ei—
> vielleicht auch träumen?—ah! da liegt der Knoten!
> Denn was in diesem Todesschlaf für Träume
> uns kommen mögen, wenn wir denn dem Lärm
> des Lebens auch entrannen: das, das gibt
> uns Stillestand! Die Rücksicht ists, die nun
> und uns Jammer macht zu langem Lebensjammer!
> Denn wer ertrügs sonst—Streich und Spott des Zufalls,
> Unrecht des Unterdrückers! Schmach des Armen,
> Den Schmerz verschmähter Liebe, der Gesetze
> Betrugesfrist, der Richter Aufschwulst, alle
> Die Stiche, die ja duldendes Verdienst
> vom Taugenicht ertragen muss—o wer

ertrügs, kann er sich selbst ja Ruhe schaffen
mit nichts als einem Messerchen—wer wollte
denn unter Lebens Bürde ferner ächzen,
Allein die Furcht vor Etwas nach dem Tode,
Das unentdeckte Land, von dessen Strömen
Kein Wanderer zurückkommt—das verwirkt
uns den Entschluss, und macht, dass wir hier lieber
Die Uebel tragen, die wir haben, als
zu andern fliehn, die wir noch gar nicht kennen.
So macht Gewissen Feige aus uns Allen.

HERDER, *Macbeth,* "Is this a dagger"[1]

Ein Dolch, was ich da vor mir seh?—den Griff
zu meiner Hand—lass mich dich fassen, Dolch!
Ich hab' ihn nicht—und doch seh' ich ihn noch!—
Erscheinung, bist du sichtbar und nicht fühlbar?
wie? oder bist du gar nur ein Dolch in mir?
Dolch meiner Seel'! ein falsches Hirngeschöpf'
in diesem heissbestürmten Haupt! Und doch
seh ich dich in Gestalt so greifbar, wie—
den, den ich hier zucke!
Du *marschallst* mir den Weg, den ich im Gehn war;
bist solch ein Ding, als ich gebrauchen wollte!
Wie? meine Augen sind der andern Sinne
entweder Narren, *oder aller Meister!*—
Ich seh dich noch!—
und dort auf deinem Stahl Blutstropfen! Blut
was erst nicht war!—Ha! Nichts ist da!—Ah 's ist
Das blutige Geschäfte, das sich mir so vormalt!
Halb ist die Welt wie tot, jetzt!—böse Träume
berücken den verhüllten Schlaf! Jetzt opfert
Die Zauberei der blassen Hekate!
Und der fast welke Mörder, aufgeheult
von seinem wachen Nachtgefährt, dem Wolf
so schleichend!—so mit leisem Räuberschritte

---

[1] This translation of Macbeth's speech, as of Hamlet's "To be or not to be"
and of Lear, Act II, Scene 4 were written shortly after Herder's essay on Shakespeare, 1773. The words in italics are renderings with which he was not satisfied
[*Sämmtliche Werke*, hrsg. Suphan, Bd. v, 253–5].
Translations of several songs out of Shakespeare, and of some whole scenes, are
to be found in Herder's *Volkslieder, Erster Teil*, Buch. 2 and 3.

wankt er, und stiehlt sich hin zu seiner Tat
wie ein Gespenst. Du fester, schall'nder Boden
o horch nicht meinem Tritt, wohin er wankt:
vor Schauer würden deine harte Felsen
von mir umher schrein, und von dieser Stunde
den Nachtschaur nehmen, der sie hüllt. Ich
zög're
er lebt? Ach Worte kälten stets das Feuer
der Taten!

(die Glocke läutet

Wohl!—Ich geh!—Das Läuten ruft mir:
o hörs nicht, Dunkan, denn die Glocke klingt
Die dich zu Himmel oder Hölle bringt.

BÜRGER, *Macbeth*, 1784[1]

Act I, Scene 3

Heide. Donner und Blitz

Erste Hexe. Wo gewest, Schwesterle?
Zweite Hexe. Schweine gewürgt!
Dritte Hexe. Schwesterle, wo du?
Erste Hexe. Kastanien hatt' ä Schiffersweib im Schoss,
Und schmatzt' und schmatzt' und schmatzte dir drauf los!
Mir auch, sagt' ich, ä bissel!—
Quark dir, Tranhexe! Marsch!
Grunzte der vollwampigen Bache Rüssel.—
Hu! Donner, Hagel, Mord und Gift!
Ihr Kerl ist zur Türkei geschifft.
Im Siebe schwimm' ich nach.—

Ich kann's!

Wie eine Ratte ohne Schwanz.
Mein Sixchen, das tu' ich, mein Sixchen!
Zweite Hexe. Tu das, tu das, Nixchen!
Ich borg' auch dir ä Wind darzu.
Erste Hexe. Sa! bist ä wacker Schätzel, du!
Dritte Hexe. Und von mir kriegst auch noch einen.
Erste Hexe. Topp! Die andern sind die meinen,
Sind mir hold und untertan!

---

[1] Bürger speaks in the Preface to this translation of "omissions" and "additions", which he considers to be justifiable. His translation is based on the Wieland-Eschenburg version.

Wie und wo und wann sie wehen,
Sausen, brausen, Wirbel drehen,
Weiss ich, trotz dem Wetterhahn.
Hu! Ich will ihn trillen, zerren,
Kraus, wie Heu und Hotzeln dörren!
Nachts und Tages sonder Ruh',
Klapp' ihm keine Wimper zu!
Sieb'nmal sieb'n und sieben Wochen
Soll er frieren, soll er kochen,
Soll sich krümmen, winden, wimmern,
Aechzen, krächzen und verkümmern;
Darf sein Schiff gleich nit zertrümmern,
Roll' ich's doch im wilden Meer,
Her und hin und hin und her.
Schau', was hier!...
    Zweite Hexe. Weis' her, weis' her!
    Erste Hexe. Schau, Bankrottierers Daum,
Der sich selbst erhing am Baum!

Act II, Scene 2 (in Shakespeare, Act I, Scene 6)[1]

Banko. Dies Schloss hat eine sehr angenehme Lage. Die Luft, so rein und lieblich, empfiehlt sich unserm ganzen Wesen.

Rosse. Die Mauerschwalbe wenigstens beweist durch ihre Liebe zu diesem Aufenthalte, dass der Himmel hier Wohlgeruch atme. Ich sehe keine hervorragenden Friesen, keine Verzahnung, keinen bequemen Winkel hier, wo dieser Sommergast nicht sein Hangbett, die Wiege seiner Jungen, angebracht hätte. Ich habe bemerkt, dass an den Orten, wo sie sich am liebsten aufhalten, die Luft allemal vorzüglich fein ist.

Act II, Scene 5 (in Shakespeare, Act II, Scene 1)

Macbeth. Hah!—Ist das ein Dolch da vor mir, der Griff gegen meine Hand? Her, dass ich dich packe! Wie? Nicht? und doch seh' ich dich immer! Verdammter Spuk! Bist du denn nicht für die Faust, was du für's Auge bist? Etwa nur ein Dolch der Phantasie, nur ein Dampf meines erhitzten Gehirns?—Bei Gott! So körperlich als dieser, den ich hier zücke.—Ha, Ha! Willst wohl gar mein Wegweiser sein?—Recht so! Deinesgleichen gebrauchte ich eben.— Entweder meine Augen oder die übrigen Sinne haben mich zum

---

[1] This scene in Shakespeare shows the arrival of Duncan and Banquo at the castle of Macbeth. Duncan does not appear in Bürger's version.

G. A. BÜRGER

Narren. Wie? Immer und immer noch da? Sogar Blutstropfen auf
deiner Klinge? Die waren doch vorher nicht da!—Nein! es ist nichts
Wirkliches. Der blutige Vorsatz meiner Seele ist's, der so die Augen
täuscht.—Jetzt scheint auf der einen Hälfte der Welt die Natur tot.
Teufelsträume necken den Schlaf hinter zugezogenen Vorhängen.
Hexerei und Satansgesindel treibet jetzt seinen Unfug. Der Wolf
heult, und heult den grässlichen schwarzgelben Mord aus dem
Schlaf auf. Siehe! Auf den Zehen schleicht er mit langen leisen
Diebesschritten seinem Vorsatz entgegen!—O du derber, angelfester
Erdball, dröhne nicht! Höre nicht die Tritte dieses Ganges! Deine
Steine möchten ihn sonst ausplaudern und unterbrechen die schauer-
volle Stille dieser Mitternachtsstunde, die mich begünstigt.—Aber
was droh' ich lange? Von Drohen stirbt er nicht.—(*man hört die
Glocke*) Worte kühlen die Hitze der Tat nur zu sehr ab. Fort! Drei
Schritte, so ist es getan! (*wieder die Glocke*) Die Glocke ruft!—Höre
sie nicht, Duncan! Es ist deine Sterbeglocke. Sie ruft dich zum
Himmel oder zur Hölle.

Act IV, Scene 1

*Ein dunkles Gewölbe. Mitten darin ein grosser Kessel auf
dem Feuer. Donnerwetter. Die Drei Hexen.*

> *Erste Hexe.* Dreimal hat der Kater miaut!
> *Zweite Hexe.* Dreimal schrie das Leichhuhn laut!
> *Dritte Hexe.* Dreimal hat der Frosch geköckert,
> Und der schwarze Bock gemeckert!
> Urian ruft, 's ist Zeit jetzunder.
> *Erste Hexe.* Trippelt, trappelt, Tritt und Trott
> Rund um unsern Zauberpott!
> Werft hinein den Hexenplunder!
> Erst den Kellerlork, der tief
> Mondenlang im Winkel schlief
> Und von Gift geschwollen quappelt.
> Husa! wie er zuckt und zappelt!
> *Alle.* Lodre, brodle, dass sich's modle,
> Lodre, Lohe, Kessel, brodle!
> *Zweite Hexe.* Schlangenbrut aus Sumpf und Moor,
> Rattenschwanz und Mäuseohr,
> Krötenleich und Natterzunge,
> Eulenaugen, Hundelunge,

Molchsgedärme, Raupenquark,
Rabenherz und Tigermark,
Wolfsgebiss und Drachenschuppe
Kocht zur heissen Höllensuppe!
Alle. Lodre, brodle, dass sich's modle,
Lodre, Lohe, Kessel, brodle!
Dritte Hexe. Teufelsdreck und Hexentalg,
Scorpion und Otternbalg,
Tollkraut, Eibenreis, so mitten
In Walpurgisnacht geschnitten,
Eines Lästermauschels Hals,
Türkenhirn und Taternschmalz,
Armer Jungfernkinder Finger,
Heimlich abgewürgt im Zwinger,
Kocht zu zähem Brei, bis man
Ihn wie Faden haspeln kann!
Würzt mit Distelstich und Nessel
Endlich noch den Zauberkessel!

SCHILLER, *Macbeth*, 1801

Act I, Scene 4 (in Shakespeare, Act I, Scene 3)[1]

Eine Heide

Erste Hexe. Schwester, was hast du geschafft? Lass hören!
Zweite Hexe. Schiffe trieb ich um auf den Meeren.
Dritte Hexe (zur ersten). Schwester, was du?
Erste Hexe. Einen Fischer fand ich, zerlumpt und arm,
Der flickte singend die Netze
Und trieb sein Handwerk ohne Harm,
Als besäss' er köstliche Schätze,
Und den Morgen und Abend, nimmer müd',
Begrüsst' er mit seinem lustigen Lied.
Mich verdross des Bettlers froher Gesang,
Ich hatt's ihm geschworen schon lang' und lang'—
Und als er wieder zu fischen war,
Da liess ich einen Schatz ihn finden;
Im Netze, da lag es blank und bar,
Dass fast ihm die Augen erblinden.

[1] Schiller in this scene changes Shakespeare completely, taking the opportunity of writing a moral fable in the style of Gellert. Compare the translations of Bürger and Tieck-Baudissin.

Er nahm den höllischen Feind ins Haus;
Mit seinem Gesange, da war es aus.
    Die zwei andern Hexen. Er nahm den höllischen Feind ins
        Haus;
Mit seinem Gesange, da war es aus!
    Erste Hexe. Und lebte wie der verlorne Sohn,
Liess allen Gelüsten den Zügel,
Und der falsche Mammon, er floh davon,
Als hätt' er Gebein und Flügel.
Er vertraute, der Tor! auf Hexengold
Und weiss nicht, dass es der Hölle zollt!
    Die zwei andern Hexen. Er vertraute, der Tor! auf Hexengold
Und weiss nicht, dass es der Hölle zollt!
    Erste Hexe. Und als nun der bittere Mangel kam,
Und verschwanden die Schmeichelfreunde,
Da verliess ihn die Gnade, da wich die Scham,
Er ergab sich dem höllischen Feinde.
Freiwillig bot er ihm Herz und Hand
Und zog als Räuber durch das Land.
Und als ich heut' im Vorübergehn,
Wo der Schatz ihm ins Netz gegangen,
Da sah ich ihn heulend am Ufer stehen
Mit bleich gehärmeten Wangen,
Und hörte, wie er verzweifelnd sprach:
"Falsche Nixe, du hast mich betrogen!
Du gabst mir das Gold, du ziehst mich nach!"
Und stürzt sich hinab in die Wogen.

Act I, Scene 12 (in Shakespeare, Act I, Scene 6)

    König Duncan. Dies Schloss hat eine angenehme Lage,
Leicht und erquicklich atmet sich die Luft,
Und ihre Milde schmeichelt unsern Sinnen.
    Banquo. Und dieser Sommergast, die Mauerschwalbe,
Die gern der Kirchen heil'ges Dach bewohnt,
Beweist durch ihre Liebe zu dem Ort,
Dass hier des Himmels Atem lieblich schmeckt.
Ich sehe keine Friesen, sehe keine
Verzahnung, kein vorspringendes Gebälk,
Wo dieser Vogel nicht sein hangend Bette
Zur Wiege für die Jungen angebaut,

J. C. FR. SCHILLER

Und immer fand ich eine mildre Luft,
Wo dieses fromme Tier zu nisten pflegt.

Act II, Scene 3 (in Shakespeare, Act II, Scene 1)

Macbeth. Ist dies ein Dolch, was ich da vor mir sehe?
Den Griff mir zugewendet? Komm! Lass mich dich fassen!
Ich hab' dich nicht, und sehe dich doch immer.
Furchtbares Bild! Bist du so fühlbar nicht der Hand,
Als du dem Auge sichtbar bist? Bist du
Nur ein Gedankendolch, ein Wahngebilde
Des fieberhaft entzündeten Gehirns?
Ich seh' dich immer, so leibhaftig wie
Den Dolch, den ich in meiner Hand hier zücke.
Du weisest mir den Weg, den ich will gehn;
Solch ein Gerät, wie du bist, wollt' ich brauchen.
Entweder ist mein Auge nur der Narr
Der andern Sinne, oder mehr wert als sie alle.
—Noch immer seh' ich dich und Tropfen Bluts
Auf deiner Klinge, die erst nicht da waren.
—Es ist nichts Wirkliches. Mein blutiger
Gedanke ist's, der so heraustritt vor das Auge!
Jetzt scheint die eine Erdenhälfte tot,
Und böse Träume schrecken hinterm Vorhang
Den unbeschützten Schlaf! Die Zauberei beginnt
den furchtbaren Dienst der bleichen Hekate,
Und aufgeschreckt von seinem heulenden Wächter,
Dem Wolf, gleich einem Nachtgespenste, geht
Mit gross—weit—ausgeholten Räuberschritten
Der Mord an sein entsetzliches Geschäft.
Du sich're, unbeweglich feste Erde,
Hör' meine Tritte nicht, wohin sie gehn,
Damit nicht deine stummen Steine selbst
Mein Werk ausschreien zusammenklingend
Dies tiefe Totenschweigen unterbrechen,
Das meinem Mordgeschäft so günstig ist.
Ich drohe hier, und drinnen lebt er noch!—

(Man hört die Glocke)

Rasch vorwärts, Macbeth, und es ist getan!
Die Glocke ruft mir—Höre sie nicht, Duncan!
Es ist die Glocke, die dich augenblicks
Zum Himmel fordert oder zu der Hölle.

J. C. FR. SCHILLER

Act IV, Scene 3 (in Shakespeare, Act IV, Scene 1)[1]

Die drei Hexen, um den Kessel tanzend

Erste Hexe. Um den Kessel schlingt den Reihn,
Werft die Eingeweid' hinein!
Kröte du, die Nacht und Tag
Unterm kalten Steine lag,
Monatlanges Gift sog ein,
In den Topf zuerst hinein!
Alle Drei. Rüstig! Rüstig! nimmer müde!
Feuer, brenne! Kessel, siede!
Erste Hexe. Schlangen, die der Sumpf genährt,
Kocht und zischt auf unserm Herd!
Froschzehn tun wir auch daran,
Fledermaushaar, Hundeszahn,
Otterzungen, Stacheligel,
Eidechspfoten, Eulenflügel,
Zaubers halber, wert der Müh',
Sied' und koch' wie Höllenbrüh!
Alle. Rüstig! Rüstig! nimmer müde!
Feuer, brenne! Kessel, siede!
Erste Hexe. Tut auch Drachenschuppen dran,
Hexenmumien, Wolfeszahn,
Des gefräss'gen Seehunds Schlund,
Schierlingswurz, zur finstern Stund'
Ausgegraben überall!
Judenleber, Ziegengall',
Eibenzweige, abgerissen
Bei des Mondes Finsternissen,
Türkennasen tut hinein,
Tartarlippen, Fingerlein
In Geburt erwürgter Knaben,
Abgelegt in einem Graben!
Mischt und rührt es, dass der Brei
Tüchtig, dick und schleimig sei!
Werft auch, dann wird's fertig sein,
Ein Gekröss vom Tiger drein!
Alle. Rüstig! Rüstig! nimmer müde!
Feuer, brenne! Kessel, siede!

---

[1] This scene is taken in entirety from Eschenburg's translation.

A. W. SCHLEGEL

Erste Hexe. Kühlt's mit eines Säuglings Blut!
Dann ist der Zauber fest und gut.
    Zweite Hexe. Geister, schwarz, weiss, blau und grün,
Wie ihr euch auch nennt,
Rührt um, rührt um, rührt um,
  Was ihr rühren könnt!

A. W. SCHLEGEL, *Hamlet,* "To be or not to be"
Sein oder Nichtsein, das ist hier die Frage:
Obs edler im Gemüt, die Pfeil' und Schleudern
Des wütenden Geschicks erdulden, oder
Sich waffnend gegen eine See von Plagen,
Durch Widerstand sie enden. Sterben—schlafen—
Nichts weiter!—und zu wissen, dass ein Schlaf
Das Herzweh und die tausend Stösse endet,
Die unsers Fleisches Erbteil—'s ist ein Ziel
Aufs innigste zu wünschen. Sterben—schlafen—
Schlafen! Vielleicht auch träumen!—Ja, da liegts:
Was in dem Schlaf für Träume kommen mögen,
Wenn wir den Drang des Ird'schen abgeschüttelt,
Das zwingt uns still zu stehn. Das ist die Rücksicht,
Die Elend lässt zu hohen Jahren kommen.
Denn wer erträg' der Zeiten Spott und Geissel,
Des Mächt'gen Druck, des Stolzen Misshandlungen,
Verschmähter Liebe Pein, des Rechtes Aufschub,
Den Uebermut der Aemter, und die Schmach,
Die Unwert schweigendem Verdienst erweist,—
Wenn er den Rechnungsschluss beenden könnte
Mit einem blossen Dolch? Wer trüge Lasten,
Und stöhnt' und schwitzte unter Lebensmüh?
Nur dass die Furcht vor etwas nach dem Tod—
Das unentdeckte Land, von dess Bezirk
Kein Wandrer wiederkehrt—den Willen irrt,
Dass wir die Uebel, die wir haben, lieber
Ertragen als zu unbekannten fliehn.
So macht Gewissen Feige aus uns allen;
Der angebornen Farbe der Entschliessung
Wird des Gedankens Blässe angekränkelt;
Und Unternehmungen voll Mark und Nachdruck,
Durch diese Rücksicht aus der Bahn gelenkt,
Verlieren so der Handlung Namen.

TIECK, J. L., Dor. Tieck, Graf Baudissin, *Macbeth*

Act I, Scene 3
Die Heide

Erste Hexe. Wo war'st du, Schwester?
Zweite Hexe. Schweine gewürgt.
Dritte Hexe. Schwester, wo du?
Erste Hexe. Kastanien hatt' ein Schifferweib im Schoss,
Und schmatzt', und schmatzt', und schmatzt':—Gib mir, sprach ich:
Pack dich, du Hexe, schrie die garst'ge Vettel.
Ihr Mann ist nach Aleppo, führt den Tiger:
Doch schwimm' ich nach im Sieb, ich kann's,
Wie eine Ratte ohne Schwanz;
Ich tu's, ich tu's, ich tu's.
Zweite Hexe. Geb' dir 'nen Wind.
Erste Hexe. Bist gut gesinnt.
Dritte Hexe. Ich den zweiten obendrein.
Erste Hexe. All' die andern sind schon mein;
Wo sie wehn die Küsten kenn' ich,
Jeden Punkt und Cirkel nenn' ich
Auf des Seemanns Karte.
Dürr wie Heu soll er verdorr'n,
Und kein Schlaf, durch meinen Zorn,
Tag und Nacht erquickt;
Leb' er wie vom Fluch gedrückt:
Sieben Nächte, neunmal neun,
Siech und elend schrumpf' er ein:
Kann ich nicht sein Schiff zerschmettern,
Sei es doch umstürmt von Wettern.
Schau', was ich hab'.
Zweite Hexe. Weis' her, weis' her.
Erste Hexe. Daum 'nes Lotsen, sinken sah'
Ich sein Schiff, dem Land schon nah.

Act I, Scene 6
Vor dem Schloss Macbeths

Duncan. Dies Schloss hat eine angenehme Lage;
Gastlich umfängt die leichte milde Luft
Die heitern Sinne.
Banquo.   Dieser Sommergast,
Die Schwalbe, die an Tempeln nistet, zeigt
Durch ihren fleiss'gen Bau, dass Himmelsatem
Hier lieblich haucht; kein Vorsprung, Fries noch Pfeiler,

Kein Winkel, wo der Vogel nicht gebaut
Sein hängend Bett und Wiege für die Brut:
Wo er am liebsten heckt und wohnt, da fand ich
Am reinsten stets die Luft.

Act II, Scene 1

Macbeth. Ist das ein Dolch, was ich vor mir erblicke,
Der Griff mir zugekehrt? Komm, lass dich packen:—
Ich fass' dich nicht, und doch seh' ich dich immer.
Bist du, Unglücksgebild, so fühlbar nicht
Der Hand, gleich wie dem Aug'? oder bist du nur
Ein Dolch der Einbildung, nichtig Phantom,
Das aus dem heiss gequälten Hirn erwächst?
Ich seh' dich noch, so greifbar von Gestalt
Wie der, den ich jetzt zücke:
Du gehst mir vor, den Weg, den ich will schreiten,
Und solch ein Werkzeug wollt' ich auch gebrauchen.
Mein Auge ward der Narr der andern Sinne,
Oder mehr als alle wert:—Ich seh' dich stets,
Und dir an Griff und Klinge Tropfen Bluts,
Was erst nicht war.—Es ist nicht wirklich da:
Es ist die blut'ge Arbeit, die mein Auge
So in die Lehre nimmt. Jetzt auf der halben Erde
Scheint tot Natur, und den verhangnen Schlaf
Quälen Versucherträume. Hexenkunst
Begeht den Dienst der bleichen Hecate;
Und dürrer Mord,
Durch seine Schildwach aufgeschreckt, den Wolf,
Der ihm das Wachtwort heult,—so dieb'schen Schrittes
Mit wilder Brunst Tarquins, dem Ziel entgegen,
Schreitet gespenstisch.—
O du verwundbar, fest gefugte Erde,
Hör' meine Schritte nicht, was sie auch wandeln,
Dass nicht ausschwatzen selber deine Steine
Mein Wohinaus, und von der Stunde nehmen
Den jetz'gen stummen Graus, der so ihr ziemt.—
Hier droh' ich, er lebt dort;
Für heisse Tat zu kalt das müss'ge Wort!
(die Glocke wird angeschlagen)
Ich geh', und 's ist getan; die Glocke mahnt.
Hör' sie nicht, Duncan, 's ist ein Grabgeläut,
Das dich zu Himmel oder Höll' entbeut.

SHORT BIBLIOGRAPHY

Shakespeare-Jahrbuch (contains a great variety of invaluable material).

FR. GUNDOLF. *Shakespeare und der deutsche Geist.* Berlin, 1911.

A. KOBERSTEIN. "Shakespeares allmähliches Bekanntwerden in Deutschland", in *Vermischte Aufsätze.* Leipzig, 1858.

K. A. RICHTER. *Shakespeare in Deutschland in den Jahren* 1739–1770. Oppeln, 1912.

RUDOLF GENÉE. *Geschichte der Shakespearschen Dramen in Deutschland.* Leipzig, 1871.

W. KUEHN. *Shakespeares Tragödien auf dem deutschen Theater des XVIIIten Jahrhundert.* München, 1910.

FR. GUNDELFINGER (GUNDOLF). "Caesar in der deutschen Literatur" (*Palaestra*, XXXII). Berlin, 1904.

JULIUS PETERSEN. "Schiller und Shakespeare" (*Euphorion*, XXXII). 1931.

OSKAR WALZEL. "Der Kritiker Lessing und Shakespeare" (*Shakespeare-Jahrbuch*, LXV). 1929.

J. G. ROBERTSON. "The Knowledge of Shakespeare on the continent at the beginning of the eighteenth century" (*Modern Language Review*, July, 1906).

W. DEETJEN. "Shakespeare-Aufführungen unter Goethes Leitung" (*Shakespeare-Jahrbuch*, LXVIII). 1932.

ERNST STADLER. "Wielands Shakespeare" (*Quellen und Forschungen zur Sprach- und Kulturgeschichte der german. Völker*, CVII). Strassburg, 1910.

GOTTFRIED WEBER. "Herder und das Drama" (*Forschungen zur neueren Literaturgeschichte*, LVI). Weimar, 1922.

H. RAUCH. *Lenz und Shakespeare.* Berlin, 1892.

L. JACOBOWSKI. *Klinger und Shakespeare.* Dresden, 1891.

L. M. PRICE. *Reception of English Literature in eighteenth century Germany.* 1932.

M. B. and L. M. PRICE. *Publication of English Literature in Germany in the eighteenth century.* Berkeley, 1934. (Univ. of California Publ. in Modern Philology, XVII.)

Criticism, Biography, etc.	Translations, Adaptations, Synopses	Productions
1682 D. G. Morhof, *Unterricht von der Teutschen Sprache.* Kiel. Dryden is quoted.		Distorted versions of wandering players
1694 J. F. Cramer, *Vindiciae nominis Germanici.* Amsterdam		
1702 Dryden, *Of Dramatick Poesie,* reviewed in *Acta Eruditorum* (January)		
1708 B. Feind, *Gedancken von der Opera.* Hamburg. Quotes Sir Wm. Temple's *Essay on Poetry,* publ. in *Œuvres mêlées,* Utrecht 1693		
1709 J. F. Buddaeus, *Allgemeines...Lexicon.* Leipzig. Biographical notice of Sh. taken from Th. Fuller's *History of the Worthies of England,* 1662		
1715 J.B. Mencke, *Compendiöses Gelehrten-Lexicon.* Leipzig (2nd ed. 1725; 3rd ed. 1733). Biographical notice of Sh. taken from Nic. Rowe's *Some account of the life of Mr Wm Shakespeare,* 1709	1738 Riccoboni, *Reflexions historiques et critiques....*Synopses of several Sh. plays	
1732 H.L. Bentheim, *Engelländische Kirch- und Schulen-Staat.* Brief notice of Sh. from Th. Fuller		
1734 Voltaire, *Lettres sur les Anglais*	1741 *Julius Caesar,* transl. Von Borcke. Berlin. Alexandrines	
1739–43 *The Spectator,* transl. Frau Gottsched		
1740 Bodmer, *Von dem Wunderbaren*		

Criticism, Biography, etc.

1742 Gottsched, *Beiträge zur critischen Historie...*, vols. VII and VIII

1742 J. E. Schlegel, "Vergleichung Shakespears und Andreas Gryphs", in *Beiträge zur critischen Historie*

1743 Zedlers *Universallexicon*. Biographical material based on Nic. Rowe

1745-54 Gottsched, *Neuer Büchersaal*, notice of Pope's emendations of Sh.; Theobald's attack on Pope; Mrs Lennox on Sh.

1752 Chr. J. Jöcher, *Allgemeines Gelehrten-Lexicon*. Biographical notice of Sh.

1753 Voltaire, *Lettres sur les Anglais*, transl. Mylius

1753 *Neue Erweiterungen der Erkenntnis...* Frankfurt and Leipzig. Account of life and works of Sh., based on Pope's Preface of 1725

1755 Nicolai, *Briefe über den itzigen Zustand...No. 11*

1758 Dryden, *Of Dramatick Poesie* (1668), transl. Lessing in *Theatralische Bibliothek*

1758 Mendelssohn, *Über das Erhabene...* in *Bibliothek der sch. Wissenschaften*

1759 Lessing, *Briefe die neueste Litteratur betreffend*, No. 17

1760 Mendelssohn, *Briefe die neueste Lit. betreffend*, Nos. 84 and 123

1760 Young, *Conjectures on Original Composition* (1759), twice translated, Hamburg and Leipzig

Translations, Adaptations, Synopses

1756 *Richard III* (passages) in *Neue Erweiterungen....*

1758 *Romeo and Juliet*, Basel. Grynaeus. In iambic pentameters, based on Garrick's version of 1748

Productions

1761 ff. Adaptations of *Tempest, Midsummer Night's Dream, Macbeth, Hamlet, Romeo, Othello, Two Gentlemen*; by Wieland at Biberach. (Handwerkertheater)

Criticism, Biography, etc.	Translations, Adaptations, Synopses	Productions
1762 Pope, Preface to his ed. of Sh. of 1725, transl. Wieland as preface to his transl. of Sh.	1762–6 Sh.'s plays (22), transl. Wieland, Zürich. Mainly prose, with notes (based on Pope-Warburton ed. of 1747)	
1762 ff. Reviews of Wieland's translation in many literary periodicals		
1764 Gerstenberg, *Vorrede* to his transl. of Beaumont and Fletcher's *Maid's Tragedy*		
1765 Henry Home, *Elements of Criticism* (1762), transl. Meinhard		
1765 Johnson, Preface to his ed. of Sh.		
1766–7 Gerstenberg, *Merkwürdigkeiten*, Nos. 14–18	1766 *Richard III*, adapted C. F. Weisse, after Colley Cibber's version. Alexandrines	
	1767 Synopses of *Merry Wives* and *Comedy of Errors* in Gerstenberg's *Merkwürdigkeiten*	
1767–8 Lessing, *Hamburgische Dramaturgie*, Nos. 11, 12, 15, 60, 73		
1768 Herder, Reviews in *Allgemeine Deutsche Bibliothek*	1768 *Romeo and Juliet*, adapted C. F. Weisse. Prose	1768 *Richard III*, Hamburg. Weisse's version
1768 C. F. Weisse, Preface to transl. of *Romeo and Juliet*		
1769 *Sammlung von merkwürdigen Lebensbeschreibungen*—lengthy biography of Sh.	1769 *Othello*, transl. anon, Frankfurt and Leipzig	
	1769 *Othello*, adapted C. H. Schmid	
	1770 *Othello*, adapted J. H. Steffens, Frankfurt and Leipzig	1770 *Richard III*, Vienna Hoftheater. Weisse's version
1771 Lady Montagu, *Essay on genius and writings of Sh.* (1769), transl. Eschenburg, together with essays from Warton's *Adventurer*		1771 *Merry Wives*, prose adaptation, Vienna Hoftheater

P S

N

Criticism, Biography, etc.	Translations, Adaptations, Synopses	Productions
1771 Goethe, *Zum Schäkespears Tag*	1772 *Romeo and Juliet*, transl. Heufeld, Vienna. Prose, vulgarised	1772 *Midsummer Night's Dream*, prose, vulgarised. Vienna Hoftheater
1771–3 Herder, *Shakspeare*. In *Von deutscher Art u. Kunst*	1772 *Cymbeline*, transl. J. G. Sulzer, Danzig. Prose	1772 *Romeo and Juliet*, Vienna Hoftheater. Weisse's version
1771–4 Lenz, *Anmerkungen übers Theater*	1772 Passages from *Hamlet, Lear* and *Macbeth*. Herder. Blank verse	1773 *Hamlet*, Vienna Hoftheater. Heufeld's version
1772 ff. *Frankfurter gelehrte Anzeigen*. Various references	1773 *Hamlet*, transl. Heufeld, Vienna. Prose, vulgarised	
	1773 *Macbeth*, transl. Stephanie d. J. Vienna. Prose	
	1773 *Merry Wives*, transl. Pelzel, Vienna. Prose	
	1773 *Midsummer Night's Dream*, transl. Pauersbach, Vienna. Prose	
	1774 Songs and scenes from Sh.'s plays, transl. Herder, for collection of *Volkslieder*, 1778	
	1774 *Love's Labour's Lost*, transl. freely Lenz, Leipzig. Prose	
	1775 *Coriolanus*, Fragment, transl. Lenz. Prose	
	1775–7 Plays (36), transl. Eschenburg, based on Wieland. (Seven more, 1782)	
1776 Mercier, *Du Théâtre* (1773), transl. H. L. Wagner	1776 ff. Schröder's acting versions of several plays, based on Eschenburg and Heufeld	1776 *Hamlet, Othello, Merchant of Venice*, by Schröder, Hamburg
1777 Voltaire, *Lettre à l'Académie*, transl. by Eschenburg in *Deutsches Museum*, with refutation	1777 *Richard II*, F. J. Fischer, Prague. Prose	1777 *Hamlet, Othello*, by Schröder, Berlin. Often repeated, and on other stages
	1777 *Macbeth*, C. H. Moll, Vienna. "Pantomime"	1777 *Measure for Measure, Merchant of Venice*, Schröder

Criticism, Biography, etc.	Translations, Adaptations, Synopses	Productions
	1777 *Comedy of Errors*, Grossmann, Frankfurt. Prose	1777 *Macbeth*, by Schröder, Hanover
	1778 *Macbeth*, transl. F. J. Fischer, Prague. Prose	1778 *Henry IV*, Schröder, Hamburg
	1778 *Timon of Athens, Merchant of Venice*, transl. F. J. Fischer, Prague. Prose	1778 *Macbeth*, Schröder, Berlin. Wernich's adaptation
	1778 *Lear*, transl. Schröder and Unzer, Hamburg. Prose	1778 *Lear, Richard II*, Schröder, on several stages
	1778 *Hamlet*, adapted Brockmann, Berlin. Prose	1778 *Richard III*, adapted Gemmingen for Mannheim stage
	1778 *Romeo and Juliet*, transl. Gotter, Berlin and Gotha. With music. Based on Weisse's version	1779 *Lear* and *Hamlet*, Brockmann, Vienna. Schröder's versions
	1779 *Julius Caesar*, transl. Von Borcke, Berlin. Alexandrines. 2nd edition	1779 *Macbeth*, Schröder. Several stages
	1779 *Coriolanus* and *Julius Caesar*, anon. Mannheim. Prose	1779 *Lear*. Augsburg theatre
	1779 *Macbeth*, transl. H. L. Wagner, Frankfurt. Prose	1779 *Much Ado*, J. J. Engel's version
	1779 *Lear*, transl. Bock. Leipzig	1780 ff. Schröder in Vienna. Shakespeare enters repertoire of many touring companies
	1779 *Timon*, adapt. Dalberg	
	1780 *Tempest*, transl. J. F. Schink, Vienna	
	1780 *Lear*, anon. Innsbruck. Prose	1781 *Tempest* at Vienna, Schink's version
	1780 *Coriolanus*, transl. J. F. Schink, Vienna. Prose	1781 *Taming of the Shrew*, Vienna, Hamburg, Berlin
	1781 *Hamlet*, transl. Klinger, Hamburg. Prose	
	1782 *Richard II*, transl. Gemmingen, Mannheim. Prose	

Criticism, Biography, etc.	Translations, Adaptations, Synopses	Productions
1780–3 Goethe on *Hamlet*, *Wilhelm Meisters Theatralische Sendung*	1782 *Cymbeline*, transl. F. L. W. Meyer, Leipzig. Prose	
	1783 *Taming of the Shrew*, J. F. Schink, Munich. Prose	
	1783 *Henry IV*, adapt. Schröder, Vienna. Prose	
	1784 *Macbeth*, transl. Bürger. Prose	
	1785 *Lear*, adapt. Schröder, Hamburg. Prose	1785 *Othello* in Vienna. Prose
	1785 *Julius Caesar*, adapt. Dalberg, Mannheim. Prose	1785 *Julius Caesar*, Dalberg, in Mannheim.
	1786 *Merry Wives*, transl. Bürger, Göttingen. Prose	1786 *Romeo and Juliet*, A. F. Hoffmann in South German cities. Bretzner's version
	1786 *Richard III*, transl. K. Steinberg, Königsberg. Prose	
	1787 *Coriolanus*, transl. J. G. Dyk, Leipzig. Prose	
	1788 *Richard III*, transl. Pechtold, Regensburg. Prose	1788 *Macbeth*, by Dalberg, Mannheim
	1788 *Auserlesene Früchte des Geistes Shakespeares und Schillers*. Vienna. Prose selections	
	1788–9 *Midsummer Night's Dream*, translation begun by Bürger and A. W. Schlegel. Verse. Unfinished	
	1790 *Hamlet*, transl. Mauvillon, Leipzig. Scenes from *Pyramus and Thisbe* added. Prose	
	1790 *Othello*, transl. J. G. Hagemeister, Leipzig. Prose	
	1791 *Merchant of Venice*, transl. Gotter and Schröder, Vienna. Prose	1791 *Coriolanus*, by Dalberg, Mannheim

Criticism, Biography, etc.	Translations, Adaptations, Synopses	Productions
		1791 *King John*, by Goethe, Weimar. Eschenburg's transl.
	1792 *Macbeth*, transl. G. Stephanie, Vienna. Prose	1792 *Much Ado.* Schröder. Several stages
	1792 *Henry IV*, adapt. Goethe, Weimar. Prose	1792 *Hamlet*, by Goethe, Weimar. Based on Eschenburg's translation
	1792 *Measure for Measure*, transl. Schröder and Bock, Hamburg. Prose	1792 *Henry IV*, by Goethe. Based on Eschenburg's translation
	1792 *Much Ado*, adapt. Schröder, Hamburg. Prose	
	1793 *Antony and Cleopatra*, transl. Soden, Berlin. Free adaptation. Prose	
	1794 *Merry Wives*, adapted J. B. Primisser, Innsbruck and Leipzig. Prose	1795 *Hamlet*, by Goethe, Weimar. Schröder's version
1796 Fr. Schlegel, *Ueber Wilhelm Meister*	1796 *Romeo and Juliet*, transl. Bretzner, Leipzig. Prose	1796 *Lear*, by Goethe, Weimar. Schröder's version
1796 L. Tieck, *Shakespears Behandlung des Wunderbaren* (written 1793)	1796 *Shakespeare für Deutsche bearbeitet*, Th. I. Hamburg. Adaptations of several plays. Prose	1796 *Romeo and Juliet.* Leipzig.
1796 A. W. Schlegel, *Etwas über Wm Sh.* In Schiller's *Horen*	1796 *Tempest*, adapted by Tieck. Free verse and many lyrics	1796 *King John.* Hamburg
1797 A. W. Schlegel, *Ueber Romeo und Julia.* In Schiller's *Horen*	1797 *Tempest*, adapted Gotter and Einsiedel. Operetta. Verse	
	1797 *Antony and Cleopatra*, transl. K. A. Horn, Grätz	
	1797–1801 Sixteen plays, transl. A. W. Schlegel, Berlin. Blank verse	
	1798–1806 2nd edition of Eschenburg's transl. Zürich. Prose	
	1798 *Tempest*, transl. J. W. Döring, Cassel	

Criticism, Biography, etc.	Translations, Adaptations, Synopses	Productions
	1798 *Tempest*, transl. K. F. Heusler, Vienna, "Heroisch-komische Oper".	1800 *Macbeth*, by Goethe, Weimar. Schiller's translation
	1798 *Tempest*, transl. A. Bergk, Munich, "Komische Oper".	1800 *Lear*, by Goethe, Weimar. Schröder's version
	1799 *Hamlet*, adapted J. F. Schink, Berlin. "Marionettenspiel"	1800 *Othello*, Stuttgart. Schubart's translation
1800 Tieck, *Briefe über Sh.*	1800 *Othello*, transl. L. Schubart, Vienna. Prose	
	1801 *Macbeth*, transl. Schiller, Tübingen. Blank verse	
	1802 *Coriolanus*, transl. H. von Collin, Vienna	
	1802 *Two Gentlemen*, transl. Kleeditsch, Leipzig	
	1803 *Much Ado*, transl. J. J. Engel, Hamburg. Prose	1803 *Julius Caesar*, by Goethe, Weimar. A. W. Schlegel's translation
		1804 *Julius Caesar*, by Iffland, Berlin. A. W. Schlegel's translation
		1805 *Othello*, by Goethe, Weimar. Transl. of the younger Voss
1806 Adam Müller, *Vorlesungen gehalten zu Dresden*	1806 *Lear* and *Othello*, transl. J. H. Voss (d. J.), Jena. Blank verse	1806 *King John*, by Goethe, Weimar. A. W. Schlegel's translation
		1806 *Merry Wives*, in Vienna
1809 A. W. Schlegel, *Vorlesungen über dramatische Kunst und Litteratur*		1809 *Hamlet*, by Goethe, Weimar. A. W. Schlegel's translation
		1809 *Othello*, at Mannheim. L. Schubart's translation

Criticism, Biography, etc.	Translations, Adaptations, Synopses	Productions
	1810 *Richard III*, transl. A. W. Schlegel, Berlin. Blank verse	
1811 Tieck, *Ueber das altenglische Theater*	1810–15 Seven plays, transl. H. and A. Voss. Blank verse	
1812 Fr. Schlegel, *Geschichte der alten und neuen Litteratur. Vorlesungen gehalten zu Wien*		1812 *Romeo and Juliet*, by Goethe. Weimar. Adaptation of Schlegel's translation
1813 Goethe, *Shakespeare und kein Ende.* Completed 1826		1812 *Romeo and Juliet*, in Berlin. Schlegel's translation
		1816 Schreyvogel in Vienna. Approximately true productions of many plays
	1818–29 All plays, transl. Voss and his sons. Blank verse	
1827 Grabbe, *Ueber die Shakespearomanie*	1825–33 Dorothea Tieck and Graf Baudissin complete A. W. Schlegel's translation, edited by Tieck. The plays translated by Schlegel are: *Romeo and Juliet; Midsummer Night's Dream; Julius Caesar; Twelfth Night; Tempest; Hamlet; Merchant of Venice; As You Like It; King John; Richard II; Henry IV*, Parts 1 and 2; *Henry V; Henry VI*, Parts 1, 2 and 3; *Richard III*	
	1824–33 All plays, freely transl. Jos. Meyer and others. Gotha	
	1825–6 All plays, transl. J. W. O. Benda, Leipzig	
	1830–6 Ten plays, transl. P. Kaufmann, Berlin and Stettin	
	1836 All plays, transl. J. Koerner and others, Vienna	

For EU product safety concerns, contact us at Calle de José Abascal, 56–1°, 28003 Madrid, Spain or eugpsr@cambridge.org.

www.ingramcontent.com/pod-product-compliance
Ingram Content Group UK Ltd.
Pitfield, Milton Keynes, MK11 3LW, UK
UKHW012328130625
459647UK00009B/132